조선
왕조
실톡

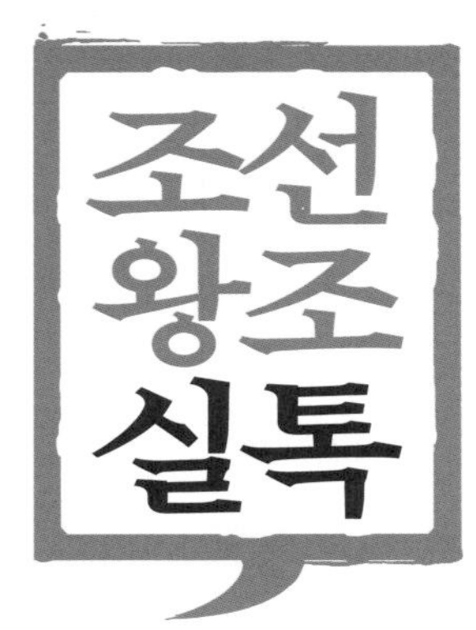

4

뿔뿔이 흩어진 조선 패밀리

| 무적핑크 지음 · YLAB 기획 · 이한 해설 |

위즈덤하우스

『조선왕조실록』을 시작하며

위대한 『조선왕조실록』

– 이한

『조선왕조실록』은 유네스코가 지정한 세계기록유산이다. 세계가 인정할 만큼 훌륭하다는 뜻일 텐데, 사실 그 훌륭함이 그다지 피부에 와 닿지는 않는다. 집 앞에 있는 식당이 유명한 맛집이라고 해도 언제나 가까이 있었기 때문에 별다른 감상을 느끼지 못하는 것처럼 말이다.

한국은 기록의 역사가 깊은 나라가 아니다. 삼국시대 각 나라가 자신들의 역사서를 만들었다고는 하나 지금까지 전해지는 게 없고, 고려 때 쓰인 『삼국사기』는 솔직히 평가해 단출하다. 『고려사』는 그나마 공정한 역사를 적겠다는 세종의 집념 덕분에 수십 년이 걸려 완성되긴 했지만 『조선왕조실록』의 박력에 비하면 소박하다.

『조선왕조실록』은 일단 분량부터 압도적이다. 태조에서 철종까지, 25대 임금이 다스린 472년 동안의 기록이다. 고종과 순종을 합치면 더 길어지지만, 이 둘의 『실록』은 정리된 때가 일제강점기라는 이유로 『실록』으로 인정하지 않아야 한다는 주장도 있다. 권수로 따지자면 1,893권. 한국뿐만 아니라 전 세계를 뒤져도 이렇게 길고 흥미진진한 역사 기록을 찾기는 쉽지 않다.

대부분의 역사책들이 역사적 사건의 요약본이라면, 『조선왕조실록』은 실황 중계이자 녹취록이다. 왕, 신하, 사건이 있으며 이들이 서로 주고받는 대화를 몹시 생생하게 적고 있다. 『실록』을 읽고 있노라면 그 안의 내용이 수백 년 전의 일이 아니라 바로 눈앞에서 펼쳐지는 듯 생생하다. 한 문제에 대해 말하는 사람, 수긍하는 사람, 반대하는 사람이 각각 존재한다. 날짜가 지나며 사건이 커지기도 하고 엉뚱하게 번지기도 하며 어떤 경우에는 묻혔다가 갑자기 툭 튀어나오기도 한다. 힘없는 백성들의 일도 실려 있으며 때로는 각 지역의 특산물과 지리까지 기록되어 있다. 수많은 결의 파도가 넘실대는 바다라고나 할까? 너무도 방대하여 읽다 보면 때로는 길을 잃어버리기도 하고, 이것과 저것을 분간하기 어려워질 때도 있지만 그렇기에 너무도 많은 진실을 담고 있는 바다이다.

이런 『실록』을 만들어내기 위해 조선 사람들은 엄청난 공을 들였다. 먼저 사초를 작성하는 것부터 시작한다. 사관은 언제 어디서나 보통 두 사람이었는데, 한 사람의 기억력은 불완전하기도 하며 개인의 사관이나 정치적 의견 때문에 기록을 곡해할 가능성이 있었기 때문이다. 그렇게 정리한 사초들을 '임금도 못 보게' 비밀리에 보관해 두었다가 왕이 죽고 나면 본격적인 정리에 들어갔다. 실록청이 만들어지고, 정승이 총재를 맡으며 대제학을 비롯한 당대의 글 잘 쓰는 사람들이 모두 모여들어 편수관이 되었다. 기존의 사초는 물론이거니와 『승정원일기』, 경연의 기록을 더하고, 여기에다가 개인의 문집까지 모두 긁어와 비교하고 궁리하고 정리한 끝에 『실록』이 만들어졌으니 어마한 규모의 작업이었다.

『실록』 정리에 참여하는 것은 고되긴 했어도 굉장히 영광스러운 일이었고, 실제 편수관에 참여한 사람들 중에는 지금까지도 유명한 사람들이 꽤 많다. 그래서 『실록』에는 더욱 큰 권위가 생겼고 사관들은 긍지와 고집, 신념을 품고 자신의 일에 몸을 던질 수 있었으며 조선은 훌륭한 역사 기록을 가지게 되었다.

이렇게 심혈을 기울였어도 사람이 하는 일이다 보니 문제가 생길 때도 있었다. 이를테면 『선조실록』은 북인 정권인 광해군 때 만들어졌기에 남인과 서인에게 적대적이다. 그 정도가 너무 심했기에 광해군이 몰락한 뒤 새로 정리되었으니 이것이 『선조수정실록』이다. 여기서 주목해야 할 점은 공정성에 문제가 생긴 기록이라 해서 이전 것을 깡그리 없애지 않고 고스란히 남겨 두었다는 점이다. 그래서 후대의 연구자들은 고치기 전의 것과 고친 후의 것이 어떻게 다른지를 살펴볼 수 있었고, 이런 과정을 통해 그 시대를 더 깊이 이해할 수 있게 되었다. 무엇보다도 『실록』이 있기에 지금 이 책도 나올 수 있게 되었으니, 이 얼마나 고마운 일인가.

머리말

전란의 패배, 희망은 사라지지 않았다

– 이한

왜란에 이어 호란이 찾아왔다. 이전의 왜란은 '수백 년 동안 전쟁이 없는 평화로운 시대를 보내느라 대비를 못했다'라는 변명이나 할 수 있었지, 불과 40년 만에 찾아온 호란 앞에서 조선은 제대로 맞서 싸우기는커녕 오히려 더욱 처참하게 패했다. 적군인 청나라가 너무 강해서 어쩔 수 없었다고만 핑계를 대기에는 병자호란에서 조선의 성적표는 변명의 여지가 없을 지경이다. 임진왜란 때는 서울이 함락되기까지 2주가 걸렸고, 그 뒤로도 7년간을 맞서 싸웠다. 병자호란 때는 전쟁을 시작한 지 딱 두 달 만에 초고속으로 항복했다. 그것도 청나라 황제 앞에서 조선의 왕 인조가 무릎을 꿇는 역사상 두 번 없는 굴욕 퍼포먼스를 벌이면서. 전쟁의 패배는 곧 백성들의 고통이었다. 수많은 사람들이 전쟁에 휘말려 죽었고, 어떤 이들은 포로로 끌려가서 돌아오지 못하게 되었다. 살아남은 이들도 전란의 상처와 청나라의 이런저런 요구로 고통받았다.

조선은 왜 이리 형편없이 졌을까?

인조는 나라의 앞일을 내다보고 대비하기보다는 기분대로 나랏일을 결정했고, 자신의 안위가 가장 중요했던 신하들은 싸우는 대신 도망쳐버렸다. 나라와 백성을 위해 힘껏 싸운 소수의 사람들도 있기는 했지만 그런 사람들은 임금과 대신들의 죄를 대신 뒤집어쓰고 죽임 당했다. 수십 만에 이르는 백성들이 청나라의 포로로 잡혀갔지만 조선은 그들을 구해내려 애쓰는 대신 '각자 알아서 잘 돌아올 것'이라며 방치했다. 결국 돈 많은 부자나 간신히 고향으로 돌아올 수 있었고, 가난한 사람들은 버려졌으며 설령 돌아왔다 하더라도 비참한 처지에 놓여야만 했다. 백성을 지키지 않는 나라를 어떻게 나라라고 할 수 있을까? 상황이 이러하니 제정신이 박힌 사람들은 벼슬을 하는 대신 시골로 내려갔고, 조정에서는 역모며 옥사 같은 피비린내가 끊이지 않았다.

처음에는 희망이 있었다. 청나라에 인질로 잡혀가는 고초를 겪었지만 그랬기에 더 넓은 세상을 보고 새로운 문물을 접한 소현세자가 있었으니까. 하지만 그는 뜻을 제대로 펼쳐볼 기회를 갖지 못하고 갑작스레 세상을 떠났다. 과연 소현세자는 조선의 미래를 바꿀 수 있었을까? 많은 아쉬움이 남지만 그의 죽음과 함께 가능성은 사라졌다.

이쯤 되면 신기할 정도이다. 어떻게 이 지경이 되어도 조선은 망하지 않았을까? 좀 더 정확히 말하면, 어떻게 이 위기를 이겨내고 영조와 정조로 대표되는 또 한 번의 발전한 시기를 맞이할 수 있었을까?

인조의 뒤를 이은 임금은 소현세자의 동생이었던 효종이었다. 그는 평생을 걸고 북벌을 주장했다. 그의 북벌은 조선이 청나라를 친다는 원대한 계획이었다. 효종은 형인 소현세자와 함께 청나라에서 오랜 인질 생활을 했다. 그랬던 그가 정말로 조선이 청나라와 맞서 싸워 이길 수 있다고 생각했을까? 효종의 진짜 의도가 무엇이었던 간에 그의 북벌은 다른 쪽으로 성공을 거두었다. 북벌을 할 수 있는 나라란 그만큼 내실이 튼튼한 나라라는 뜻이다. 효종의 북벌 계획은 원래 목표였던 청나라 공격으로 이어지진 못했지만 피폐해진 조선을 재건하는 데는 성공했다. 대동법의 확대 실시를 통해 재정을 확보했고, 유학자인 산림들을 나랏일에 참여시켜서 쪼개져 있던 민심을 모았다. 그렇게 만들어진 조선은 많은 위기들과 전쟁의 상처를 씻어내고 수많은 문화의 꽃이 피어난 조선 후기로 나아갈 수 있게 되었다. 효종이 만들어낸 조선은 소현세자가 꿈꾸었던 그것과 달랐을 수도 있지만 그의 시대가 없었다면 조선은 결코 다음의 번영으로 나아가지 못했을 것이다.

그룹채팅(무적핑크 외 다수)

무적핑크(변지민)

작가의 말

무적핑크(변지민)

안녕하세요, 무적핑크입니다.

웹툰에 이어 책 1권 〈조선 패밀리의 탄생〉, 2권 〈조선 패밀리의 활극〉, 3권 〈조선백성실톡〉 그리고 4권 〈뿔뿔이 흩어진 조선 패밀리〉로 여러분들을 뵙게 되어 정말 기쁩니다.

1592년에 일어난 임진왜란은 조선을 뿌리부터 흔드는 큰 사건이었습니다. '야만인'이라며 무시하던 왜적에게 백성들은 삶의 터전을 잃었지요. 그러나 웬걸, 왜란의 상처가 채 낫기도 전에 또 크나큰 난리가 났으니, 바로 북쪽 오랑캐들의 습격 '호란胡亂'입니다.

10여 년에 걸쳐 후금은 조선을 압박했습니다. 라이벌 명나라를 등지고 자신들과 우호적인 관계를 맺을 것을 요구했지요. 한편 명 역시 "왜란 때의 은혜를 갚으라"며 조선을 압박하여, 인조와 조정대신들은 사이에 끼어 눈치를 볼 수밖에 없었습니다. 그러나 아슬아슬한 줄타기가 영원할 수는 없는 법. 결국 승기를 쥔 후금은 청나라를 건국했고, 조선의 임금과 세자를 무릎 꿇렸습니다. 왜란 때 조선 전토가 유린당했을 때에도 없었던 충격적인 사건이었지요.

인조 패밀리는 이 폭풍을 온몸으로 겪었습니다. 한때는 자상했지만 자존심에 상처를 입자 변해버린 '아버지 인조'. 그 분노를 받아내야만 했던 의연한 큰아들 '소현세자'. 로열 패밀리로서 자신의 본분을 다하려 했던 세자빈 '민회빈 강씨(강빈)'. 그리고 그런 형과 형수를 끝까지 지켜본 '봉림대군'. '뿔뿔이 흩어진 조선 패밀리'라는 부제는 조선 역사상 최초로 외국에 끌려간 소현세자 부부의 고난을 뜻합니다. 하지만 더욱 뼈아픈 것은 떨어진 몸보다, 멀어져버린 서로의 마음. 큰 시련을 견디는 이 가족의 나날을 4권에서 함께 지켜봐주시기 바랍니다.

네이버에서 연재 중인 〈조선왕조실톡〉은 옴니버스 웹툰이지만, 이 책에서는 읽는 분들의 편의를 위해 원고를 시대순으로 재정리했습니다. 그리고 왕 27명을 테마별로 묶어 가족 시트콤으로 만들었습니다. 무미건조한 "태정태세문단세……"가 아닌, 아빠와 아들, 삼촌과 조카로서 살아간 조선 왕들의 일상을 생생히 엿보시기 바랍니다. 또한 만화에 곁들여진 멋진 글이, 여러분께 재미는 물론 알찬 지식도 선물해 드릴 것입니다.

이 책과 이 책 속의 사람들이, 여러분의 좋은 친구가 되기를 바랍니다.

즐거운 대화 시간 가지세요.

P.S. 묘호는 왕이 승하한 후 붙이는 이름이지만, 책에서는 편의상 서로 묘호로 부릅니다. (예:세종, 태종)

차례

1부 인조

2부 소현세자

프롤로그

조선시대 그분들의
시시콜콜한 이야기

인생 살다 보면
별일이 다 일어난다.

그러니까 이런 일도
일어날 수 있다고 생각한다.

어느 날 갑자기
모르는 사람이 나를 친추했다.
구 가

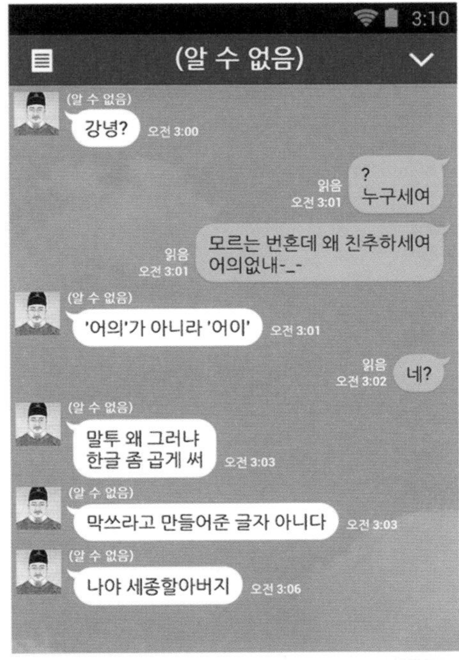

그리고 갑자기 쏟아지는
친구신청 알람.

놀라서 친구목록을 확인한 나는,
쫌 놀랐다.

아니 많이 놀랐다.

오후 9:17

편집 친구

검색

프로필

나 심심하당/고양이 짱좋와

친구

태조 조선 스타트업/방원이 간나자식

세종 백성❤/한글패치 배포중/고기팟 모집중

양녕대군 자유롭고싶다

황희 쉬고싶다ㅠ

연산군 녹수 넌 내편이지?

이순신 왜적 잡기보다...사회생활이 더 힘들다...

영조 아들 없어요

고종 커피 한잔의 여유

순종 미안합니다

어느 날 갑자기 메신저로 찾아온,

조선시대 그분들의
시시콜콜 사는 이야기

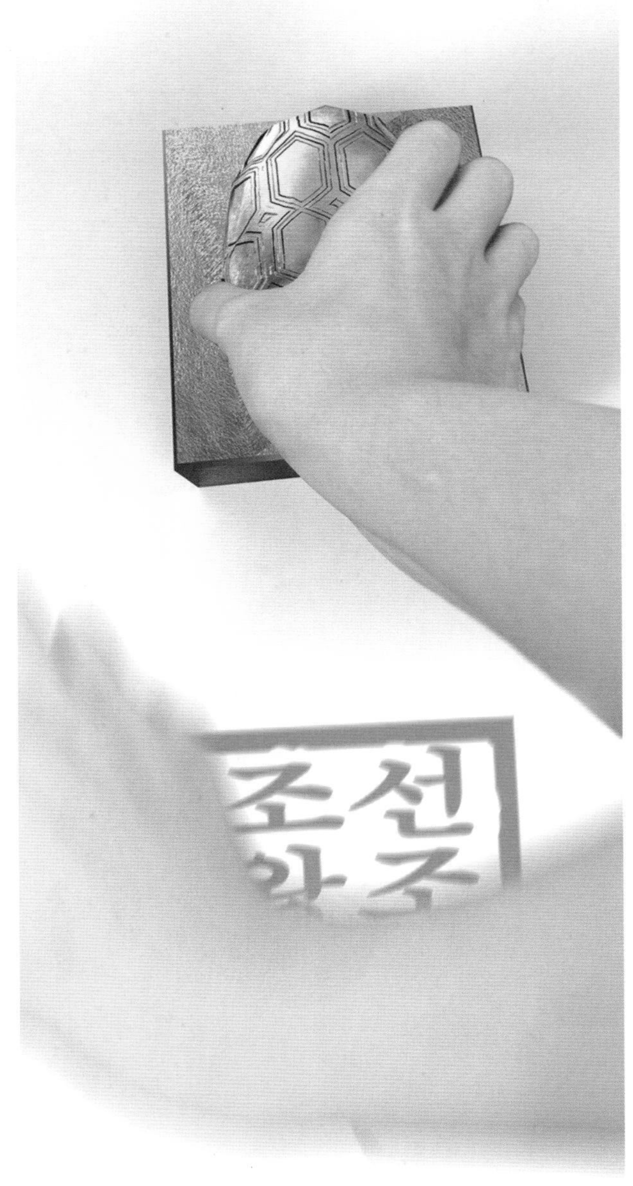

시작합니다.

1부

인조 패밀리

인조 1623~1649년 재위

인조
패밀리

참 궁금하다.
어쩌다 이렇게 변했을까?

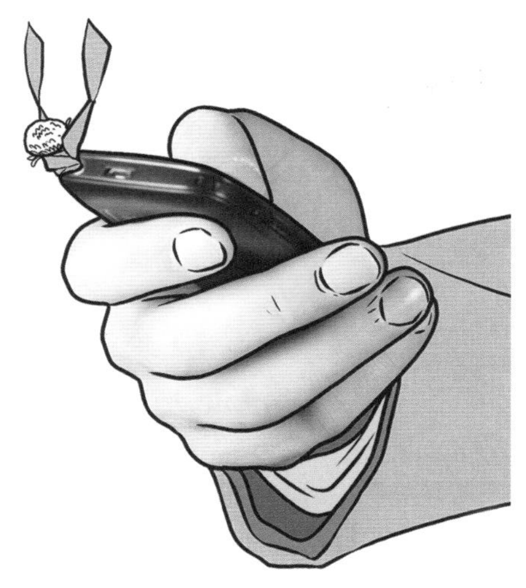

임진왜란 겪은 충격으로?
어버이 사랑을 못 받아서?
아님…… 그냥 어쩌다 보니?

하긴
뭔들 어때?

이제 곧 사라질 사람인데.

 광해군 왜 이렇게 됐지

 능양군 용서못해

하나요 광해군의 조카들

나는
광해군(41세)의 조카다.

오른쪽이 → 나 능양군(21세).
왼쪽이 ← 내 동생 능창군(16세).

[사진 찍은 사람은, 광해군의 동생이자
우리 아버지 정원군(36세).]

그래서
괜찮을 줄 알았다.

큰아버지가 요즘
성격이 이상해졌대도,
우리는 안 건드릴 줄 알았다.

가족이니까.

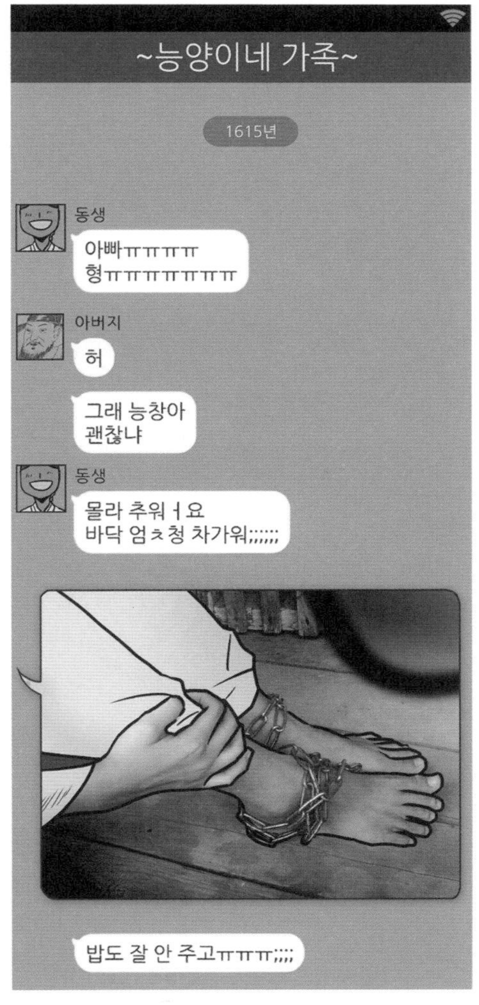

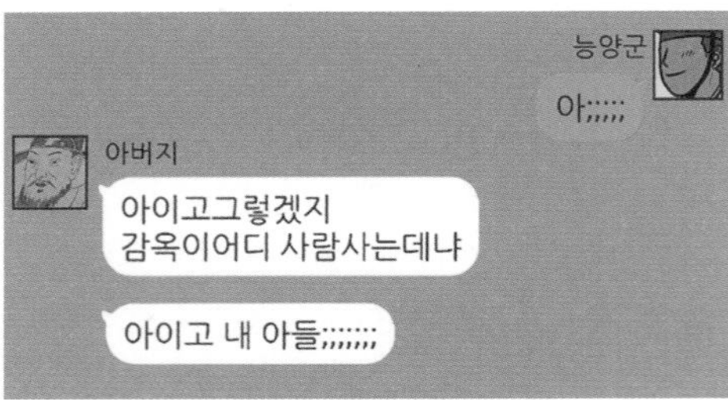
능양군
아;;;;;
아버지
아이고그렇겠지
감옥이어디 사람사는데냐
아이고 내 아들;;;;;;;

둘이요 비극

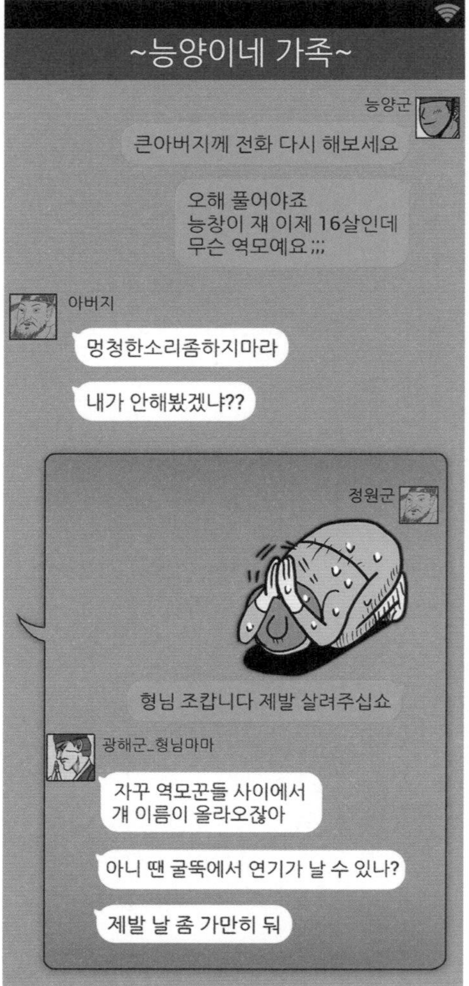
~능양이네 가족~
능양군
큰아버지께 전화 다시 해보세요
오해 풀어야죠
능창이 걔 이제 16살인데
무슨 역모예요;;;
아버지
멍청한소리좀하지마라
내가 안해봤겠냐??
정원군
형님 조캅니다 제발 살려주십쇼
광해군_형님마마
자꾸 역모꾼들 사이에서
걔 이름이 올라오잖아
아니 땐 굴뚝에서 연기가 날 수 있나?
제발 날 좀 가만히 둬

그리고 일주일 뒤,
능창이는

정말로 집에 돌아왔다.

하지만 이게 끝이 아니었으니.

~능양이네 가족~
1617년
아버지
야 아들
당장짐싸라
우리이사간다
능양군
네???
아버지
봐라
광해군_형님마마
동생
좀 뜬금없는데
너희 집 나 주면 안되겠니
정원군
허 형님
엥;;;;????????
광해군_형님마마
나 지금 창덕궁에 살잖아
근데 이 집 불길해서 싫어
단종, 연산군 다 여기 사셨는데……
두분 결국 쫓겨나신 거 알지?
근데 너희 집터가 그리 좋다더라
왕기가 흐른대ㅇㅇ
헐

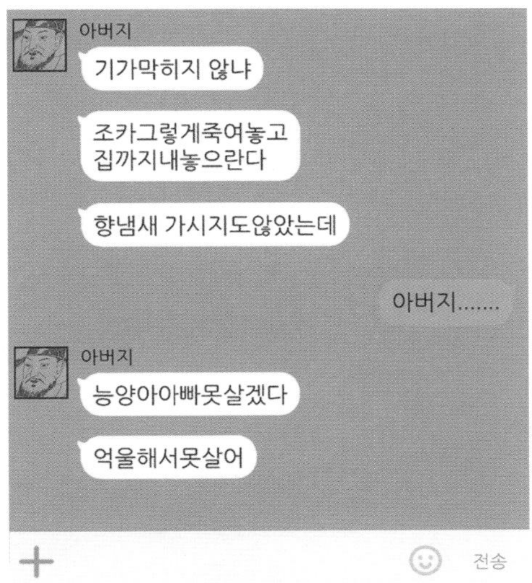
아버지
기가막히지 않냐
조카그렇게죽여놓고
집까지내놓으란다
향냄새 가시지도않았는데
아버지.......
아버지
능양아아빠못살겠다
억울해서못살어
전송

셋이요 복수

삶을 놔버린 아버지는
매일 술만 드시다가,

능창이를 따라가고 말았다.

세상ㅇ에유배지에셔ㅓ
일주일내내 밥한ㅇ끼를
안쥐ㅉ댄다 우리능창ㅇ이

얼마나괴ㅐ로웠스면
어린애가ㅅ스스로목을매

아버지 제발요

엄마랑 저는 어떡하라고

아빠못산ㄴ다
억울ㄹㅎㅐ서못살아

그리고 수 년 뒤,
삼년상을 마쳤을 때
내게 남은 거라곤

박살난 집안과
무거운 절망뿐이었는데.

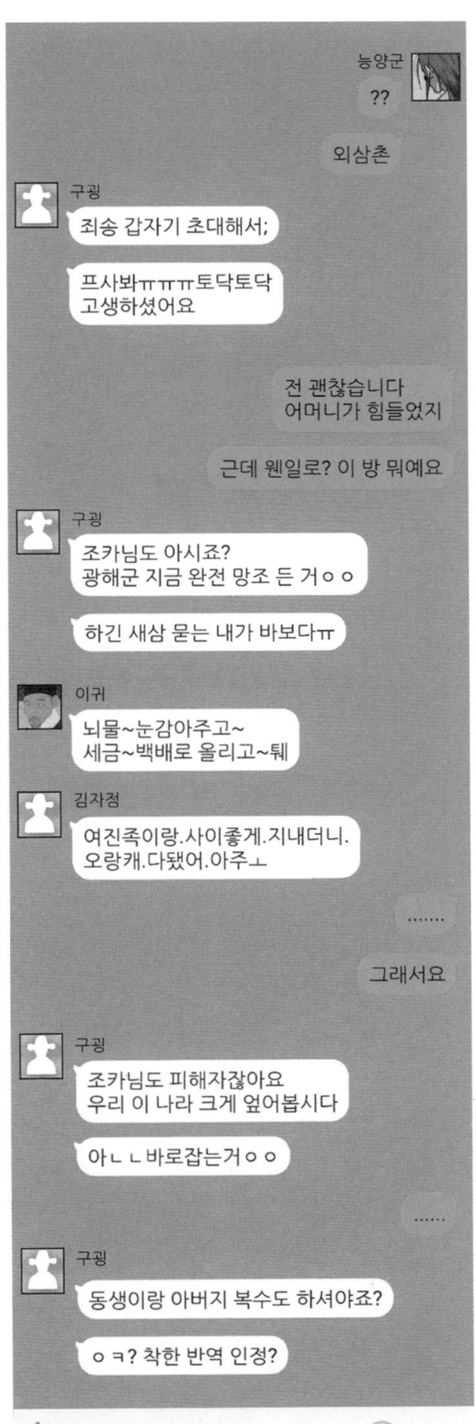

능양군
??
외삼촌
구굉
죄송 갑자기 초대해서;
프사봐ㅠㅠㅠ토닥토닥
고생하셨어요
전 괜찮습니다
어머니가 힘들었지
근데 웬일로? 이 방 뭐예요
구굉
조카님도 아시죠?
광해군 지금 완전 망조 든 거ㅇㅇ
하긴 새삼 묻는 내가 바보다ㅠ
이귀
뇌물~눈감아주고~
세금~백배로 올리고~퉤
김자점
여진족이랑.사이좋게.지내더니.
오랑캐.다됐어.아주ㅗ
....
그래서요
구굉
조카님도 피해자잖아요
우리 이 나라 크게 엎어봅시다
아ㄴㄴ바로잡는거ㅇㅇ
....
구굉
동생이랑 아버지 복수도 하셔야죠?
ㅇㅋ? 착한 반역 인정?
전송

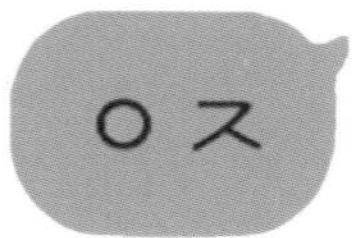

능양군,
대소신료들과 함께
반정 일으키다.

광해군을 폐위하고
스스로 새 왕이 되니

조선의 16대 왕 인조다.

정사 正史

실록에 기록된 것

- 선조, 정원군을 아끼다. 심지어 정원군이 천하의 망나니짓을 하고 다녀도 늘 보호하다.
- 정원군의 셋째아들 능창군, 역모사건 "신경희의 옥사"에 연루되다. 대신들 "증거가 없어 죄를 줄 수는 없겠다"고 하자, 광해군 유배(위리안치)형 처하다.
- 간수, 능창군에게 돌 섞인 밥을 주어 못 먹게 하다. 능창군, 스스로 목매다.
- 정원군, 능창군을 잃고 얼마 뒤 술병으로 죽다. 늘 "해가 질 때까지 내가 살아 있으면 다행이다" 말버릇처럼 외다.
- 능양군, 대소신료들과 함께 인조반정 일으키다. 광해군, 다른 신하 집으로 도망쳤다가 붙잡히다. 인목대비, 광해군 폐위 및 인조 등극을 알리는 교지 내리다.

속보

기록에 없는 것

- 창덕궁, 임금 폐위 트리플크라운 달성!

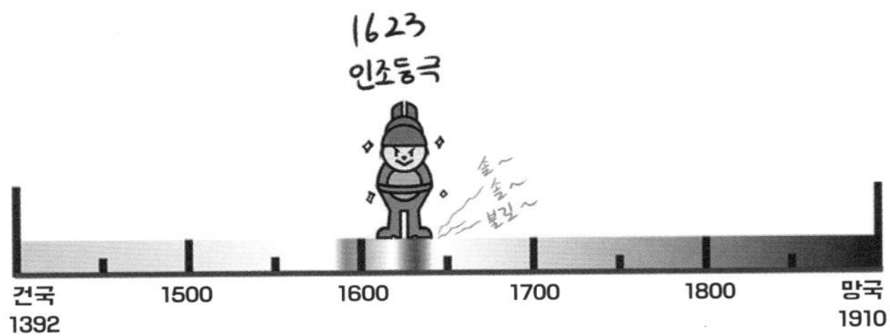

- 첫 번째 이야기 -

인조반정, 두 개의 명분

조선왕조 500년 동안 반정이 일어난 것은 단 두 번뿐이다. 첫 번째 중종반정은 신하들의 기세에 밀려 얼떨결에 임금이 된 경우다. 반면 인조반정에서 능양군(인조)은 스스로 반란군을 이끌고 궁궐에 쳐들어가기까지 했다. 그럼에도 왕이 된 인조의 사정은 그렇게 좋지 못했다. 그는 오로지 왕족이라서 왕이 된 것뿐, 계획의 실질적인 기획 및 진행은 반정공신들의 손에 쥐어져 있었다. 따라서 인조도 중종과 비슷하게 공신들의 위세에 눌려 있었고 어떤 공신들은 왕을 우습게 봐서 임금의 권위나 체면이 몹시 처참했다.

문제는 그뿐만이 아니었다. 인조반정의 명분은 폐모살제, 그리고 친명배금이었다. 광해군이 패륜을 벌이고 명나라와의 의리를 배신했기에 왕 자격이 없다 주장한 것이다. 그러나 현실이 명분을 받쳐주지 않았다. 인목대비는 반정 소식을 듣고 기뻐하기는커녕 국새를 내어주지 않으면서 질질 끌었고, 결국 인조는 직접 인목대비가 유폐된 경운궁에까지 달려가서 이리저리 달래 간신히 대의명분을 인정받았다. 명나라도 인조를 탐탁하게 여기지 않았다. 핑계야 어떻든, 인조반정은 아랫사람이 왕을 몰아낸 하극상이자 반역이었던 것이다. 하지만 명나라로서는 요동에서 야금야금 자라나는 청나라를 견제하기 위해 조선이 필요했고, 엄청난 뇌물을 받고서는 선심 쓰듯 인조를 조선의 새로운 왕으로 인정해주었다.

인조는 나름 평온하게 왕 노릇을 할 수 있었을지도 모른다. 그때가 마침 명나라에서 청나라로 넘어가는 격변기가 아니었다면 말이다. 인조로서는 광해군이 오랑캐와 친교를 맺었다고 반정을 일으킨 입장이다 보니 광해군과 같은 외교 노선을 탈 수 없었다. 청나라와 가까이 지낼 수도 없었다. 임진왜란을 겪고 정식 세자 코스를 밟으며 왕이 될 트레이닝을 했던 광해군과 일개 왕족이었던 인조가 정치 기술적 차이가 나는 것도 당연했다. 그리하여 조선과 청나라의 관계는 꼬였고 결과는 정묘·병자호란의 연속 공격으로 이어졌으며 인조는 그가 오랑캐라 비웃던 청

나라의 황제에게 배 깔고 엎드려 항복하는 굴욕을 당한다.

이 일은 인조에게 큰 충격을 준 게 틀림없다. 왜냐하면 이후로 인조는 적극적으로 청나라에 충성을 바치는 친청파가 되었으니 말이다. 고작 석 달 만에 전면 항복할 만큼 막강한 국력 차이를 몸으로 경험했으니 심경의 변화가 생긴 것은 당연하지만, 문제는 인조가 말 그대로 '알아서 기었다'는 데 있다. 인조 말년의 조정은 오로지 청나라와의 화의를 주장하는 주화파로 가득했고 척화파들은 아예 발도 들이지 못했다. 인조로서는 오랑캐에게 머리를 숙였다고 임금을 비난하는 척화파가 맘에 들 리 없긴 했지만 과연 자신의 맘에 드는 사람만으로 채워놓고 반대 의견을 묵살하는 조정을 과연 제대로 된 국가 기관이라 할 수 있을까. 게다가 같은 주화파 중에서도 조선의 국익을 염두에 두었던 최명길은 찬밥 신세로 쫓겨났고, 김류나 김자점같이 국익보다 자신의 이익을 중요시한 이들은 높은 벼슬을 누리고 떵떵거리며 살았다. 김류의 아들 김경징(그 역시 공신이다)은 병자호란판 원균이라 할 만한 인물로, 강화도가 함락당하는 데 크게 기여했고 김자점은 반역을 일으키려다 잡혀 죽었다.

그뿐인가? 인조의 아들 소현세자는 조선으로 돌아온 지 얼마 안 되어 갑작스레 세상을 떠났다. 그 죽음이 독살인지 어떤지 확신할 수 없지만, 소현세자가 죽기 전부터 인조는 아들에게 참으로 매몰찼다. 며느리 민회빈 강씨와 손자들을 죽게 만든 것은 틀림없는 인조 본인의 억지였고, 이로 인해 『실록』의 사관들에게까지 욕을 들었다. 폐모살제, 어머니와 동생을 구박하고 죽인 것이 왕위에서 쫓겨나도 마땅할 만큼의 패륜이었다면 자식과 손자를 괴롭히고 죽음으로 몰고 간 인조는 과연 무엇에 마땅할까? 조선왕조실톡

조선왕조실톡 02

무지개가 무서워

인조 ㅎㄷㄷㄷ
관료 ㅎㄷㄷㄷ

하나요 무지개

비 온 뒤,
조선 하늘에 무지개가 걸렸다.
너도나도 인증샷을 찍어댔는데.

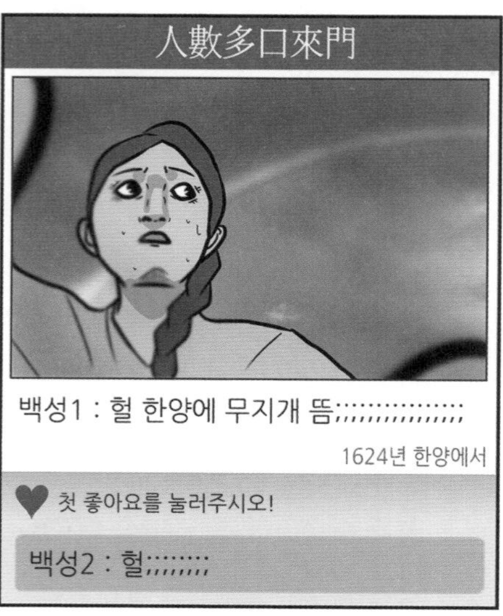

人數多口來門
백성1 : 헐 한양에 무지개 뜸;;;;;;;;;;;;;;;;
1624년 한양에서
첫 좋아요를 눌러주시오!
백성2 : 헐;;;;;;;;

mak_boy님
1624년 1월 1일 모바일에서 씀
충청돈데 여기서도 무지개 보임ㅇㅇ;;;
공유 1624
옳소! 12
인용 4

顔 안면장부
백성3 : 헐 여긴 아예 쌍무지개 떴네
#무지개 #걱정 #불안 #주상전하
첫 좋아요를 눌러주시오!
백성4 : 주상전하 무사하신가;;;?

일곱 빛깔 아름다운 무지개!

하지만 왜들 이렇게
찝찝해하는 걸까?

1 무지개

실시간 급상승

1 무지개 NEW!
2 한양 무지개
3 평양 무지개
4 무지개 불길 NEW!
5 주상전하
6 무지개의 저주 NEW!
7 반역
8 역모
9 전쟁
10 불길한 무지개 NEW!

둘이요 무지개를 피하고 싶어서

음양의 조화가 흐트러져
나타난다는 무지개.

사실 우리 조선에서 무지개는
좋은 징조가 아니다.

전하 무지개는요

하늘이 화나서 전하께
경고하는 거예요ㅇㅇ
행동 똑바로 하라고

ㅇㅇ;;그래서?

무지개 떠 있을 땐
착하고 바른 생각만 하세요

ㅇㅋ?

그중에서도 제일
무시무시한 무지개는 바로
!!! '태양을 뚫은 무지개'!!!

[제목 : 참혹한 역적의 무지개]

반역과 전쟁을 뜻해,
저것만 떴다 하면 온 궁궐이
비상사태에 돌입했으니…….

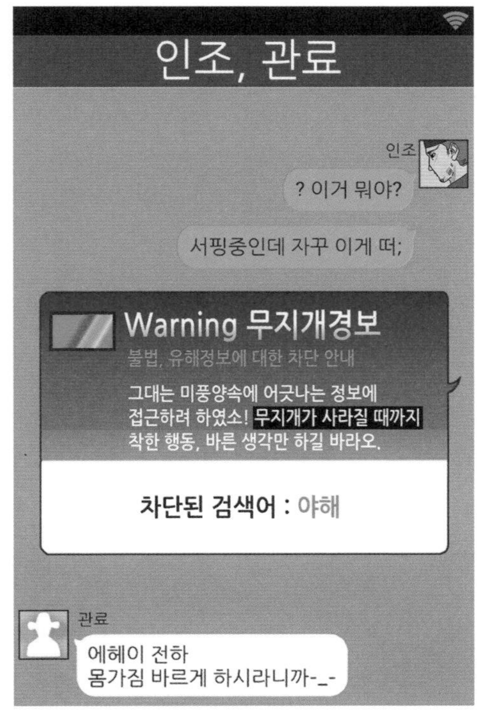

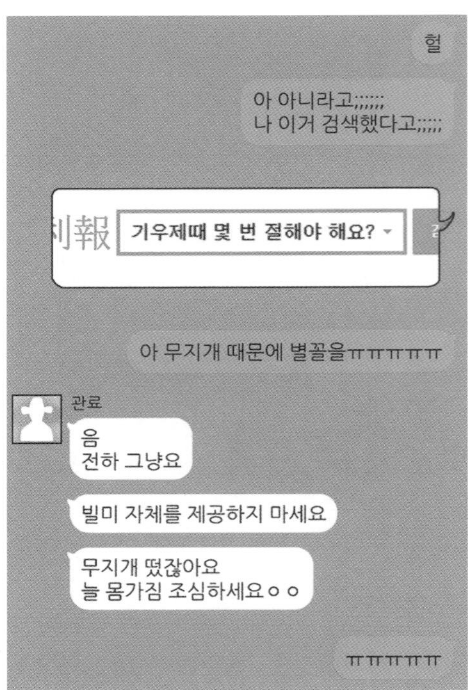

그뿐만이 아니었다.
무지개는 내 삼시 세끼마저
좌우했으니.

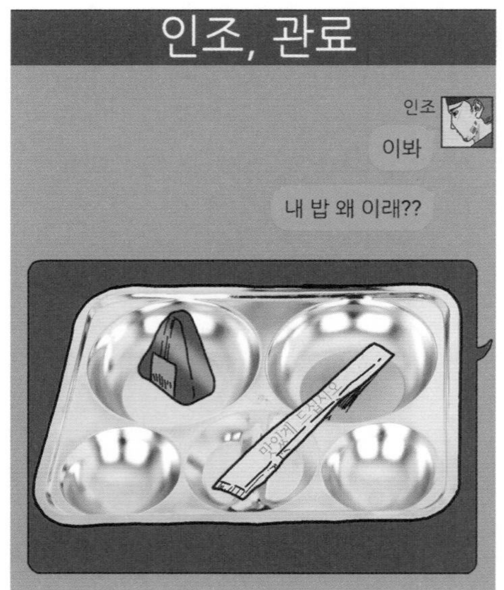

관료
놀라셨죠ㅇㅇ
오늘부터 수라 반찬수를
줄이기로 했습니다
?????왜;;;;;;;????????
관료
왜긴요 무지개 때문에ㅇㅇ
백성들은 굶는데 전하만
호화롭게 드시면
하늘이 화내실것 같아서요
아
음ㅠ그건 그렇네
에휴 그래
비가 와도 과인탓
눈이 와도 과인탓이지
관료
ㅇㅇ
부실수라상 죄송한데
당분간만 참으세요ㅠ
푸흡
아 죄송 이거ㅠ
너 즐기냐?
전송

하지만
무지개도 무심하시지!

결국 역모는 정말
일어나고 말았다.
내가 왕이 된 지 겨우 2년 만에!

이괄의 난

1624 무관 이괄이 한양까지 쓸어버리다

나는 궁궐마저 버리고
피난을 가야만 했는데.

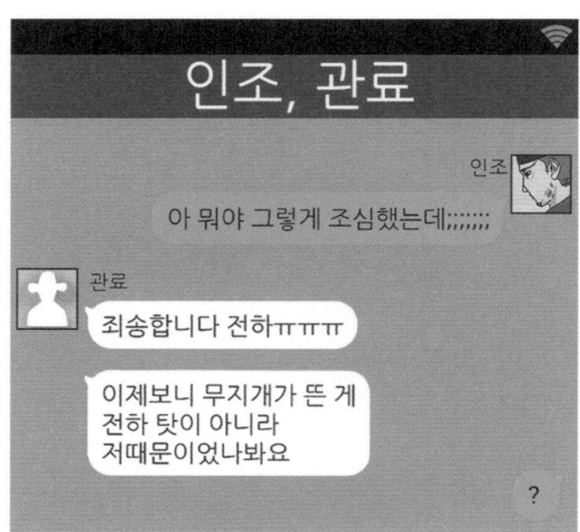
인조, 관료
인조
아 뭐야 그렇게 조심했는데;;;;;;;
관료
죄송합니다 전하ㅠㅠㅠ
이제보니 무지개가 뜬 게
전하 탓이 아니라
저때문이었나봐요
?

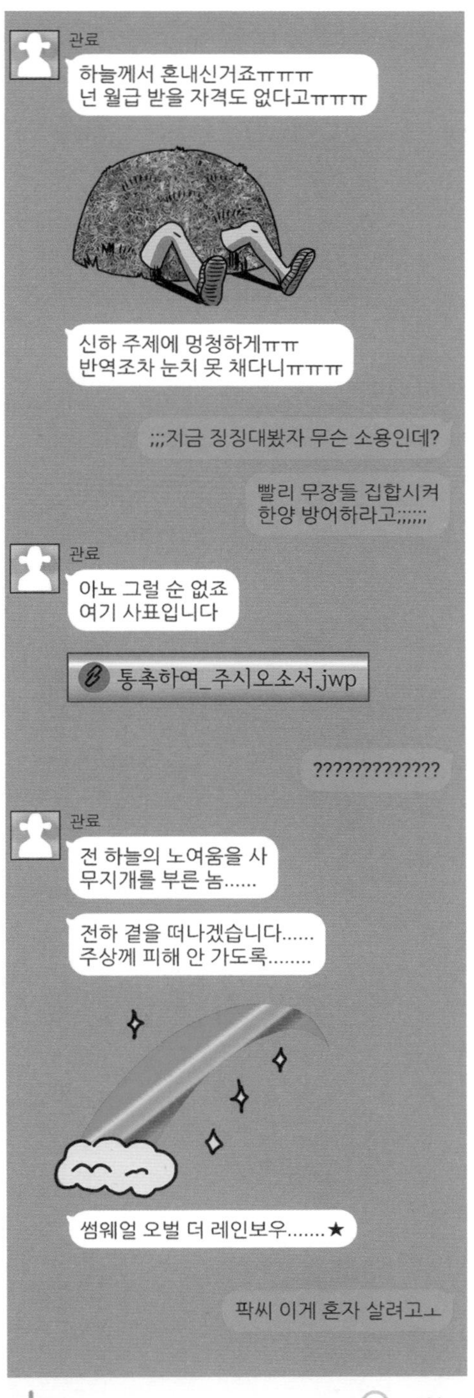
관료
하늘께서 혼내신거죠ㅠㅠㅠ
넌 월급 받을 자격도 없다고ㅠㅠㅠ
신하 주제에 멍청하게ㅠㅠ
반역조차 눈치 못 채다니ㅠㅠㅠ
;;;지금 징징대봤자 무슨 소용인데?
빨리 무장들 집합시켜
한양 방어하라고;;;;;;
관료
아뇨 그럴 순 없죠
여기 사표입니다
통촉하여_주시오소서.jwp
?????????????
관료
전 하늘의 노여움을 사
무지개를 부른 놈......
전하 곁을 떠나겠습니다......
주상께 피해 안 가도록........
썸웨얼 오벌 더 레인보우.......★
팍씨 이게 혼자 살려고ㅗ
전송

이괄의 난이 일어난 달,
흰 무지개가 떠서 태양을 범하다.

정묘호란이 일어나기 사흘 전,
흰 무지개가 떠서 태양을 범하다.

인조와 신하들,
무지개만 보면 경기 일으키다.

정사 正史

실록에 기록된 것

- 조선 초부터 왕들, 무지개가 뜨면 민감하게 반응하다. 『실록』에도 쓰다.
- 명종, 쌍무지개가 떴는데도 관상감 관원이 보고하지 않자 그 관원을 벌주다.
- 왕들, 무지개가 태양을 침범하면 몸가짐을 극히 삼가다. 선조는 반찬 가짓수도 줄이다.
- 임진왜란 벌어지던 날, 무지개가 선조를 쫓아다니다.
- 인조반정의 주역 이괄, 차별대우를 받고 아들이 반역에도 연루되자 난 일으키다.

픽션

기록에 없는 것

- 삼각김밥만 주지는 않았다.

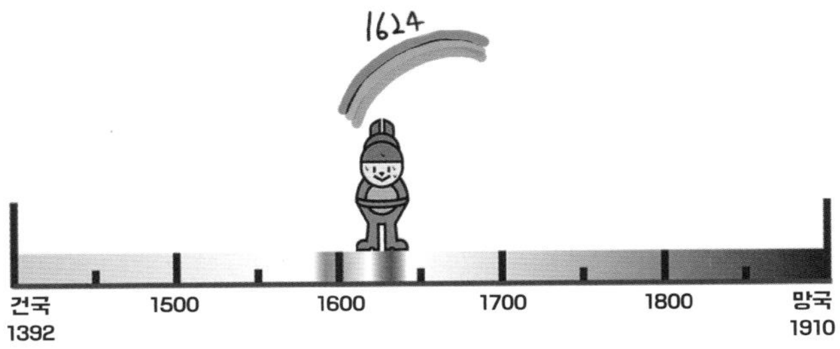

- 두 번째 이야기 -

하늘에게서 징조를 읽어낼 수 있을까?

역사극에서는 이런 장면이 종종 연출된다. 현명한 사람이 밤하늘을 올려다보며 "OO별이 OO를 침범했으니 전쟁이 일어나겠구나"라며 예언하는 장면 말이다. 그리고 극 중에서는 현자가 내다본 그대로 큰일이 벌어지게 된다. 천기天氣를 읽는다는 것은 흥미진진하지만 어디까지나 극 중 일일 뿐, 현대 과학의 시각에서 보면 말도 안 되는 이야기이다. 별은 지구에서 수천 광년 거리에 있는 천체이고 그 별들과 지구에서 일어나는 일은 상관이 있을 리 없으니까 말이다. 그렇지만 지금도 우리는 은연중에 기상 현상을 사람의 일에 연결 지어 말하고는 한다. 지진이 일어나면 하늘이 노했다고도 하고 여자가 한을 품으면 오뉴월에 서리가 내린다고도 하며 천둥 번개가 칠 때 무서워하는 사람을 죄 지었냐며 놀리기도 한다. 사람이 벌이는 일과 자연이 직결되어 있다는 믿음은 굉장히 오랫동안 있어 왔고, 그 흔적이 지금까지 남아 있는 것이다.

이것을 옛말로 천인상관설天人相關說이라고 하는데, 자그마치 춘추전국시대부터 이어져온 유서 깊은 믿음(?)이다. 옛사람들은 일식이나 월식, 무지개, 혜성, 홍수, 가뭄, 기형 동물들의 출현 등 갖가지 현상에 의미를 부여했는데 주로 세상이 잘못 돌아가는 징조라고 여겼다. 이런 미신 때문에 동아시아가 근대화로 나아가지 못했다고 보는 입장도 있는데 자세히 들여다보면 옛사람들이 하늘의 징조를 철석같이 믿은 것만은 아니었다.

『삼국사기』에서부터 『고려사』, 『조선왕조실록』에 이르기까지 옛사람들은 집요할 만큼 하늘의 현상들을 관찰해왔다. 해가 뜨고 지는 것, 별들이 움직이는 것, 바람과 구름에 이르기까지. 그렇게 수천 년 동안 관찰하고 또 기록한 결과 차츰 그 안에서 '법칙'을 발견하게 된다. 1년의 길이가 얼마인지, 한 달은 또 어느 정도인지. 태백성(금성)과 형혹(화성)이 언제 어떻게 움직이는지, 언제 비가 많이 오는지

등. 가장 불길한 징조로 여겨지는 일식이나 월식도 마찬가지이다. 홍수나 가뭄, 무지개 같은 것은 좀 별개이긴 하지만 그것도 한 천 년쯤 관찰하다 보니 현실과 별 상관없이 '그냥' 벌어진다는 것을 확인할 수 있었다. 그래서 조선시대만 하더라도 일식이 예정되면 임금과 신하들이 모두 소복을 갖춰 입고 일식이 시작하기를 '기다렸고' 우리나라가 아닌 중국의 데이터를 토대로 만들어진 역법 때문에 일식 타이밍에 오차가 있자 세종은 이순지를 비롯한 이공계 신하들에게 조선의 역법인 칠정산을 만들게 했다. 예측이 가능한 천재지변이라면 더 이상 하늘의 뜻이라고 할 수 없었다. 그럼에도 조선왕조 내내 일식이 벌어지거나 그게 아니더라도 묘한 기상 현상이 나타났다 싶으면 임금과 신하들은 저마다 자신이 잘못한 탓이라며 몸을 사렸고 이걸 빌미로 사직하거나 정치를 비판하고, 심지어 반란을 모의하기도 했다.

1450년(예종 1) 즈음, 은하수 한복판에 하얀 혜성이 나타났다. 그걸 본 남이는 변란이 일어날 하늘의 조짐이라며 군사를 일으키려 했지만 유자광의 밀고로 실패했다. 세종 때의 명재상 황희는 때마침 가뭄이 들자 자기가 재상으로 있는 탓에 하늘이 재앙을 내린 것이라며 제발 자신을 잘라 달라는 사직소를 올렸다. 물론 세종은 들은 척도 하지 않았지만. 이런 사례들을 보면 조선시대에도 자연과 천체 현상이란 사람 좋을 대로 가져다 쓰는 핑계이자 빌미일 따름이었다.

요즘도 극심한 가뭄이 들거나 하늘에서 폭우가 쏟아지면 이런 말을 하곤 한다. 세상이 썩어 하늘이 노한 거라고. 이것이 단순히 미신의 결과물일까? 이렇게 생각해보자. 만약 나라가 안정되어 있다면 홍수가 나든 가뭄이 들든 마른하늘에 날벼락이 치든 사람들은 크게 신경 쓰지 않을 것이다. 사회가 튼튼하다면 어떤 재난에도 대처해 국민들을 구하고 그들의 생활을 지켜줄 수 있기 때문이다. 하지만 못난 나라와 용렬한 왕이라면 아무것도 해결하지 못하고 오히려 사태를 더욱 악화시킬 것이다. 이럴 때는 희미한 무지개 한 자락마저도 통렬한 하늘의 경고가 될 수밖에 없다. 조선왕조실톡

조선왕조실톡 **03**

3일간 왕이었던 남자

흥안군　곤룡포 어울림ㅋ?

인조　가족을 스릉흐즈忍
가족을 스릉흐즈忍
가족을 스릉흐즈忍

하나요 가족을 사랑하자

"새어머니를 가둬두고
어린 동생을 죽인 죄"

[속보]폐모살제…광해군,쫓겨나

[사진] 인조반정으로 폐위된 광해군이 유배가는 현장

광해군(49)은 새어머니 인목대비(40)와 남동생
영창대군(당시9세)을 거짓역모에 연루시킨 혐의를 받고있다.
인조(29)대변인, "대비마마는 덕수궁에 5년이나 갇혀있었으며,
영창대군은 유배지에서 잔혹하게 죽어……짐승도 그러진 않아"

네티즌 덧글(1623개)

ㄴ백성1님 : ㅉㅉ한땐 임진왜란의 영웅이었는데...
ㄴ백성2님 : 어떻게 가족한테 손을 대냐-_-

그게 바로 큰아버지의
가장 큰 죄였다.
그리고 그런 그를 쫓아낸, 나.

[16대 왕 인조, 광해군의 조카]

난 결심했다.
앞으로 무슨 일이 있어도,

"가족을♥사랑하자!"

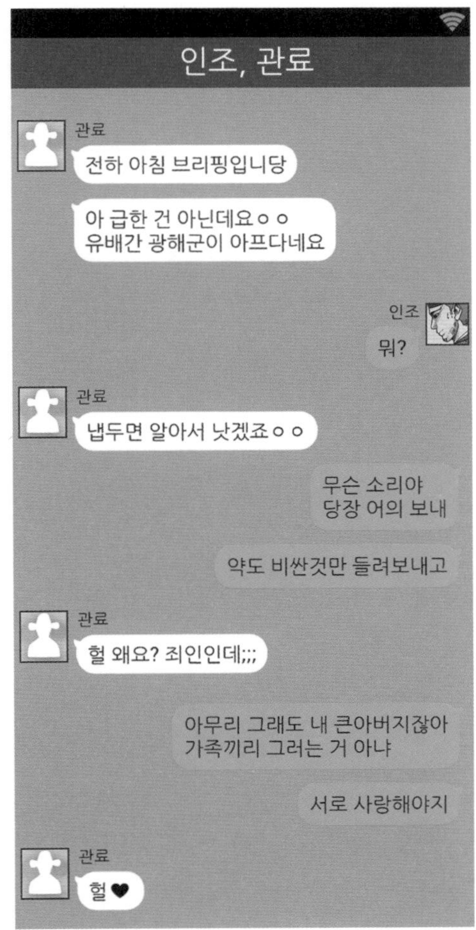

인조, 인목대비

인조 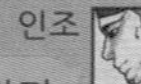

할마마마

새해 복 많이 받으십시오^^

 인목대비

이딴거 필요 없습니다-_-
광해군 그새끼 모가지나 따주세요

나 외딴 궁에 가두고
우리 영창이 죽인 개새끼ㅗ

내가 그새끼 생살을 씹어야
이 분이 좀 풀리겠어요

워 할마마마 워

진정하세요 릴렉스;;;;;

제가 딴건 모르겠는데
그 말씀만은 못들어드립니다

 인목대비

ㅠㅜ왜애

친아들은 아니지만 광해군은
할마마마 아들 아닙니까

똑같은 가족살해범 되시려구요?

참으시지요^^;

 인목대비

ㅜㅜㅜㅠㅠㅠㅠㅠ

내 핏줄에겐 손대지 않는다.
절대절대!

이제 왕이 된 지 2년,
모든 권력을 틀어쥐고도
지금껏 잘 참아왔다.

흥안군 : 인조 조카ㅋ

근데……
아오………….

요즘 내 주먹을
근질거리게 만드는 이 사람,

흥안군 이제(李堤)
[1598~1624]

흥생흥사_흥안군

내가 왕 #숙부다ㅋ? #인조가 내 #조카야ㅋㅋ
헐 왕한테 #족카랙ㅋㅋㅋ족ㅋㅋㅋ칵ㅋㅋㅋㅋㅋㅋ
#한양 #26살 #남 #로얄패밀리 #이제_그마안

이괄, 인성군, 인흥군, 월향님이 좋아하오

월향이 : 오빠 왤케 나대ㅋㅋㅋㅋㅋㅋㅋ

※선조의 늦둥이 아들. 광해군 이복동생.

원래 좀 유명한 분이다.
별명이 '실성한 흥안군.'

하지만
나보다 세 살이나 어리시고,
무엇보다 가족이니 어떻게든
끌어안으려 했는데

이걸↓
무슨 수로 카바쳐?????

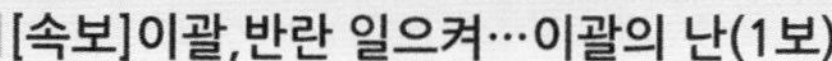
[속보]이괄,반란 일으켜…이괄의 난(1보)

부원수 이괄이
군사 이끌고
한양으로 진격중…
"관군 속수무책"
"흥안군도 한 패"

인조2년(1624년) 1월 24일자

[속보][긴급]이괄, 곧 한양 포위
로얄패밀리 흥안군, 정말 이괄과 내통했나

[속보]흥안군,재산털어 이괄 돕다?

네티즌 덧글(1624개)
ㄴ백성5님 : 헐ㅋ흥안군이 기어코 일쳤네
ㄴ백성6님 : 패기갑이더니ㅋㅋㅋㅋㅋㅋㅋㅋㅋ

한번은 사고 칠 줄 알았음ㅎ

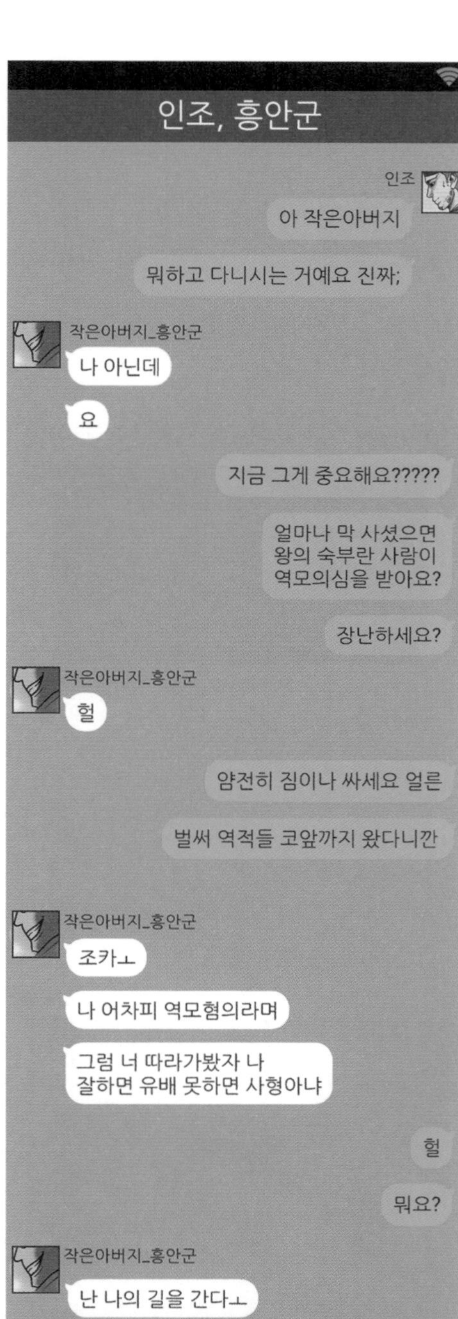
인조, 흥안군
인조
아 작은아버지
뭐하고 다니시는 거예요 진짜;
작은아버지_흥안군
나 아닌데
요
지금 그게 중요해요?????
얼마나 막 사셨으면
왕의 숙부란 사람이
역모의심을 받아요?
장난하세요?
작은아버지_흥안군
헐
얌전히 짐이나 싸세요 얼른
벌써 역적들 코앞까지 왔다니깐
작은아버지_흥안군
조카ㅗ
나 어차피 역모혐의라며
그럼 너 따라가봤자 나
잘하면 유배 못하면 사형아냐
헐
뭐요?
작은아버지_흥안군
난 나의 길을 간다ㅗ
흥안군님이 퇴장하셨습니다.
?????????????????

그 길로 작은아버진
반란군에게 달려갔다.

이해가 되지 않았다.
대체 왜??? 위험하게????

그런데, 다음날……

[속보]반란군,흥안군을 새 왕으로 임명

옥좌에 앉은 흥안군(26)

이괄 "한양도 궁궐도 먹었으니 왕도 새로 뽑았다"
"중종이 연산군 쫓아내고, 인조가 광해군 쫓아냈듯
흥안군이 인조를 몰아낸 것"

네티즌 덧글(1624개)

ㄴ백성1님 : 헐???;
ㄴ백성2님 : 허헐?????;;;;;;;;

흥생흥사_흥안군

@인조 니가 입었던 곤룡포ㅋ
니가 썼던 익선관ㅋ#솔직히_내가_더_잘_어울려
걱정마 잘할게ㅋ
원래 뭐든지 삼촌이 조카보다 우월한 법이니까ㅎ

 이괄님께서 좋아하시오!

왕이 됐다니까?
진짜로!

지들끼리
즉위식하고 잔치하고
벼슬까지 나눠 가졌대!

선조-광해군-흥안군이 됐다고!

이제 한양으로
돌아갈 수 있겠습니다ㅜㅜ;;;;
이괄 죽었고 반란 완전히 진압했대요

하지만,
정말 다행히도,
이 악몽은 오래가지 않았으니.

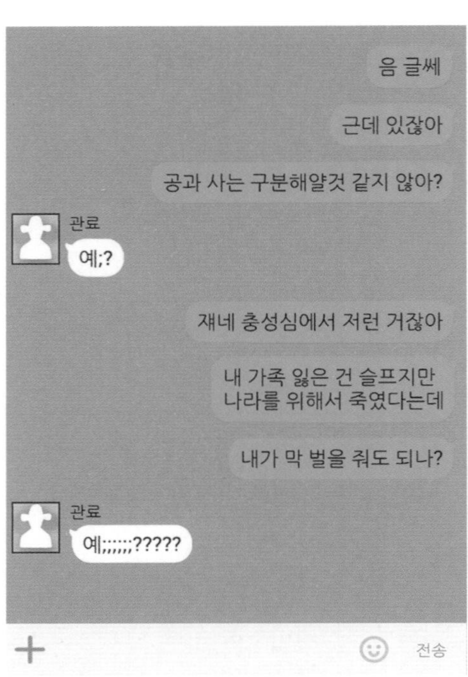

음 글쎄
근데 있잖아
공과 사는 구분해얍것 같지 않아?
관료
예;?
재네 충성심에서 저런 거잖아
내 가족 잃은 건 슬프지만
나라를 위해서 죽였다는데
내가 막 벌을 줘도 되나?
관료
예;;;;;;?????
전송

얼마 후,
나는 범인들을 풀어주었다.
큰 상과 함께.

뭐가?
솔직히 이건 예외지;
작은아버지를
내가 죽인 건 아니잖아?

난 광해군과 달라.

난 자기 가족 죽이는
싸이코가 아니라고!

정사 正史

실록에 기록된 것

- 광해군 시절 18세 흥안군, 광해군이 자기 집을 빼앗아 궁궐터로 쓰려 한다며 설레발치며 노비들 풀어 주변 사대부들 집 빼앗다. 아녀자들까지 희롱하다.
- 인목대비, 광해군의 살을 씹어 복수하겠다 하자 인조, 말리다.
- 인조, 광해군과 차별성을 두려 친족을 매우 아끼다. 광해군에게 약, 옷, 갓 등을 꼬박꼬박 보내다. 광해군이 역모에 연루되어도 벌 않다.
- 흥안군, 이괄의 난에 엮여들다. 신하들, "흥안군이 해괴한 짓을 한다"며 유배 보내라 요청하나 인조, 거부하다.
- 흥안군, 이괄의 난 직전 선왕들의 무덤에 통곡하러 다니다. 신하들, 사표 제출하며 소란 피우다. 그래도 인조, 흥안군 데리고 반란 피해 한양 떠나다.
- 흥안군, 몰래 한강 건너 이괄에게 합류하다. 2월 11일 왕위에 오르다.
- 그러나 2월 14일 이괄과 흥안군 잡혀 죽다. 하지만 인조, 범인들을 잠깐 가뒀다가 풀어주다.

픽션

기록에 없는 것

- 흥안군은 예고 없이 튀었다.

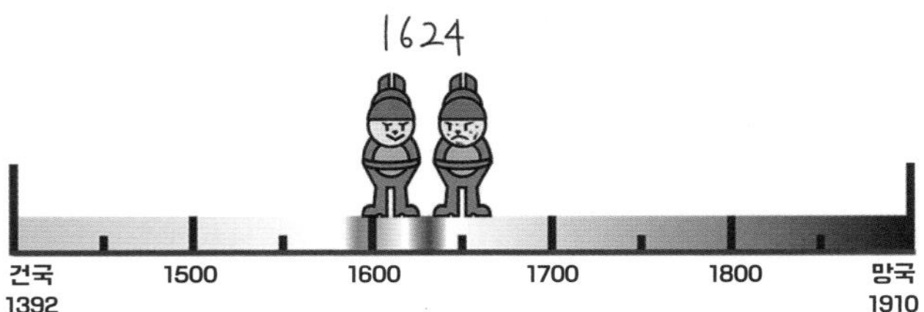

- 세 번째 이야기 -

인조라는 임금

조선시대 최악의 임금은 누구일까? 누군가는 선조를, 누군가는 고종을 들 수도 있겠지만 필자는 단언컨대 인조를 꼽겠다. 그는 불행한 사람이기도 했다. 재위 중 두 번이나 전쟁이 났고, 또 패해서 치욕을 당하지 않았던가. 하지만 임금이란 자리는 나라를 잘 다스리고 백성들을 돌보기 위해 있는 것이지 연민을 받기 위해 존재하는 것이 아니다. 지도자가 무능하면 수많은 사람들이 다치게 된다.

인조에게는 무능함보다 더 큰 문제가 있었다. 그에게는 통치 철학이란 게 없었다. 철학이라고 하니 거창하게 들리지만, 결국 임금이 되어서 어떤 나라를 만들겠다든지, 무슨 일을 하겠다는 마음가짐이다. 그런데 인조의 철학은 단 한 가지. '광해군의 반대로'였다. 광해군을 쫓아낸 명분은 가족들을 죽이고 오랑캐와 친하게 지냈던 것. 인조는 그래서 무턱대고 광해군의 반대 방향으로 질주했는데, 자기 주관이 없으니 이리저리 휘청이고 뒤집혔기에 그 무엇도 제대로 성공한 게 없었다.

병자호란이 일어나기 직전, 인조는 청나라와의 국교를 단절한다. 이 일은 따지고 보면 정묘호란 때의 조약을 일방적으로 깨고 군신관계를 요구하고, 명나라를 칠 병사를 내라는 무리한 요구를 해댄 청나라도 잘못이 많았지만, 아무튼 인조는 척화의 의지를 활활 불사르면서 비장하게 전국에 전쟁을 대비하라는 교서까지 내렸다. 최명길이 "강물이 얼어붙으면 어쩔건데요?" 하고 지적하자, 인조는 현실을 깨닫고 화들짝 놀라 부랴부랴 수습하려 했지만 이미 때는 늦어 청나라는 공격해오고 있었다. 여기서 가장 큰 문제는 최명길의 상소 하나에 인조의 생각이 바뀐 것이다. 명색이 임금이고, 국가의 정책을 결정한다면 나라의 사람들을 고루 모아 의견을 듣고, 옳은지 그른지를 검증한 뒤 가장 좋은 것을 선택하는 게 당연한 게 아닌가? 명색이 임금이면서, 나라 안팎에서 엄청난 폭풍을 몰고 올 국교 단절을 하면서 전후 사정이나 앞일에 대해 전혀 고려하지 않고 기분 내키는 대로 밀고 나가다 아니다 싶으니 뒤집은 것이다. 그리하여 병자호란 뒤에 인조는 그 누구보다도 맹렬한 친청파가 되어 갖은 정성을 다해 청나라를 섬겼다. 청나라의 연호를 안 썼다고 신하들을 조지고, 온 나라 안의 보물을 바치며 청나라에게 고분고분하지 않은 신하들을 몸소 갈구기까지 했으니, 마침내는 신하들이 "오랑캐에게 꺼뻑 죽는 건 쫓겨난 광해군보다 네가 더 심하다!" 라고 인증을 해줄 지경이었다.

청나라의 문제로도 이렇게 오락가락했으니 가족 및 친척에 대한 태도도 다를 바 없었다. 먼저 잘해줄 때는 원칙 따윈 안드로메다로 보내버리고 지극정성으로 돌봤다. 가장 먼저, 세자도 아니었으며 오히려 민폐 벌이기로 악명 높았던 정원군을 자신의 아버지란 이유만으로 '왕'으로 추숭했다. 신하들은 당연히 반대했지만 인조는 명나라에 적극적으로 뇌물을 꽂아넣으며 아버지를 뜬금없는 왕으로 만들어 모셨다. 여기까지는 인조가 지극한 효자라서 그랬다고 변명이나 해줄 수 있는데, 선조의 딸인 정명공주에게는 달랐다. 인조는 처음에는 반정의 명분을 마련해준 인목대비와 정명공주에게도 친절함을 넘어서 지나칠 정도의 특혜를 베풀어주었다. 그런데 대비가 죽고 나서 손바닥 뒤집듯이 태도가 바뀌었다. 궁궐에서 저주 글이 발견되자, 인조는 그 혐의가 공주에게 있다며 탈탈 털어댔고, 정명공주는 죽는 날까지 숨죽이고 살아야 했다. 반정공신들이 그래도 선조의 딸이라고 심문하는 것을 적극 반대하지 않았다면 이 정도로 끝나지 않았을 것이다.

그래도 정명공주는 팔자가 나은 편이었다. 인조의 생애에서 가장 큰 억지는 바로 며느리인 민회빈 강씨를 죽일 때였다. 처음 아들내외가 인질로 잡혀갈 때는 눈물로 배웅했던 인조는 그들이 조선으로 돌아오자 온갖 구박을 해댔고, 마침내 소현세자가 죽은 뒤 강씨를 유폐한 뒤 사약을 내리기까지 했다. 그 당시 강씨의 죄라고 내린 글을 보면 고집과 억지가 가득하며 나라의 임금이 썼다고는 믿어지지 않을 정도로 조악하고 유치하다. 뚜렷한 명분은커녕 이유도 없이 그저 '싫다'라는 감정에 몸부림을 치며 죽여버리라고 악다구니를 쏟아낸 것이다. "개의 자식"이라는 욕도 등장한다. 오죽하면 사관들마저 임금을 까댈 정도였다.

이것이 바로 인조라는 임금, 아니 이화백이라는 사람의 민낯이었다. 철학도 없고 생각도 없고, 미래의 비전도 없이 그저 좋고 싫은 것으로 일을 재단했다. 오락가락, 왔다갔다, 제멋대로. 이렇게 무능한 임금을 둔 조선이란 나라는 참으로 불행했다. 조선왕조실록

조선왕조실록 04

제주도 할아범 광해군

영감 (알 수 없음)

몸종 영감탱이 ㅋㅋㅋㅋㅋ

하나요 영감

여기는 외딴섬.
나는 환갑의 노인네.

할 일이 없어
가만히 있노라면,

그리운 사람들의 얼굴만
떠오른다…….

-아빠마마-
띠롱
새메시지
몸종_똑순이
깜짝
영감, 몸종_똑순이
영감
,./
몸종_똑순이
뭐야
영감님 또 벨소리에
놀랐구나ㅋㅋㅋㅋㅋㅋ?

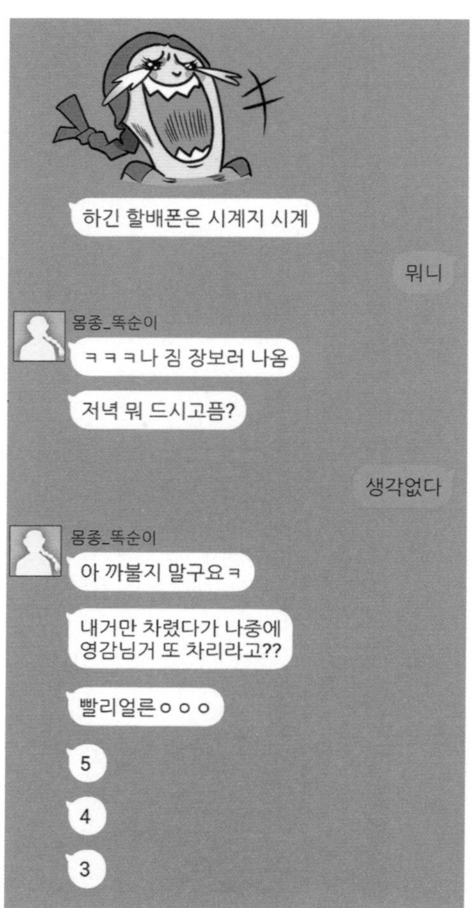
하긴 할배폰은 시계지 시계
뭐니
몽종_똑순이
ㅋㅋㅋ나 짐 장보러 나옴
저녁 뭐 드시고픔?
생각없다
몽종_똑순이
아 까불지 말구요ㅋ
내거만 차렸다가 나중에
영감님거 또 차리라고??
빨리얼른ㅇㅇㅇ
5
4
3

계집종에게도 무시당하는,
볼품없는 중늙은이 1인.

[15대 광해군(62세)]
인조반정으로 폐위되어 유배 중

나는 한때
조선의 왕이었다.

나도 안다.
참 목숨 한번 질기지?

연산군은 서른에 죽었는데,
같은 폭군 주제에
구질구질하게 ㅎ

[광해군이 유배지에서 자주 먹은]
물에 만 밥

사실은 몇 번이고 죽으려 했었다.
10년 전인가?

스스로 밥을 며칠이나 굶어
기쁜 마음으로 혼수상태에
빠진 적도 있었지.

그런데 눈을 떠보니.

어의, 광해군
어의
전하
가 아니라 어르신
어의입니다.
처치는 했으니까 끼니
때 맞춰 꼬박꼬박 드세요.
광해군
왜이래
나 죽게 둬
제발
어의
어의가 어이없네 진짜ㅎ
누가 어르신 예뻐서 이럽니까?
어르신 그렇게 돌아가시면
백성들은 인조 전하 욕해요.
큰아버지 밥도 안 줬다고.
조카 안티 늘리려고
어그로 끄시는거죠 지금?
ㅎㅓ
어의
몸조리 잘 하세요.
다시는 헛짓 마시고요.
어차피 죽고 싶어도 못하십니다
전송

그 경고대로,
조카 인조는 날
죽게 내버려두지 않았다.

여름엔 여름옷,
겨울엔 겨울옷,
사시사철 음식과 약.

한 계절 두 계절
내 수명은 계속 연장되었다.

그리고 결국 작년 1636년,

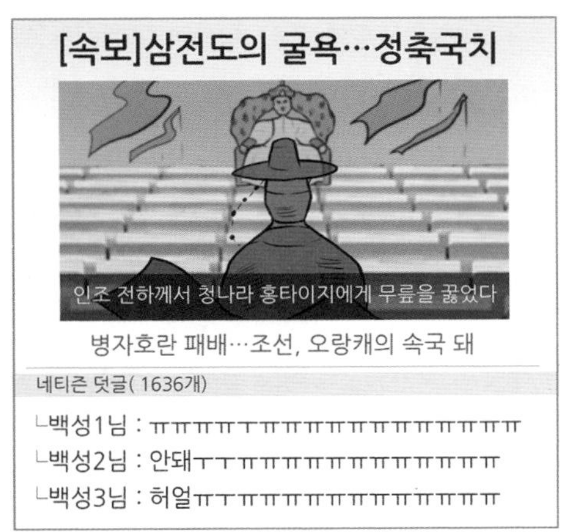
[속보]삼전도의 굴욕…정축국치

인조 전하께서 청나라 홍타이지에게 무릎을 꿇었다

병자호란 패배…조선, 오랑캐의 속국 돼

네티즌 덧글(1636개)

ㄴ백성1님 : ㅠㅠㅠㅠㅜㅠㅠㅠㅠㅠㅠㅠㅠㅠㅠㅠㅠㅠㅠ
ㄴ백성2님 : 안돼ㅜㅜㅠㅠㅠㅠㅠㅠㅠㅠㅠㅠㅠㅠㅠㅠ
ㄴ백성3님 : 허얼ㅠㅜㅠㅠㅠㅠㅠㅠㅠㅠㅠㅠㅠㅠㅠㅠㅠ

아…….
광해군, 몸종
몸종_똑순이
올 영감님
또 한양에서 택배 엄청옴ㅇㅇ
보낸사람! 인조
GOD갓
받는이! 광해군
열게여? 뭐지
내가 다 두근두근ㅋㅋㅋㅋ
광해군
……
몸종_똑순이
헐 대박;;;;;;;;

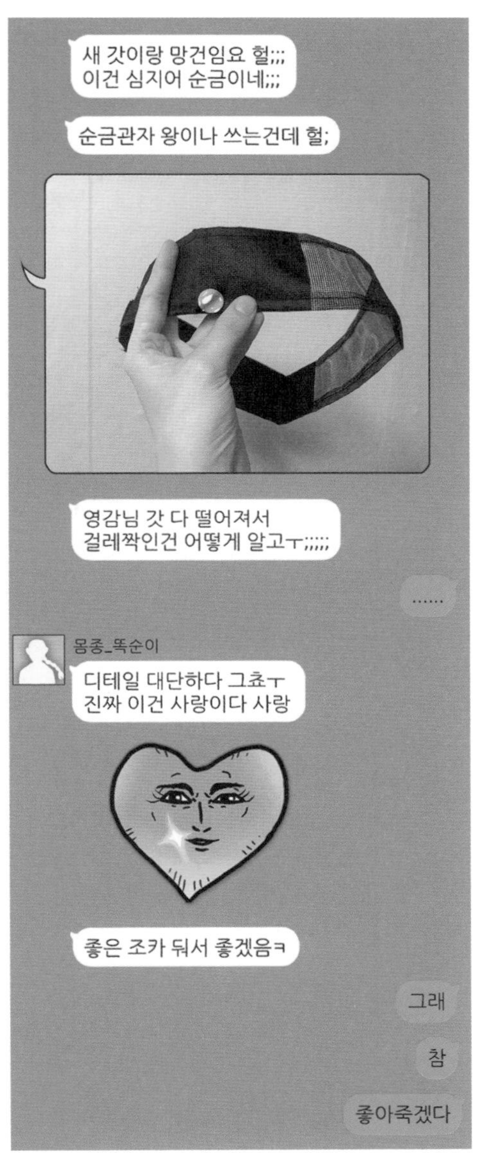

나는 광해군,
왕위에서 쫓겨난 임금.

'장수長壽'라는
끔찍한 저주에 걸려

오늘도 꾸역꾸역 살아간다.

내 수명 줄이는 나쁜 습관들
피하셔야겠죠?

운동 안 하기!
흡연! 음주!
정크푸드 먹기!

열심

열심

끝.

음주…흡연

헐 진짜;;???
담배 몸에 안좋아???헐

※광해군은 담배를 싫어했다고.

실록에 기록된 것 정사 正史

- 인조 1년, 광해군과 왕비, 세자, 강화도에 위리안치되다.
- 광해군의 폐세자 이질, 아내와 인두로 땅굴을 파 탈출하다 곧 잡히다. 인조, 자결을 명하다.
- 1627년, 후금 정묘호란 일으키다. 명분은 "광해군의 원수를 갚기 위해".
- 이듬해, 허유와 유효립의 역모 발각되다. 광해군이 쓴 "믿을 만한 사람 모아 거사를 해라" 하는 편지를 갖고 있었다고. 그들이 처형되고 얼마 뒤, 광해군이 머리도 빗지 않고 밥도 굶은 채 벽을 붙잡고 통곡만 한다는 보고 올라가다.
- 1636년, 병자호란 일어나다. 조선, 굴욕적인 항복을 하다. 이듬해 1637년 인조, 광해군을 최장거리 유배지인 제주도로 보내다. "청나라가 광해군을 복위시킬 수 있다. 또, 혼란스런 육지보단 조용한 섬에서 지내는 것이 폐주에게도 좋을 것이다."
- 인조, 광해군 갓이 다 떨어지자 새것 보내주다.
- 광해군, 1641년 67세 일기로 죽다. 인조반정 주역 제주목사 이시방, 문을 부수고 들어가 정성껏 염해주다.

기록에 없는 것 야사

- 광해군을 모신 어린 몸종이 광해군을 구박하고 멸시하다.
  광 : 너 태도 왜 그래?
  종 : 넌 왜 왕노릇 그따구로 했는데요?
  –『연려실기술』

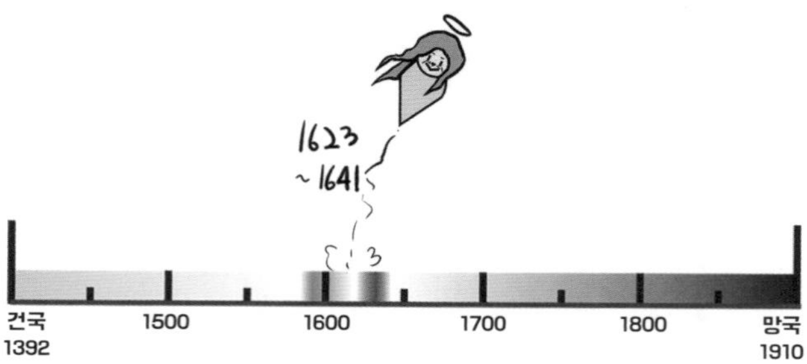

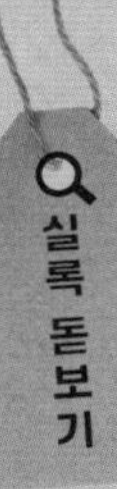

- 네 번째 이야기 -

제주도의 천덕꾸러기들

옛날 형벌은 크게 다섯 개를 들어 태笞·장杖·도徒·유流·사死로 분류했다. 태와 장은 때리는 것, 도는 때린 다음 가두는 것, 유는 멀리 유배 보내는 것, 사는 사형을 뜻한다.

'유'는 흐른다, 떠내려간다는 뜻이다. 유배는 글자 그대로 벼슬에서 쫓겨나고 집도 가족도 떠나 아무 연고도 없는 아주 먼 곳으로 떠나는 형벌이었다. 지금처럼 교통이 발달하지 않았던 시기, 멀고 낯선 곳으로 떠나는 것을 죽음 다음가는 고통으로 여긴 것이다. 하지만 유배 가는 사람의 집이 부자라서 준비를 충실히 할 수 있다면 말도 타고 심부름꾼도 데려갈 수 있었다. 유배형을 받았다고 해도 곧 풀려날 가능성이 있는 사람이라면 유배인이 들르는 곳곳마다 관리들이 맞이하여 성대하게 대접하고 연회까지 베풀어주기도 했다. 이런 경우는 말이 유배지 사실상 유람에 가까웠다.

그러나 이런 예는 몹시 희귀한 편이었고, 유배는 명백한 중형이었다. 죄인의 몸이 되어 털레털레 유배를 가면 우선 살 곳이 문제였다. 유배형은 '어느 지역으로 옮겨 가라'라는 명령만 내려질 뿐, 딱히 살 곳을 마련해주지는 않았기 때문이다. 그래서 유배인들은 현지에 사는 사람 집에 얹혀살아야 했는데 식당과 침실이 완비된 원룸이 마련되어 있을 리는 만무하다. 방조차 없어서 처마 밑에서 간신히 이슬을 피하며 야외 취침을 하는 유배인들도 적지 않았다. 어차피 유배인이란 밖에서 굴러 들어온 천덕꾸러기 신세. 보수주인(집주인)이 넉넉하다면 모를까, 전혀 반갑지 않은 손님인 유배인들은 온갖 험한 말을 들으며 구박을 받기도 했다. 그것만이 문제가 아니었다. 먹고살 것을 나라에서 제공해주는 것이 아니었으므로 유배인들은 생계를 위해 직접 온갖 일을 해야 했다. 선조 때의 재상 이원익은 광해군 시절 인목대비의 폐비에 반대했다가 귀양을 가 그곳에서 먹고살기 위해 손수 돗자리를 짰다. 정약용도 귀양 생활 동안 옷 한 벌로 3개월을 버티며 농사를 짓고 짚신을 만드는 등 안 해본 일이 없을 정도로 고생을 했다.

상황이 이렇다 보니 유배 지역이 어디냐에 따라 생활 난이도가 하늘과 땅만큼 차이가 났다. 서울과 가깝고 부유한 지역이면 숨통이 틔었다. 기왕 가는 귀양이라면 방어가 맛있는 곳으로 귀양을 가고 싶어 했던 허균 같은 사람도 있었다. 반대로 먼 함경도 북쪽 국경 끄트머리의 삼수, 갑산, 회령, 북청 등등은 모두가 기피하는 유배지였다. 남쪽 먼 바다 너머 외딴 섬들인 흑산도, 진도, 추자도 등도 마찬가지였다. 그중 가장 기피하는 유배지는 제주도였다. 지금이야 비행기를 타고 슝 날아가는 멋진 관광지이지만 조선시대에는 바다를 건널 때마다 목숨을 걸어야 했고, 풍랑이라도 만나면 그대로 목숨을 잃는 일도 잦았다. 육지에서만 살던 유배인들에게는 제주도의 물도, 음식도 맞지 않았고 끙끙 앓다가 죽기까지 했다. 그러다 보니 제주도를 일컬어 장기瘴氣, 축축하고 더운 땅에서 생기는 독기서린 땅이라고도 했다. 소현세자의 두 아들들이 이렇게 죽은 대표적인 예이다.

하지만 모든 이들이 비참하게 죽거나 구박덩어리로 살았던 것은 아니다. 훗날 남편 황사영의 백서 사건으로 제주도로 귀양을 간 정난주(정약용의 조카딸)는 비록 관노의 신분으로 떨어지긴 했지만 훌륭한 교양과 지식을 가지고 있어 제주도 사람들에게 서울할망이라고 불리며 존경받았다고 한다. 추사체로 유명한 김정희가 제주도에서 9년 동안 귀양 생활을 하고 있을 때 제자 민규호는 중국에서 온 귀한 책을 김정희에게 전해주기 위해 두 번이나 제주도까지 찾아갔으며, 그에게 가르침을 받고자 하는 제주의 선비들이 구름처럼 몰려들어 새로운 학풍이 만들어지기까지 했다. 유배는 분명 슬픔과 고통이 가득한 가시밭길이었지만 그 가시밭을 양분으로 삼아 피어나는 새로운 꽃 또한 분명히 있었던 것이다. 조선왕조실톡

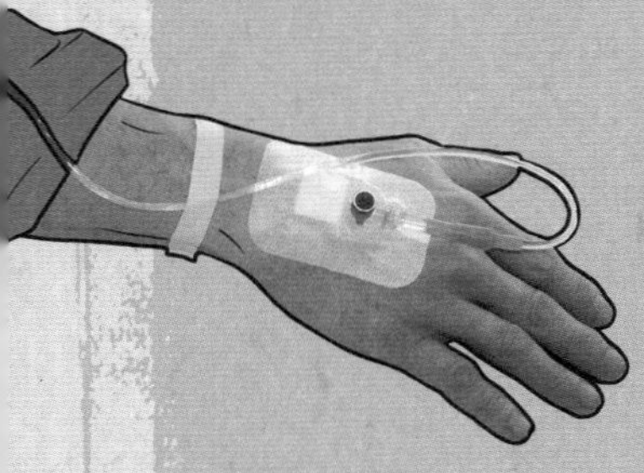

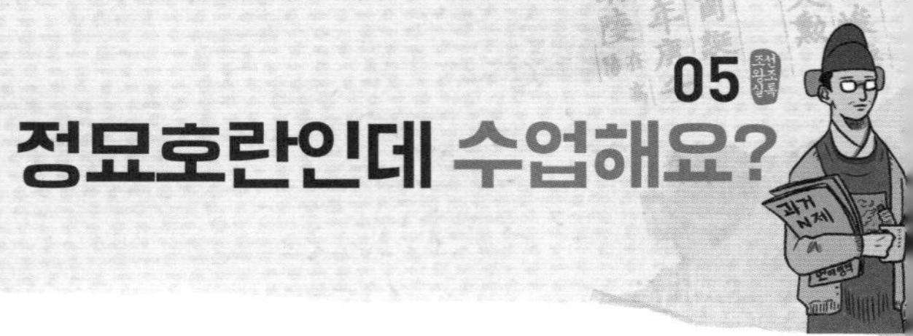

05 정묘호란인데 수업해요?

광해군이 쫓겨나고
인조가 즉위한 지 5년째,
조선 밖에서는 난리가 났다.

여진(만주)족이
'후금'을 건국하고
명나라에 반기를 든 것이다.

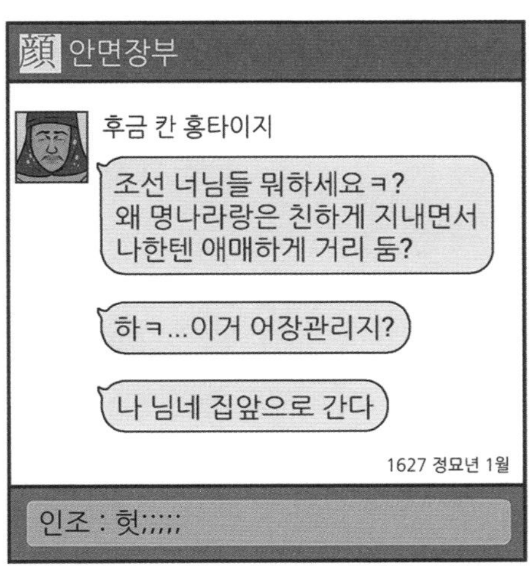

조선을 쳐들어온
후금의 군대에 맞서려,

어린 소현세자는
위험한 전쟁터로 떠나는데……

(알 수 없음)

잠깐만요 세자저하

저희도 따라가겠습니다ㅇㅅㅇ

누구?

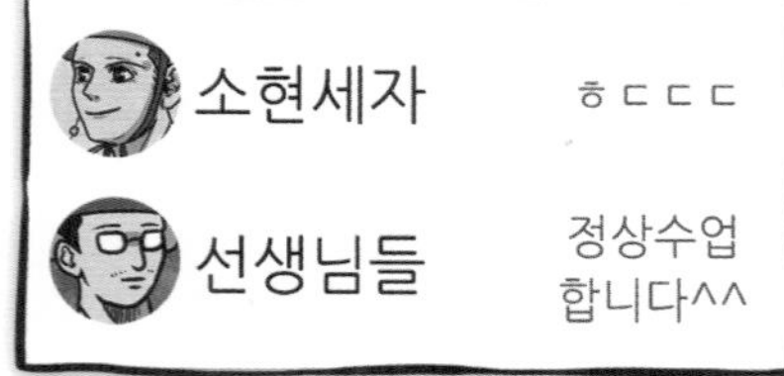

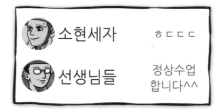

소현세자를 붙든 것은
시강원侍講院의 관료들.

세자를 가르치는 선생님들이었다.

이런데 전쟁중에 내내
놀아버리기까지 하시면;

어후 끔찍해;;

소현세자

;;;;;

인조

허참 정성은 갸륵하다만
전쟁통에 무슨 수업을 한다고;

ㅇㅋ그럼 제일 중요한 선생
딱 두 명만 비서 겸해서 함께 가시게

중요한 선생요? 누구누구요?

인조

글쎄;
교장이랑 교감?

허 전하 ^-^#
지금 국어 무시하십니까?

시강원_사회선생님

어허 저하 문과이십니닷-_-+++)
당연히 제가 뫼셔야지욧

시강원_수학선생님

글쎄요...ㅎ
수학을 포기하는 건
인생을 포기하는 건데ㅎ?

시강원_체육선생님

뭐 체력이 국력인데
설마 국력을 버리시진 않겠져ㅎ

시강원_제2외국어선생님

別傻乎乎的-_-!!!!!!!!!!!!!

소현세자

헐

인조

어우ㅇㅋㅇㅋ;;

결국 교무실 선생님들
우르르 이끌고,
소현세자 전장으로 향했으니.

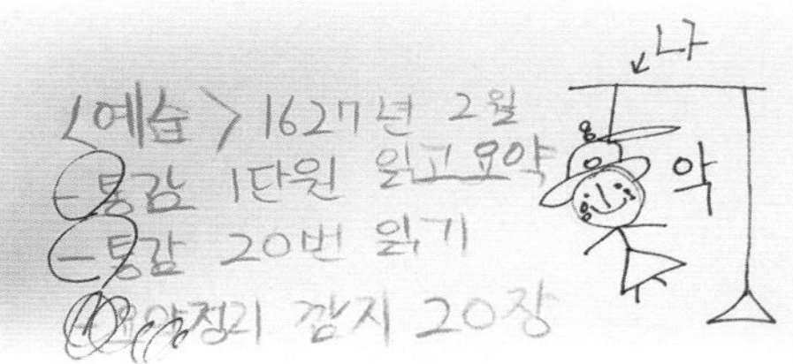

제 1613차 세자저하 능력시험
1627 정묘년 2월 점수 64
(1)다음의 "통감" 에서 설명하는 바른 태도란 무엇이옵니까? (20점)
臣觀天人相與之際 甚可畏也 自非太亡道之世 天 盡欲扶持全安之 事在彊勉而已 彊勉學問 則聞見博而智益明 彊勉行道 則德日起而大有功
백성들을 생각하자 ?
(2)빈칸의 ①, ②에 들어갈 한자를 각각 쓰시고, 이 글의 교훈을 쓰십시오. (25점)
臣聞上古堯舜之時 不貴爵賞而民勸善 不重刑罰而民不犯 躬率以正而遇民信也 末世 貴爵厚賞而民不勸 深刑重罰而姦不止 其上 不正 遇民(①)也 夫厚賞重罰 未足以勸善而禁非 必(②)而已矣
①......... ② 信./죄송합니다
자꾸 이러실래요??
숙제를 안 하시니까 이렇죠??
소현세자
아ㅜㅜㅜ솔직히 하루에
깜지 20번은 말이 안 돼요
저 오늘도 행군하느라
하루 종일 말 탔는데;;;
허리 작살나서 숙소에서도
앉아있질 못한다니깐요ㅜ?
그럼 엎드려서 쓰시면 되죠ㅇㅅㅇ
소현세자
쌤장난 아니에요ㅜㅜ
저도 농담 아닙니다
어차피 전쟁은 끝날거고
저하는 임금이 되실 거예요
하 능력시험
월 점수 64
? (20점)

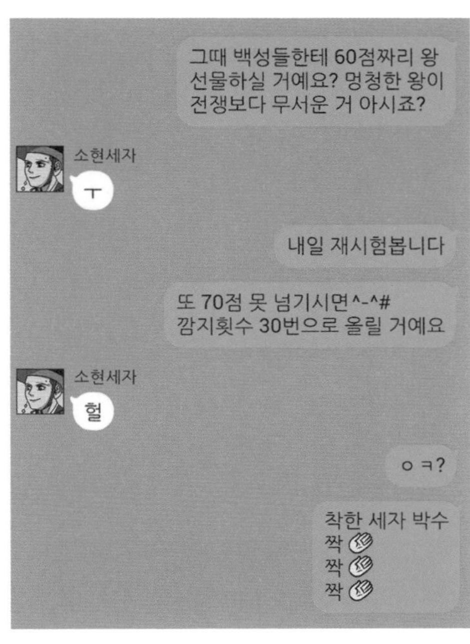
그때 백성들한테 60점짜리 왕
선물하실 거예요? 멍청한 왕이
전쟁보다 무서운 거 아시죠?
소현세자
ㅜ
내일 재시험봅니다
또 70점 못 넘기시면^-^#
깜지횟수 30번으로 올릴 거예요
소현세자
헐
ㅇㅋ?
착한 세자 박수
짝
짝
짝

~시강원 교무실~
시강원_국어선생님
아ㅜ또 저하랑 한 판 했어요
하면 잘 하실 분이
왜 저리 꾀를 부리시지?
시강원_체육선생님
피곤하실만하지ㅎㅎ
저하 승마실력 꽝이잖아

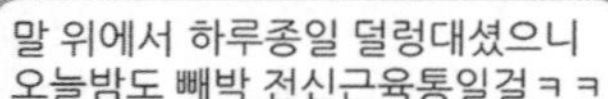

말 위에서 하루종일 덜렁대셨으니
오늘밤도 빼박 전신근육통일걸ㅋㅋ

공부를 근육으로 하나요
뇌로 하지-_-?

하여간 내일도 시험점수 낮으면
이번에야말로 오랑캐 됩니다 저

시강원_체육선생님

ㅎㅎ왜 그리 저하를 쪼아?

ㅎㅎ쌤
이거 보셨어요?

소현세자, 시강원_국어선생님

소현세자

근데 쌤

오늘 행군할 때 보니깐
바닥에 볏짚 깔려 있던데ㅇㅇ

시강원_국어선생님

아 그거요?
저희가 깔았어요ㅇㅇ

비가 많이 와서 흙바닥이 다
울퉁불퉁 파였더라고요

저하 말 타시기 불편하잖아요

소현세자

에이ㅎ

지금 전쟁중이잖아요
말 먹일 짚을 낭비하심 어떡해요

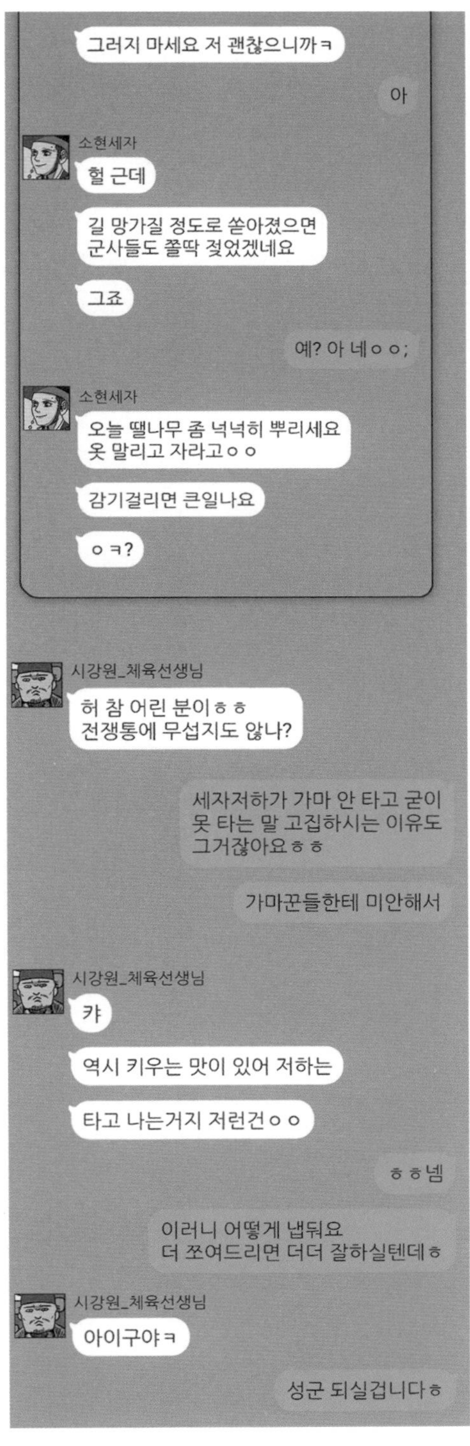
그러지 마세요 저 괜찮으니까ㅋ
아
소현세자
헐 근데
길 망가질 정도로 쏟아졌으면
군사들도 쫄딱 젖었겠네요
그죠
예? 아 네ㅇㅇ;
소현세자
오늘 땔나무 좀 넉넉히 뿌리세요
옷 말리고 자라고ㅇㅇ
감기걸리면 큰일나요
ㅇㅋ?
시강원_체육선생님
허 참 어린 분이ㅎㅎ
전쟁통에 무섭지도 않나?
세자저하가 가마 안 타고 굳이
못 타는 말 고집하시는 이유도
그거잖아요ㅎㅎ
가마꾼들한테 미안해서
시강원_체육선생님
캬
역시 키우는 맛이 있어 저하는
타고 나는거지 저런건ㅇㅇ
ㅎㅎ넴
이러니 어떻게 냅둬요
더 쪼여드리면 더더 잘하실텐데ㅎ
시강원_체육선생님
아이구야ㅋ
성군 되실겁니다ㅎ

그럼 저 시험문제 내러 갑니다
안녕히 주무세요 쌤
시강원_체육선생님
허 초저녁인데 벌써?
시간 좀 걸릴 것 같거든요
70점 못 넘기게 해야해서^-^#
시강원_체육선생님
ㅋㅋㅋㅋㅋㅋ
전송

제 1614차 세자저하 능력시험

1627 정묘년 2월 점수 68

(1)"통감" 한기 세종효무황제편에서 설명하는 "정치하는 8가지 근본"을 모두 쓰십시오(30점)

1. 재능따라 관직주기
2. ....?
3. 쓸데없는 공사 하지 않기
4. 백성 농사짓는 거 방해말기
5. 덕이 있는 자 등용하고 없는 자 쫓아내기
6. ...?
7. 형벌 죄에 맞게 주기
8. 잘 하는 사람 상 주기

(2)아래의 본문에서 말하는 "왕의 바른 자세"가 무엇인지 서술하십시오.(15점)

夫不素養士而欲求賢 譬猶不琢玉而求文采也 養士之大者 莫大乎太學 太學者 賢士之所關也 數考問以盡其材 則英俊宜可得矣 得天下之賢人 則三王之盛易爲 而堯舜之名 可及也

선비들과 친하게 지내도록 한다?

군사들이 엄청 감사하댑니다. 실천점수 +1점 드립니다 69

정사 正史

실록에 기록된 것

- 여진 누르하치 죽다. 아들 홍타이지, 조선의 적대적인 태도에 불만 갖다. 마침 조선에서 이괄의 난 터져 방어선 약해지자 홍타이지, 정묘호란 일으키다. 인조, 소현세자에게 분조 명하다. 광해군보다 두 살이나 어릴 때였다.
- 인조, 시강원 관료를 단 두 명만 분조에 배치하다. 그러자 시강원, "세자께서 익히시는 게 미흡하다"며 단체로 항의해 호종 인원 대폭 늘리다.
- 시강원 관료, 소현세자에게 아침 10번, 오후 10번, 밤 10번 책을 외우라 하다.
- 소현세자, 각종 군량/징집/첩보문제를 노련하게 해결하다. 말 먹일 짚을 바닥에 깔지 말 것, 군사들에게 땔나무를 잘 줄 것, 봄에 밭갈이를 해야 하니 수라에 소고기를 올리지 말 것 등을 명하다.
- 소현세자, 승마 실력이 형편없었다고. 그러나 한사코 가마를 타지 않아, 같이 가는 군사들에게 "말을 좀 천천히 몰아달라" 명하다.

–『분조일기』 중에서

픽션

기록에 없는 것

- 과거시험 N제 문제집은 없었다.

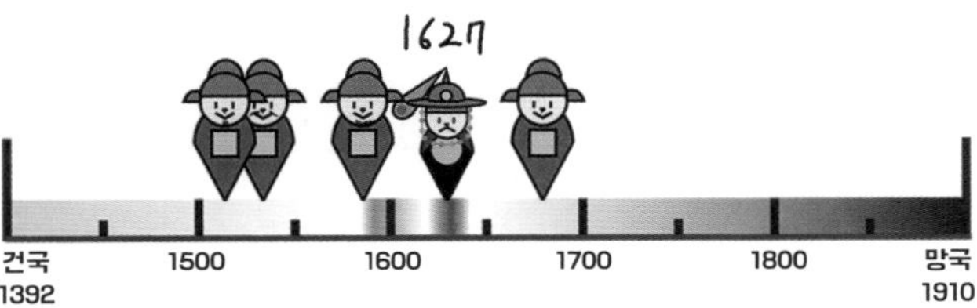

- 다섯 번째 이야기 -

시한폭탄 모문룡

1622년(광해군 14) 11월, 한 무리의 사람들이 지금의 평안도 앞바다에 상륙한다. 원래 요동에서 살다가 누르하치에게 밀려난 명나라 사람들이었는데 그들의 지휘자는 모문룡이라는 사람이었다. 광해군을 비롯한 조선 정부는 그들에게 섬에서 살도록 권유했고 그들은 가도椵島라는 섬을 본거지로 성도 짓고 집도 짓고 밭도 만들어 옹기종기 살았다. 이들 덕분에 주변의 숲은 죄다 땔감이 되어 싹 베어졌고 근처에 사는 조선 백성들은 약탈을 비롯해 이런저런 고초를 겪어야 했다.

이런 모문룡의 행동은 엄연한 영토 침범이었지만 조선은 그들을 쫓아내기는커녕 찍소리도 하지 못했다. 모문룡은 명나라 사람이었고 언젠가 힘을 모아 청나라를 공격하겠다는 말을 지껄여대었으니 말이다. 명의 중앙정부도 이 이야기를 믿고 모문룡에게 총병이니 뭐니 큼지막한 벼슬을 내리기도 했다.

그러나 현실적으로 조선의 작은 섬 하나짜리의 자투리만 한 세력으로 청나라를 공격하기는 불가능했다. 그걸 잘 알았던 모문룡은 청나라에게 복수를 하는 대신 자신의 배를 불리는 데 온 힘을 다했다. 우선 중국 상인들과 활발하게 장사를 하고 여기서 얻은 이익으로 명나라 중앙정부의 환관들에게 엄청난 뇌물을 바쳤으며, 그러면서 또 청나라에게도 이런저런 정보와 뇌물을 갖다 바쳤다. 조선에서는 쿠데타로 즉위한 인조가 명나라의 인증을 받을 수 있게 (뇌물을 받고) 도와주는 한편, 이괄의 난을 원조해주려고 하는 등 이쪽 저쪽 가리지 않고 편을 들었다. 한마디로 자기만 잘살면 여기 붙었다 저기 붙었다 하는 박쥐였던 것이다. 그러다 보니 조선의 입장에서는 이마에 붙어 민폐를 끼치는 기생충이었으며 명나라 입장에서는 믿을 수 없는 미꾸라지였고, 청나라 입장에서는 뒤통수에 붙어 언제 터질지 모르는 혹 덩어리였다.

청나라가 바보가 아닌 다음에야 이런 골칫덩이 모문룡을 뒤에 둔 채 명나라 정벌을 시작할 리 없었다. 어디로 튈 지 전혀 알 수 없으니까. 그런데 모문룡이 있는

가도는 조선 영토였다. 그러니 모문룡을 치려면 조선을 공격할 수밖에 없었다.

청나라에서 말한 정묘호란의 이유는 이러했다. “조선이 우리 은혜를 저버렸다!” 무슨 은혜? 어리둥절하겠지만 훗날 명나라가 청나라에게 왜 조선을 공격했냐고 이유를 물어보자 청나라의 답변은 그러했다. 해서여진이 조선에게 나쁜 짓을 하는 걸 막아줬는데, 그걸 고마워하지 않았다고 말이다. 누르하치가 죽었을 때 조문을 오지 않았다는 것도 이유 중 하나였다. 고작 그런 이유 때문에 전쟁을 벌인다고? 당연히 핑계다. 전쟁을 벌이려고 작정했으니 핑계는 가져오기 나름이다. 그리하여 1627년(인조 5) 1월, 홍타이지의 사촌형인 아민이 이끄는 3만 대군이 조선 땅으로 공격해 들어온다. 의주는 함락되고 전쟁 시작 이후 열흘 만에 평양이 함락되었다. 이어 서울을 점령할 수도 있었겠지만 청나라 군대는 더 진격하는 대신 화친하자는 사신을 보낸다. 모문룡이 잽싸게 튀어버리기도 했고, 아직까지 강성했던 명나라의 눈치도 보였기 때문이다. 조선 의병의 활약으로 퇴로가 끊길까 염려가 되는 점도 있었다. 그래서 청나라는 다급하고도 상냥하게 조선에게 “친하게 지내자”고 요구했고, 청나라를 형으로, 조선을 동생으로 삼고 서로 무역을 하자고 약속하게 된다.

이로써 전쟁은 두 달여 만에 끝난 듯했으나 가장 불행한 것은 가도 근처에 사는 조선 백성들이었다. 그들은 평소에는 모문룡에게 털렸고, 전쟁이 일어나자 가도를 향한 청나라 군대의 공격에 휘말렸으며, 전쟁이 끝난 뒤에는 가도를 공격하는 데 가담했다고 해서 돌아온 모문룡에게 학살당했다.

그로부터 2년 뒤인 1629년 모문룡은 그동안의 부정부패와 책임을 다하지 않았다는 죄목으로 처형당했다. 그러나 문제는 완전히 해결되지 않았다. 여전히 해적 부스러기로 남아 있던 모문룡의 병사들은 이리저리 떠돌다가 마침내 청나라에게 항복했다. 그들은 당시 최첨단 무기로 무장한 수군들이었고, 이들은 병자호란 때 대활약해 강화도를 점령하는 데 혁혁한 공을 세웠다. 모문룡은 처음부터 끝까지 조선에게 좋은 점이라고는 하나도 없었던 국폐덩어리였던 셈이다. 조선왕조실톡

06 잃어버린 머리빨

	계동맘	우리 아들램ㅠ
	김계동	내 머리빨ㅜㅜ
	인조	……

하나요 싸록

강녕하세요?
평안도에 사는 계동맘입니다~^^

[양인 김계동(20세), 첫 상투 튼 날 인증]

자나 깨나,
비 오나 맑으나

자식 걱정인 게
어버이 마음인데요.

[속보]정묘호란 터져…후금 오랑캐 쳐들어와
<사진>포로로 잡힌 평안도 정주에 사는 백성들
밝혀진 포로 명단은 김계동(20세), 임운영(18세)…
네티즌 덧글(1627개)
ㄴ계동맘~^^님 : 헐 아들;;;;;;;????????

어쩌면 좋아요,
이를 어쩌면 좋아!

행복한 계동패밀리~
계동맘~^^
아들
왜전화안받니
너다쳤니?
괜찮니?
아들램~^^
엄마 어떡해
나 잘렷ㅅ어
오랑캐들이 잘라갔어......
세상에어딜???
좀봐봐
팔? 다리?
아들램~^^
머리
머리??
아들램~^^
전송

아이구 세상에!
애가 머리를 오랑캐식으로
된통 깎인 거예요.
그래두 빡빡이는 아니니
다행이라구요?
천만의 말씀!
딱 쥐꼬리만큼
남기는 게 리얼
오랑캐Style이에요ㅠ
얼마나 엄격한지
금전서미金錢鼠尾라구,
땋은 머리에 엽전이 꿰이지 않으면
세상에 목을 쳐버린다지 않아요?
행복한 계동패밀리~
계동맘~^^
아이구~우리 아들
맹구 돼버려서 어쩌니~
아가씨들이 너
인터넷 친구 다 끊겠다~
밉다구~

아들램~^^

아 엄마ㅜ

괜찮아~
우리 아들은 두상이 이뻐서~

살았으니 얼마나 다행이니~?

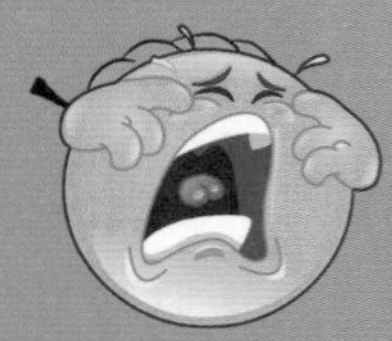

아들램~^^

그러게;
나 어떻게 목숨 건졌네ㅇㅇ;

엄마 근데 미안해ㅜ

신체발부 수지부모인데
목숨같은 머리칼 싹 잘려버려서ㅜ

목숨같은거지 그게
진짜 목숨은 아니잖니~^^

머리털 아끼려다 죽었으면~
너 이 엄마한테 맞아서
두 번 죽었으~

아들램~^^

ㅋㅋㅋ큐 넹

걱정마 엄마

내가 살짝 들었는데 오랑캐 얘네
우리 임금님한테 화해하자고 했대;;;

결국 얼마 후,
진짜로 오랑캐들은
즈이 나라로 돌아갔어요.

듣기로는 아주
건방지게 굴었다구
하드라구요!

홍타이지

다짜고짜 쳐들어와서 미안한데,
솔직히 너님들이 오해 살 짓을
먼저 했죠ㅇㅇ

우리한테 친절했던 광해군
내쫓았잖음-_-
거기다 명나라만 은근 챙기고.
그러니 섭섭해 안 섭섭해?

그게 서운했던 거지 딱히
진짜 감정 있는 건 아니니까,
우리 지금부터라도 친하게
지냅시다ㅇㅅㅇ

일단 의형제부터 맺죠?
아, 물론 우리 후금이 형이고
조선이 동생ㅋ

ㅇㅋ? 이제 말 놓는다?
잘 지내보자 동생아~

추신1. ㅗ명나라ㅗ연호 쓰지마렴
꼴보기 싫으니까ㅗ걔네랑 손끊어

추신2. 왕자 한 명 인질로 보내렴.
홍아가 그래야 안심을 좀 하겠네ㅎ

추신3. ★★이게 제일 중요★★
동생 홍한테 쌀 좀 보내주라
대신 홍아가 용돈주께^^

우리 임금님께서는 아주
노발대발하셨다는데요~

인조가 피난 와 머물고 있는
강화도 숙소.

인조, 관료
인조
아 뭐 이런
아
관료
어쩌죠ㅠ
후금 사신 죽치고 앉아
기다리고 있습니다
당장 답장 내놓으라는데요ㅠ
뭐??
어디서 협박질이야
이런 개돼지같은 놈들
관료
오
백성들 머리 민것도 모자라
뭐? 명나라와 인연을 끊으라고???
의리의 의자도 모르는 천한것들
이 조선이 설사 멸망해도
그렇게는 못한다
관료
오오 멋지심ㅠ
알겠습니다
답장에 그렇게 쓸게요
아 야
잠ㄱ깐만

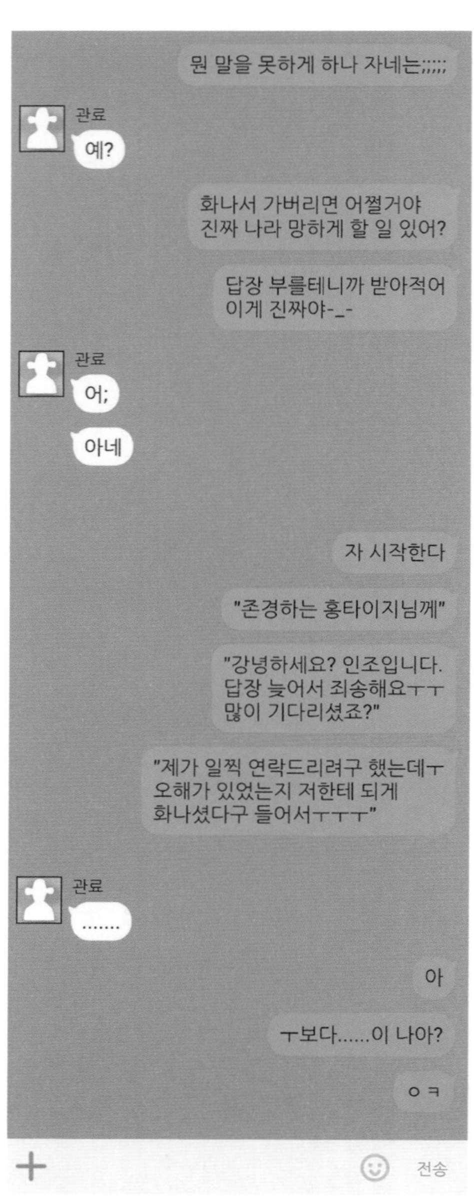
뭔 말을 못하게 하나 자네는;;;;;
관료
예?
화나서 가버리면 어쩔거야
진짜 나라 망하게 할 일 있어?
답장 부를테니까 받아적어
이게 진짜야-_-
관료
어;
아네
자 시작한다
"존경하는 홍타이지님께"
"강녕하세요? 인조입니다.
답장 늦어서 죄송해요ㅜㅜ
많이 기다리셨죠?"
"제가 일찍 연락드리려구 했는데ㅜ
오해가 있었는지 저한테 되게
화나셨다구 들어서ㅜㅜㅜ"
관료
....
아
ㅜ보다......이 나아?
ㅇㅋ
전송

오랑캐한테
뭐라구 답하셨는지
공개되진 않았지만,

상감마마께서
호온쭐을 내셨으니까
고놈들이 물러난 거겠죠^^?

참, 든든합니다~^^

실록에 기록된 것 정사 正史

- 1627년, 후금군 조선을 침략하다.
- 인조, 강화도로 피난 가다. 후금군이 정주에 도착하여 군사들을 몰살하고 백성들을 포로로 잡아 머리를 깎았다고 이야기하다.
- 후금군, 먼저 사신을 보내 화친을 요청하다. 조선을 침략한 이유 중 하나가 후금 내의 식량 및 물자 부족이었던 탓에 일찍 국교를 맺을 필요가 있었던 것.
- 인조와 조선 조정, 한껏 홍타이지를 치켜세우는 어조로 항복 서한 보내다. 서로 침략하지 않되, 조선이 명나라와 지금까지처럼 친하게 지낼 수 있도록 협의하다.
- 인조, 종실 원창군을 왕자로 급 봉해 인질로 보내다.

기록에 없는 것 픽션

- 후금 사신은 눕지는 않았다.

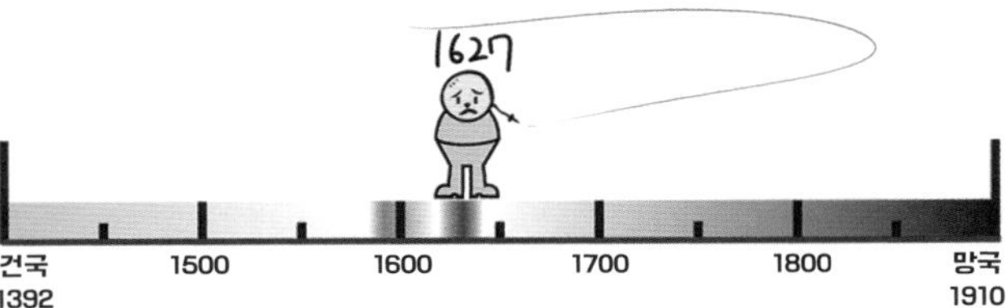

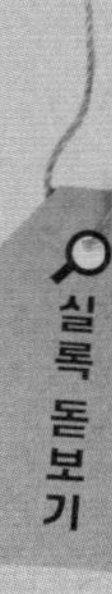

- 여섯 번째 이야기 -

잘린 머리 부추 나물

신체발부수지부모身體髮膚受之父母라는 말은 유명하다. 몸, 머리카락, 수염은 부모님이 주신 것이니 소중히 다뤄야 한다는 뜻이다. 조선 사람들은 몸이 상하고 다치는 것을 불효로 여겨 머리카락을 평생 자르지 않았다. 남자는 상투를 틀고 여자는 쪽을 지는 것이 고종 32년인 1895년 단발령이 내려지기 전까지 조선의 주류 헤어스타일이었다. 그러니 단발령 당시 "머리를 자르느니 목을 자르겠다"라는 말이 나온 것도 당연한 노릇이다. 하지만 그렇다고 해서 모든 조선 사람들이 머리를 자르지 않았던 것은 아니었다.

아주 드물긴 하지만 스스로 머리를 자르는 사람들이 있었다. 예를 들어 남편이 죽은 뒤 부인이 수절을 하기 위해 일부러 머리를 자르고 여승이 되는 경우가 그랬다. 하지만 그보다 더 흔한 경우는 머리카락을 잘라 파는 것이었다. 화학섬유고 기계고 없던 시절이기 때문에 조선시대 여성들이 머리에 올렸던 가발인 가체를 만들기 위해서는 누군가가 자기 머리카락을 잘라 제공해주어야만 했다. 1~2년 기른 머리카락으로는 어림없고 일평생 기른 머리카락이어야 가체를 만들 수 있었으며 당연히 엄청난 가격이 될 수밖에 없었다. 가난한 집 여자가 큰돈을 마련하기 위해 머리를 자르고, 자른 머리를 가리기 위해 흰 고깔을 쓰고 있더라는 민담 속 이야기는 현실에서 상당히 흔하게 벌어졌을 것이다.

잘린 머리카락에 애틋한 사연만 있었던 것은 아니다. 1448년(세종 30), 이조정랑 이영서는 기생을 만나러 갔다가 큰 봉변을 당한다. 그 기생을 만나고 있던 또 다른 남자 민서가 자기 동생과 친척들을 끌고 와 이영서를 붙잡았던 것이다. 민서는 "지난 인연이 있으니 죽이지는 않겠다" 해놓고는 이영서의 머리를 싹둑 자른 다음 꽁꽁 묶어놓고 반쯤 죽을 만큼 작신작신 두들겨 팼다. 덕분에 이영서는 손가락 하나 까닥 못해 들것에 실려 나갈 정도였는데 이 사실이 알려져 당사자인 민서와

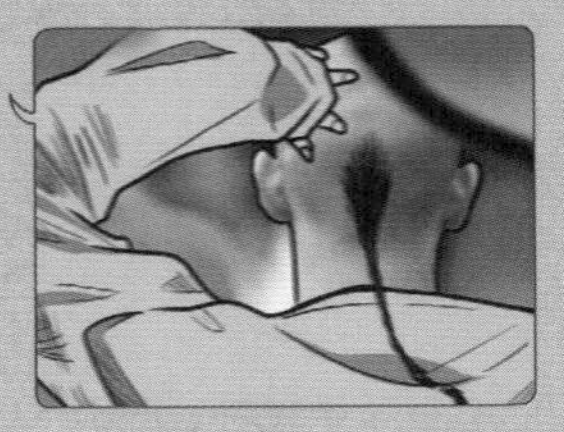

이영서, 기생까지 감방 신세를 지게 된다. 간단히 말해 치정으로 인한 폭행 사건이었다.

민서의 폭행 소식을 들은 세종은 "아무리 화가 나도 머리를 자른 데서 끝내야지 사람을 묶어놓고 때릴 수는 없다"며 민서의 처벌을 명령했다. 여기에서 또 뒷이야기가 전한다. 그렇게 흠씬 두들겨 맞은 이영서는 죽을 둥 살 둥 위기를 겪고 어찌어찌 차도가 있어 무사히 건강을 되찾게 된다. 그런데 이때 그의 문병을 온 친구 이현로가 위로를 해주기는커녕 이렇게 놀려댔다.

"니 머리털 부추나물이네?"

부추는 별로 돌보지 않아도 잘 자라고 잘라 먹어도 금방 다시 쑥쑥 자라나는 생명력 강한 채소다. 그럼 왜 이영서의 머리카락이 부추인가? 머리카락 잘린 것이 처음이 아니었기 때문이다. 이영서는 젊어 성균관 유생으로 있을 때 그곳의 유부녀 종과 이러쿵저러쿵한 사이가 되었다가 머리를 싹둑 잘린 경력이 있었다. 명색이 양반인데 머리카락이 잘릴 정도였다면 이영서도 어지간히 큰 잘못을 저질렀다는 뜻이다. 그런데 그것이 한 번으로 끝나지 않았으니.

이영서는 폭행을 당하고도 신고를 하기는커녕 몰래 덮어두고 싶어 가해자인 민서에게 제발 소문만 내지 말아달라고 부탁했다. 민서가 그 요청을 거절했기에 어쩔 수 없이 신고를 한 것이었다. 처음에는 이영서도 본인만 억울하다고 호소할 수 없는, 어떤 켕기는 부분이 있었다는 뜻 아닐까.

아이러니한 점은 이영서는 뛰어난 인재였고 과거에도 좋은 성적으로 합격해 집현전에 들어가 많은 프로젝트에 참여했다는 것이다. 한숨이 나오지만 어쩌겠는가. 사람 성품과 업무적 능력이 꼭 정비례하지만은 않는다는 좋은 예가 되리라. 조선왕조실톡

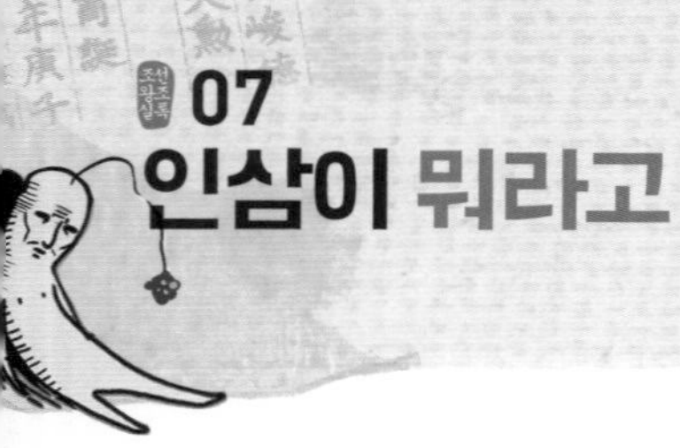

조선왕조실톡 07

인삼이 뭐라고

홍타이지 이런 사악한!

인조 ::::::::::::::

1633년,
인조 11년 조선.

하나요 분노

[16대 인조]

정묘호란 이후
후금 오랑캐에게 시달린 지
어언 6년,

기어코 큰일이 나고야 말았다.

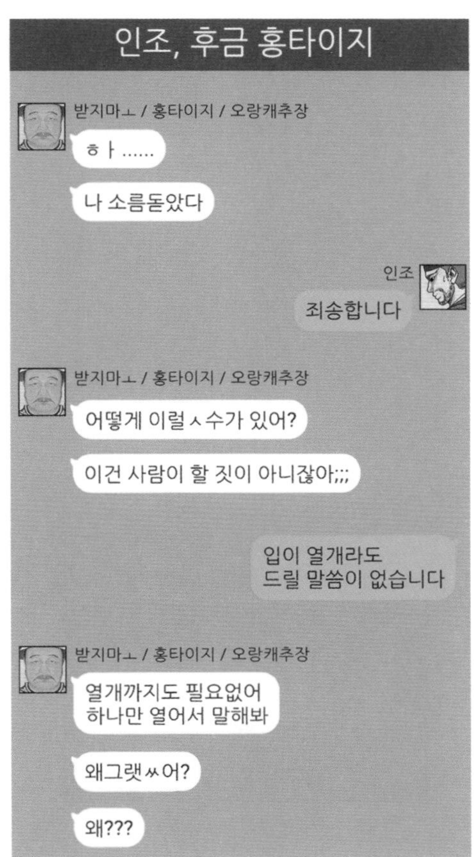

인조, 후금 홍타이지
받지마ㅗ / 홍타이지 / 오랑캐추장
ㅎㅏ......
나 소름돋았다
인조
죄송합니다
받지마ㅗ / 홍타이지 / 오랑캐추장
어떻게 이럴ㅅ수가 있어?
이건 사람이 할 짓이 아니잖아;;;
입이 열개라도
드릴 말씀이 없습니다
받지마ㅗ / 홍타이지 / 오랑캐추장
열개까지도 필요없어
하나만 열어서 말해봐
왜그랫ㅆ어?
왜???

대체 무슨 끔찍한 범죄를
저질렀기에 이러냐고?

......
받지마ㅗ / 홍타이지 / 오랑캐추장
귀여운 내 6년근 인삼들

왜 훔쳐갔ㅆ써ㅓㅓㅓ!!!!!!!!!!

+ 전송

나 참,
어이가 없어서.

[사회]조선인들, 몰래 인삼캐다 적발

[사진] "생활고 심해서"국경넘어 후금땅에서 캔 인삼

"용서할 수 없어"…후금 칸 홍타이지 노발대발

네티즌 덧글(1633개)

ㄴ호패줘패님 : 간도 크네;;;;;

ㄴ공자왈멍멍왈님 : 엥 인삼ㅇㅅㅇ?;;

ㄴ뀨방아가씨님 : 크 오랑캐걸 훔치다니ㅋㅋㅋㅋㅋ
착한 도적질 인정하고요ㅋㅋㅋㅋ

그래, 인삼이
귀한 건 사실이다.
후금의 돈줄이기도 하고.

하지만 그렇다고,
이렇게까지??

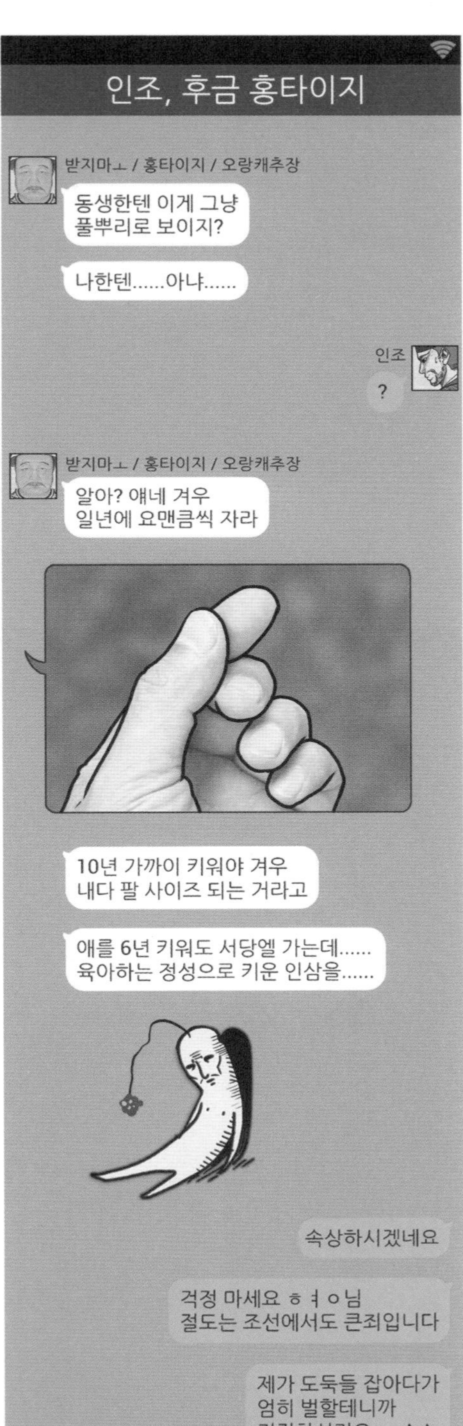
인조, 후금 홍타이지
받지마ㅗ / 홍타이지 / 오랑캐추장
동생한텐 이게 그냥 풀뿌리로 보이지?
나한텐......아냐......
인조
?
받지마ㅗ / 홍타이지 / 오랑캐추장
알아? 얘네 겨우 일년에 요맨큼씩 자라
10년 가까이 키워야 겨우 내다 팔 사이즈 되는 거라고
애를 6년 키워도 서당엘 가는데...... 육아하는 정성으로 키운 인삼을......
속상하시겠네요
걱정 마세요 ㅎㅕㅇ님 절도는 조선에서도 큰죄입니다
제가 도둑들 잡아다가 엄히 벌할테니까 진정하시지요......^-^

받지마ㅗ / 홍타이지 / 오랑캐추장
ㅎ하......동생
말 참 쉽게 한다
이게 절도야?
?;
받지마ㅗ / 홍타이지 / 오랑캐추장
이건
유괴야
전송

아오씨!

인조, 후금 홍타이지
받지마ㅗ / 홍타이지 / 오랑캐추장
하여간 검거된 놈들 말고
아직 조선에 숨어있는 애들있지?
싸그리 찾아서 나한테 보내ㅇㅇ
동생이 직접 어쩔 생각 말고
인조
;;;;예?
?;;;;;;;;;;;어쩌시게요?
받지마ㅗ / 홍타이지 / 오랑캐추장
어쩌긴ㅇㅅㅇ?

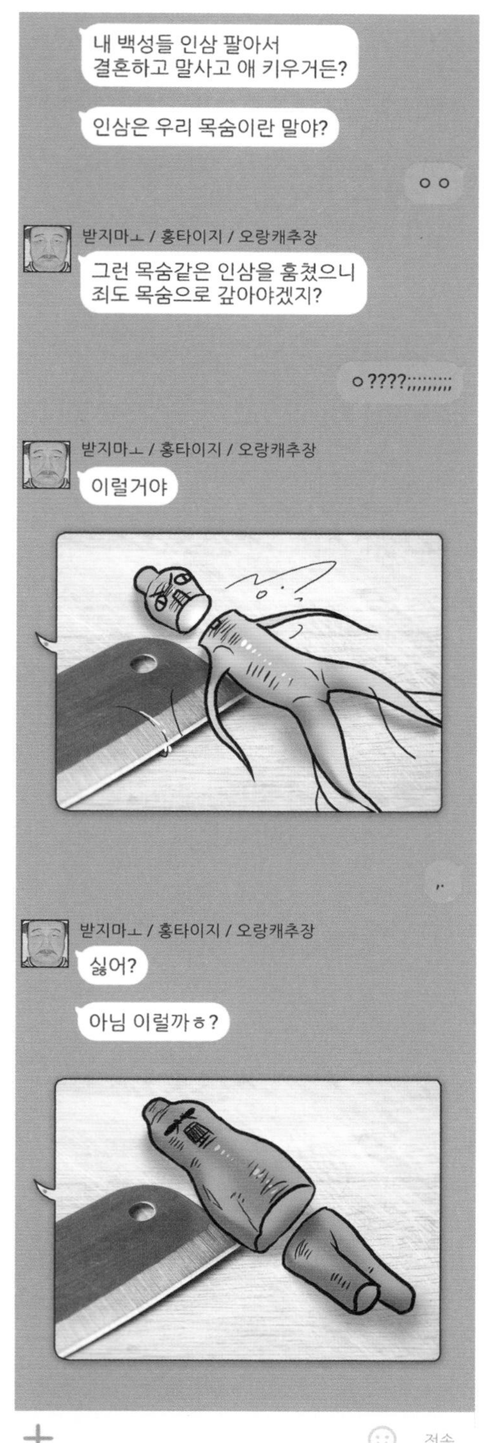
내 백성들 인삼 팔아서
결혼하고 말사고 애 키우거든?
인삼은 우리 목숨이란 말야?
ㅇㅇ
받지마ㅗ / 홍타이지 / 오랑캐추장
그런 목숨같은 인삼을 훔쳤으니
죄도 목숨으로 갚아야겠지?
ㅇ????;;;;;;;;;
받지마ㅗ / 홍타이지 / 오랑캐추장
이럴거야
받지마ㅗ / 홍타이지 / 오랑캐추장
싫어?
아님 이럴까ㅎ?
전송

근데 뭐……
사실 봐줄수도 있어ㅎ
우린 형제잖아ㅎ

예?

그냥

동생께서 자그마~한
성의표시만 해준다면?

후금, 인삼을 캐러 간
조선인들을 붙잡아 노비로 삼다.

몸값을 비싸게 불러
크게 한몫 잡다.

#환속지옥_스타트
#쇼미더머니

실록에 기록된 것

정사 正史

- 정묘호란 전후로 후금, 조선에 끊임없이 "조선인들이 요동에 들어와 인삼을 캐간다"며 항의하다. 일부 포로로 붙잡기도 하다.
- 1633년 홍타이지, 조선인들이 만포(압록강 지대)에서 인삼을 캐댔다며 화내다. 장수 용골대를 조선에 보내 "인삼도둑들 내놔라" 엄포 놓다.
- "도둑들을 감쌌다가는 큰일 날 줄 알라"는 후금의 협박에 조선 조정, 빌기도 하고, 항의도 하고, 어쩔 수 없이 백성들을 후금에 보내기도 하다.
- 1636년 병자호란 일어났을 때도 홍타이지, 전쟁 이유 중 하나로 "너희가 인삼을 훔쳐서"를 들다.

기록에 없는 것

픽션

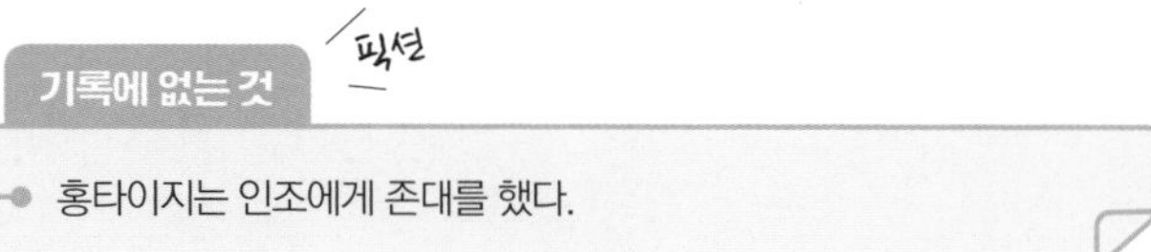

- 홍타이지는 인조에게 존대를 했다.

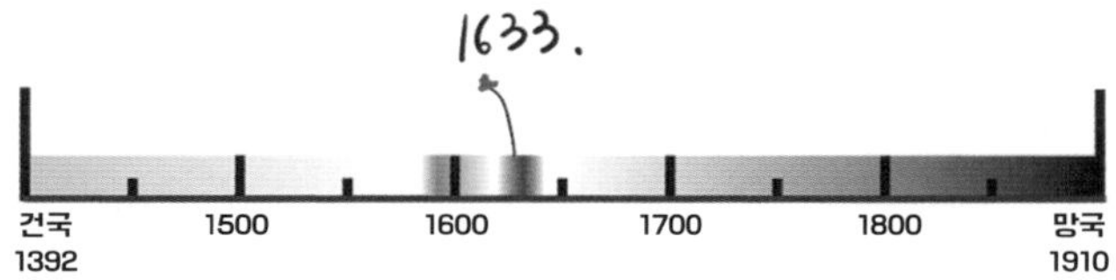

- 일곱 번째 이야기 -

여기 홍삼 세 개 있어요

요즘도 한국 인삼에는 고려 인삼이라는 이름을 자주 쓴다. 고려 때부터 인삼은 한반도의 특산품이었고 천하의 명약으로 알려졌다. 세월이 흘러 고려가 망하고 조선이 들어선 이후로도 국제적으로 널리 알려진 인삼의 명성은 여전했으며 조선은 인삼을 재배하고 내다 팔아서 막대한 이익을 올렸다.

조선의 인삼이 얼마나 유명했냐 하면 우선 중국의 황제에게 바치는 물품 중에서 인삼이 빠지는 일이 없었다. 중국 사신들은 조선에 올 때마다 어떻게든 인삼을 뜯어 가려고 온갖 노력을 다했고, 원하는 대로 인삼을 주지 않는다고 삐치는 사람도 있었다. 조선도 명나라, 청나라를 막론하고 중국에 뇌물을 써야 할 때면 인삼을 애용했다. 중국만이겠는가. 일본에서도 조선 인삼을 어떻게든 구하고자 애썼다. 조선의 사신이나 통신사가 들르는 지역에는 인삼을 판다고 써 붙인 현지 간판들이 즐비하게 늘어서 있었고, 특히 북경에는 고려 인삼 전문 매장이 있을 정도였다.

이렇게 경쟁이 붙다 보니 일본에서는 문익점이 목화씨 재배를 시도한 것처럼 자체 인삼 재배에 노력해 어느 정도 성공하기도 했다. 그러나 조선은 신상품인 홍삼 개발에 성공하면서 동아시아 인삼 시장의 판도를 휘어잡는다. 땅에서 곧장 캐낸 생삼은 쉽게 상하지만 잘 말린 홍삼은 보존하기도 좋을 뿐더러 약효가 더 높다는 이야기가 널리 퍼져 나갔다. 『임하필기』에 따르면 순조 때 의주 상인이 인삼을 온돌에 두고 잤더니 인삼이 빨개졌는데 이게 중국에서 히트 상품이 되면서 이후로 대대적으로 홍삼을 만들어 팔게 되었다고 한다. 어디까지나 믿거나 말거나이다.

상황이 이렇다 보니 인삼으로 한몫 잡아보려는 사람들이 꾸역꾸역 몰려들었고, 밀채취, 홍삼밀조, 밀수출이 판을 쳤다. 삼 중에서도 자연산인 산삼의 가치가 가장 높아 백두산 근처에서 몰래 산삼을 캐는 사람들은 유명했고 이런 인삼들을 전문적으로 몰래 빼내서 파는 이들을 잠상潛商이라 했다. 위험한 일이었고 한번 잡히면 중벌을 면할 수 없었지만 워낙 온 세계 방방곡곡에 약속된 이익이 있었기에 많은 사람들이 여기에 뛰어들었다.

그러다 보니 인삼에 대해서만은 조선 사람들이 중국인들에게 큰소리를 칠 수 있었다. 요즘 한국 사람들이 김치를 외치듯 조선 사람들은 인삼을 외쳐댄 셈이랄까. 1855년(철종 6) 사신을 따라 북경에 가게 된 서경순은 자신의 경험담을 『몽경당일사』라는 책에 적었는데 유난히 인삼 이야기가 많다. 그와 만난 중국 사람들은 "조선엔 왜 그리 인삼이 많아요?"라던가 "홍삼은 무슨 물을 들였기에 그렇게 빨개요?" 등 천진난만한 질문을 하곤 했다. 서경순은 "홍삼은 인삼을 몇 번 쪘다 말렸다 해서 만드는 거야. 그런데 홍삼보다 그냥 인삼이 더 약효 좋은 것 아니?"라고 잘난 척을 했다. 홍삼보다 백삼이 더 좋다는 믿음은 어디까지나 서경순 개인의 생각이다. 다만 평소라면 약소국민으로 중국에게 설움 받던 조선인이 인삼 문제에 관해서만은 잘난 척할 수 있었다는 부분이 재미있다.

서경순 일행은 국경에 이르러 숨겨 가는 인삼이 있는지 검문을 당하게 되었고, 덕분에 가지고 온 옷 상자를 모두 털어 보여줘야 하는 처지가 되었다. 불쾌해진 서경순은 "우리 일행에 홍인삼 세 개가 있는데 그건 왜 검사하지 않나?"라고 항의했다.

그러자 같이 있던 일행들은 크게 당황하는 한편, 검문관은 어디 있느냐고 물었다. 서경순은 일행 중에 있던 홍씨洪氏 성 가진 사람 셋을 끌어다 놓고 여기 있다고 답했다. 홍삼의 붉을 홍紅과 사람 홍씨의 발음이 같다는 것을 이용한 장난이었다. 조선왕조실톡

조선왕조실록 08

효자 대마왕 인조

우리의 할머니, 할아버지들
모이셨다 하면
늘 자식 자랑에 여념이 없으신데.

~노인대학 사랑방~
노인대학 16학번★김할아버지
이거보오 부럽지 내 아들이 주었오
세상에 자식덕에
귀한보약을 다 먹어보앗네
노인대학 메이퀸★권할머니
우리딸두~아주 기특해~^^
동남아여행권을 주더라고요~^^

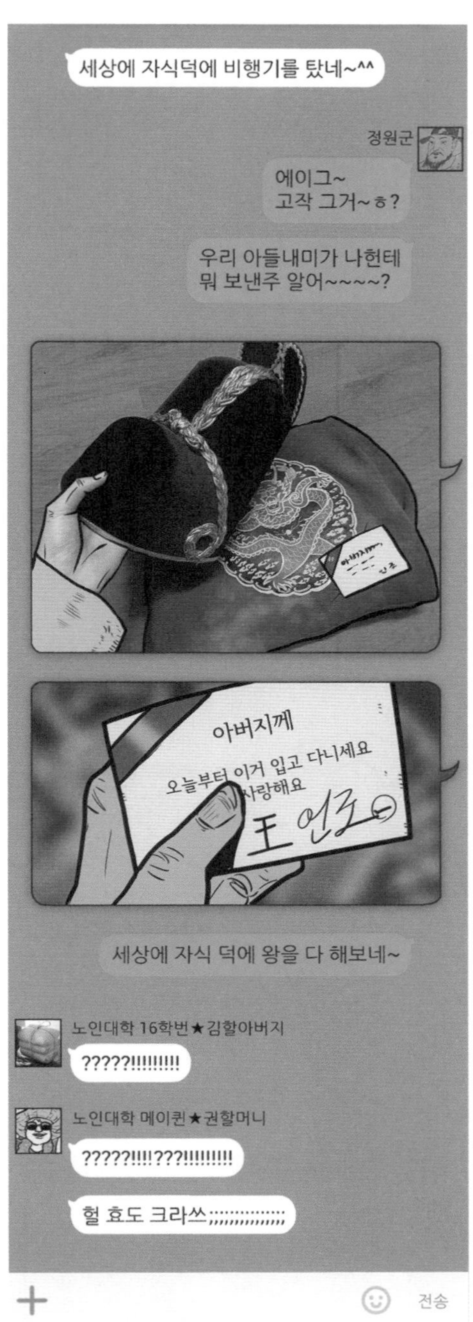
세상에 자식덕에 비행기를 탔네~^^
정원군
에이그~
고작 그거~ㅎ?
우리 아들내미가 나헌테
뭐 보낸주 알어~~~~?
아버지께
오늘부터 이거 입고 다니세요
사랑해요
王 인조
세상에 자식 덕에 왕을 다 해보네~
노인대학 16학번★김할아버지
?????!!!!!!!!!
노인대학 메이퀸★권할머니
?????!!!!???!!!!!!!!!
헐 효도 크라쓰;;;;;;;;;;;;;;;
전송

인조 아버지♥

정원군 우리아들 따봉b

하나요 듣보잡

때는 1631년(인조 9년),
정묘호란 4년 뒤.

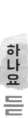

오랑캐들 때문에 4년 사이
백성들 삶이 더욱
팍팍해졌는데요.
"임금탓"
인조
누가 제일 미운지 한번
물어보겠습니다.
과부 김씨
임금님이요.
우리 남편은 납치당했는데 자긴 내뺐어요.

박 총각
주상전하요. 아 이 거지같은 머리로 세상
어떻게 사냐고요. 왕한테 책임지라고 해요.

성균관 유생대표
척화
오랑캐따위를 형이라고 부르게 만든 임금이 제일
밉긴 한데, 전 사실 처음부터 기대도 안했어요.

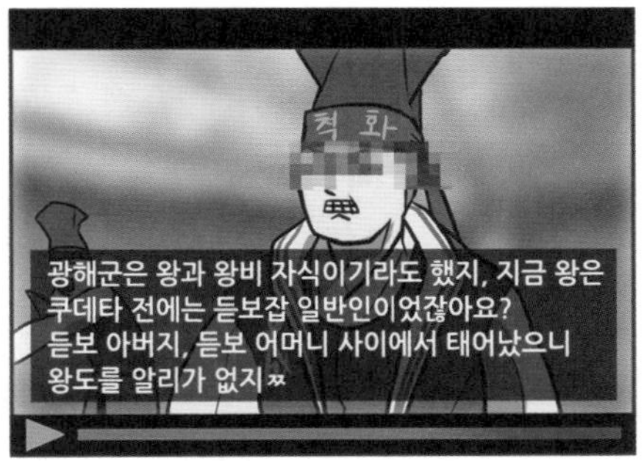

척화
광해군은 왕과 왕비 자식이기라도 했지, 지금 왕은
쿠데타 전에는 듣보잡 일반인이었잖아요?
듣보 아버지, 듣보 어머니 사이에서 태어났으니
왕도를 알리가 없지ㅉ

※인조의 아버지는 선조의 작은아들 정원군(일개 종친),
어머니는 능안부원군 구사맹의 딸 구씨.

옳은 말도 자꾸 들으면 빡친다던가?
잔뜩 화가 난 인조는
관료들을 불러모았다.

인조, 대소신료 외 다수
도승지님께서 인조님을 초대하셨습니다
비서실장 도승지
전하
대소신료 100퍼 출석했습니다
관료
왜요 또 오랑캐들이
헛소리 씨부리더이까???
인조
아냐 각 풀어
지금 전쟁얘기 하자는 거 아냐
관료
? 예?
딴게 아니고
돌아가신 내 아빠말야
정원군
시원하게 추숭 함 해드리자ㅇㅇ
관료
헛;;;;;;;;???????
추숭요???????????
ㅇㅇ
추숭
전송

조선시대에는 세자가
왕이 되지 못하고 일찍 죽는 경우,
왕의 손자 세손이
대신 왕이 되었다.

22대 정조
아빠ㅠ
정조의 아버지
사도세자,
고종 때 추숭되어
"장조"로
업그레이드

이때 왕위에 오르지 못한 세자를
뒤늦게나마 왕으로 봉해 추모하는 것을

'추숭'이라고 하는데.

인조, 대소신료 외 다수
관료
느닷없이 뭔 말씀이세요;;;;;??
당연히 안 되죠;;;;;;;;;;;;;;;
인조
와이낫??????
아들이 왕이면 당연히
아빠도 왕이지?

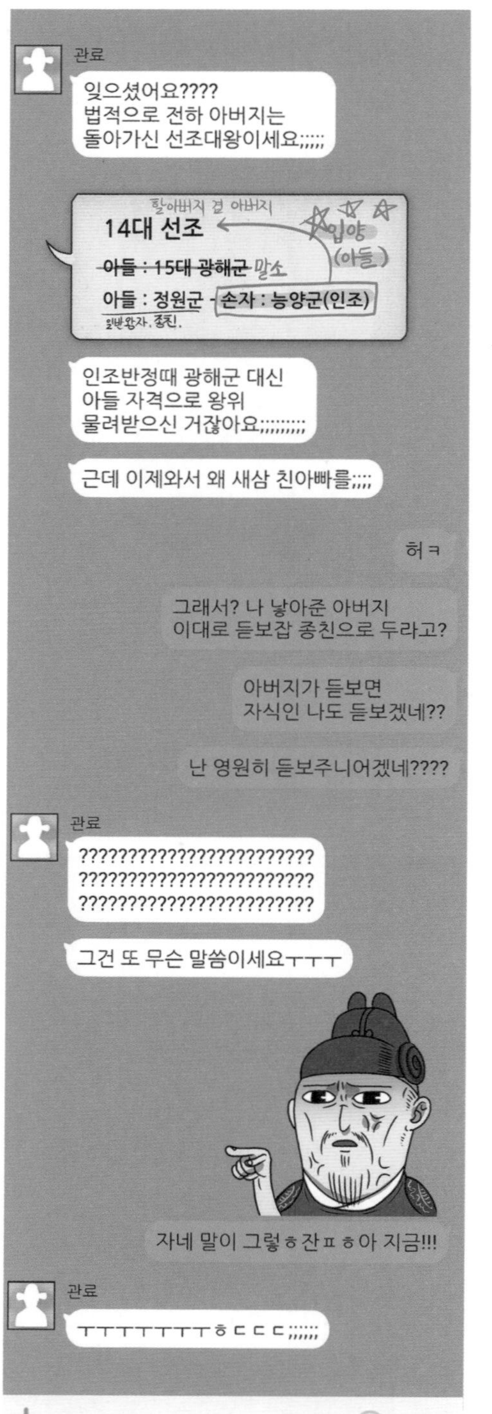

관료
잊으셨어요????
법적으로 전하 아버지는
돌아가신 선조대왕이세요;;;;;
할아버지 겸 아버지
14대 선조
입양
(아들)
~~아들 : 15대 광해군~~ 말소
아들 : 정원군 - 손자 : 능양군(인조)
일반왕자, 종친.
인조반정때 광해군 대신
아들 자격으로 왕위
물려받으신 거잖아요;;;;;;;;;
근데 이제와서 왜 새삼 친아빠를;;;;
허ㅋ
그래서? 나 낳아준 아버지
이대로 듣보잡 종친으로 두라고?
아버지가 듣보면
자식인 나도 듣보겠네??
난 영원히 듣보주니어겠네????
관료
????????????????????????
????????????????????????
????????????????????????
그건 또 무슨 말씀이세요ㅜㅜㅜ
자네 말이 그렇ㅎ잔ㅍㅎ아 지금!!!
관료
ㅜㅜㅜㅜㅜㅜㅜㅜㅎㄷㄷㄷ;;;;;;
전송

신하들은 놀랐다.
인조의 이런 빡돈 모습은
10년 만에 처음이었던 것이다.

**결국 맹반대하던 이들도
두손두발 다 들고 말았는데.**

관료
하ㅜㅠㅠㅠ.....
근데 그럼 그건 어떡하시려구요?
종묘
어?
관료
아버님께서 왕이 되셨으니
위패를 종묘에 모셔야죠;
근데 지금 종묘에 빈방이 없어서...;;;

※돌아가신 왕들의 위패를 모시는 종묘에는
방이 단 11개밖에 없었다.
당시 11개 모두 꽉 찬 상태.

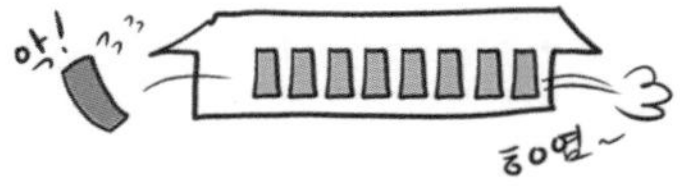
악!

ㅇㅅㅇ뭐가 고민인데?

다른 임금님 한 분이 종묘에서
방 빼시면 되잖아ㅇㅅㅇ

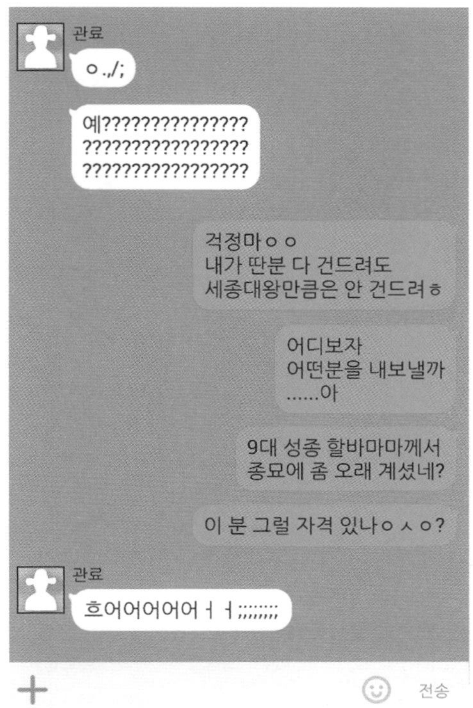

~ JONG-MYO TOP 11~

정사 正史

실록에 기록된 것

- 정묘호란 때 조선, 패배하여 후금 형제국이 되다.
- 오랑캐와 화친했다며 인조를 공격하는 상소들 끊임없이 올라오다. 그러자 인조, 즉위 초 잠깐 말만 꺼냈다가 말았던 아버지 정원군(선조 아들, 광해군 이복동생) 추숭 문제에 갑자기 집착하기 시작하다.
- 거의 모든 이들이 반대하는데도 밀어붙이다. 추숭 반대하는 자들을 "무식하다"고 욕하며, 파직하고 유배 보내다. 심지어 신하들이 둘만 곁에 있을 때 추숭 어명을 내려, 날치기 추숭(?)을 하려고까지 들다.
- 결국 명나라의 허락을 받아 추숭하다. 심지어 "부탁 두 개 하면 싫어할 거다"라며 "덜 중요한" 소현세자 세자고명 받기를 미뤄버리기까지 하다.
- 추숭이 되자 신료들, 종묘에만은 들일 수 없다고 반대했지만 인조, 강행하다. 방이 모자라 성종의 위패를 부속건물 영녕전에 보낼까 고민하다.
- 그러나 성종은 세종처럼 공이 많다며 남겨두다.

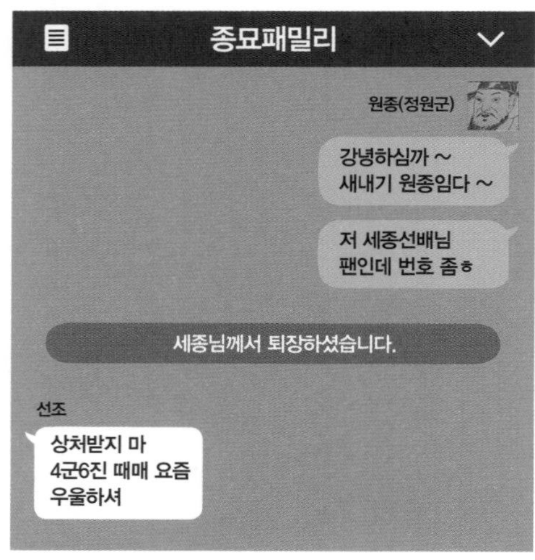

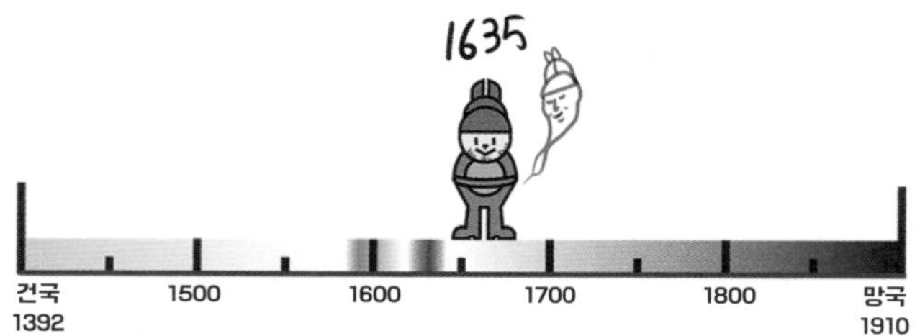

실록 돋보기

- 여덟 번째 이야기 -

죽은 사람 핑계로 이루는 산 자의 욕망

유교 사회에서 계승의 기본은 아버지의 것을 아들이, 그중에서도 큰아들이 물려받는 것이다. 하지만 세상 일이 늘 원칙대로 굴러가지는 않는다. 큰아들이 작은아들보다 역량이 부족할 수도 있고, 아들이 아버지보다 일찍 죽을 수도 있다. 그래서 인조나 철종처럼 왕위와 크게 인연이 없던 사람이 갑자기 왕위를 잇게 되기도 한다. 이럴 때 추숭追崇, 다른 말로 추존追尊이 벌어진다. 대체로 왕의 아버지를 왕으로 만드는 작업이다.

이미 죽은 사람을 왕위에 올려봐야 무슨 소용일까? 하지만 대의명분이 중요한 시대였다. 추숭을 하면 적장자 계승의 원칙을 지켜나갈 수 있었다. 왕의 아들이 아니었던 사람이 왕이 되었다 해도 그 사람의 아버지를 왕으로 만들면 명분상 계승 원칙은 지켜진다. 훗날 정조가 사도세자의 아들이면서도 '굳이' 일찍 죽은 효장세자의 족보상 양자가 되어 왕위를 잇게 된 것은 죄인이었던 사도세자의 아들인 것보다 효장세자의 아들인 것이 왕으로서 명분이 더 좋기 때문이었다.

조선왕조 500년 동안 추존된 임금으로는 덕종(의경세자), 원종(정원군), 진종(효장세자), 장조(사도세자), 문조(효명세자)가 있다. 이렇게 추존된 임금들에게는 대체로 공통점이 있다. 대부분 '세자'라는 것. 원래는 왕이 되었어야 할 사람들이지만 이런저런 이유로 일찍 죽은 사람들이 추존된다. 그럼 왜 소현세자는 없을까? 추존에는 또 하나의 조건이 있다. 그 자식이 왕이 되었을 것. 여기에서 추존의 의미를 엿볼 수 있다. 살아서 왕이 되지는 못했지만 왕가가 이어지도록 기여해야 추존될 수 있다.

단 한 사람 예외적 케이스가 있다. 인조의 아버지 정원군이다. 그는 왕자였지만 세자도 아니었고 국정에 크게 관여한 것도 없었다. 오히려 백성들에게 피해를 끼치는 정도는 조선 깡패 임해군, 순화군보다도 더 심했다는 말을 들을 정도였다. 그런데 어떻게 임금으로 추존되었을까? 아들이 인조였기 때문이다. 선조도 자신의 아버지 덕흥군을 덕흥대원군으로까지만 추봉追封, 왕족이 죽은 뒤에 존호를 올림 했지 왕으로 만들진 못했다. 훗날의 철종도 아버지를 전계대원군으로만 봉했고, 고종의 아버지는 흥선대원군이 되었을 뿐이다. 그런데 정원군의 아들은 '인조'였다. 바로 그 인조.

아버지의 추숭은 인조가 그의 통치 기간 중 가장 적극적으로 밀어붙인 정책이었다. 그가 이렇게까지 열심히 일한 것은 훗날 강빈의 옥사 때 말고는 없다고 해도 과언이 아니었다. 이유는 역시나 대의명분. 만약 아버지 정원군을 왕으로 삼으면 선조-광해군-인조가 아니라, 선조-원종(정원군)-인조라는 새로운 족보가 생기고 "나는야 정통!"이라는 눈 가리고 아웅이 가능했다. 그리고 인조는 이 일을 성취시키기 위해 모문룡을 통해 명나라에 뇌물을 찔러 넣는 등 온갖 공을 들였고, 마침내 소원을 성취했다. 신하들의 반대는 모두 씹어 먹었다. 이런 기개를 병자호란 때 조금이라도 보여줬더라면 그렇게까지 처참하게 패배하지는 않았을지도 모른다.

여기까지는 아버지들 얘기다. 그렇다면 왕을 낳은 어머니는 어떻게 될까? 우선 추존왕의 아내는 당연히 추존왕비가 된다. 인수대비로 더 유명한 성종의 어머니는 소혜왕후로, 인조의 어머니는 인헌왕후로, 정조의 어머니인 혜경궁 홍씨도 나중에 헌경왕후로 추존되었다. 문제가 있다면 후궁의 신분으로 왕의 어머니가 된 사람들이다. 연산군은 자신의 친어머니 윤씨를 제헌왕후로, 광해군은 어머니 공빈 김씨를 공성왕후로 봉했지만 아들들이 왕위에서 쫓겨난 뒤 다시 격하되었다. 경종은 어머니 장희빈을 왕비로 추존하려 했지만 격한 반발에 밀려 옥산부대빈으로만 봉했다. 자신의 자리 다지기를 위해 죽은 부모를 왕으로 만드는 추존은 죽은 사람을 매개로 산 사람의 욕망을 가장 강렬하게 드러내 보이는 일 아니었을까. 조선왕조실톡

09 인조의 운수 좋은 날

아ㅎ하햐ㅑ햐
햐ㅎ햐ㅎㅎㅋㅋㅋ

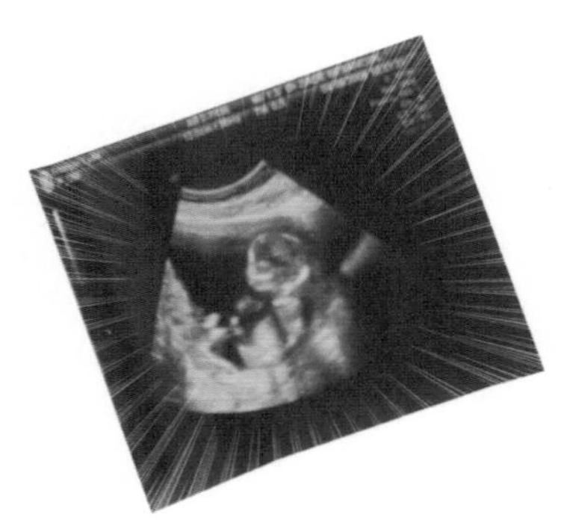

인조 괴상하게도 올해는! 운수가 좋더라니!

소현세자 ㅠㅠㅠㅠㅠ

좋아 죽겠다.
정말 좋아 죽겠다.

우리 중전이 임신을 하다니!

인열왕후/예쁜것만 보기~^^
여보도 참ㅎㅎ
그걸 벌써 샀어요?
좀 급했나ㅋㅋㅋ?
소현세자(24세)
아바마마 신나셨으ㅋㅋㅋ
근데 두분 대단하세요 진짜
크으으
곧 손주도 보실텐데
늦둥이라니...ㅠ///ㅠ)
인열왕후/예쁜것만 보기~^^

여보 42세, 나 41세에 아이라니!
대단한 행운이다, 이건.

거기다 보다시피 나의 며느리,
세자빈도 지금 세손을 임신중.

시어머니와 며느리가
모두 임산부라니,

이런 겹경사가 또 어딨나!

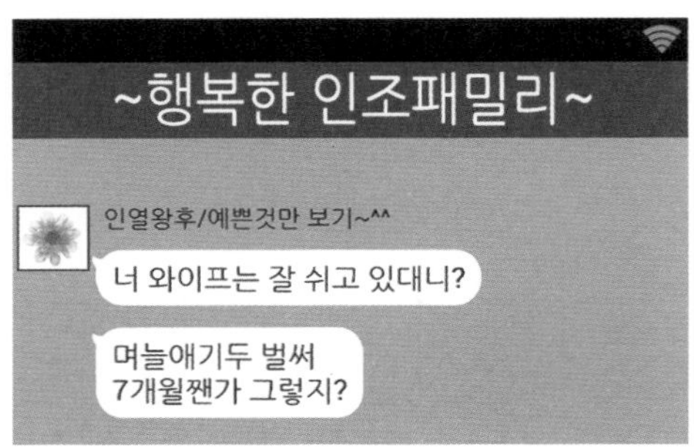

아이구 한창 고생시럽겠다~

인조 

예정일 언제냐?

 소현세자(24세)

석 달 뒤요ㅇㅇ
3월 초에 태어날거래요

허참

궁궐이 애기들 울음소리로
시끌벅적 하겠네ㅎㅎ

야 너 잘해야돼 이제 아빠니깐ㅇㅇ

 소현세자(24세)

예

아바마마도 할바마마
데뷔 축하드려요ㅎㅎ

ㅎㅎㅎㅇㅋ

아 요새 무진장 살맛난다

얼마나 우울했는지 아냐?
오랑캐들한텐 갈굼당하지
백성들한텐 욕먹지ㅉㅉ

 인열왕후/예쁜것만 보기~^^

^^

드디어 조선에도 해가 뜨려나보다^^

행복합시다 우리

그리고 며칠 후,
1635년 12월 9일!

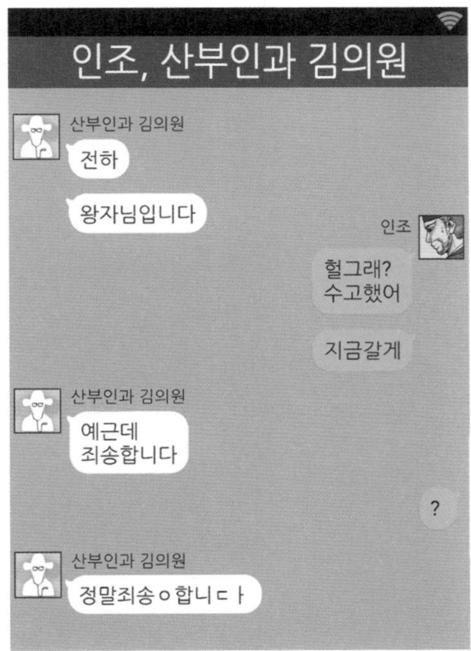

셋이요 두번의 장례식과 한번의 돌잔치

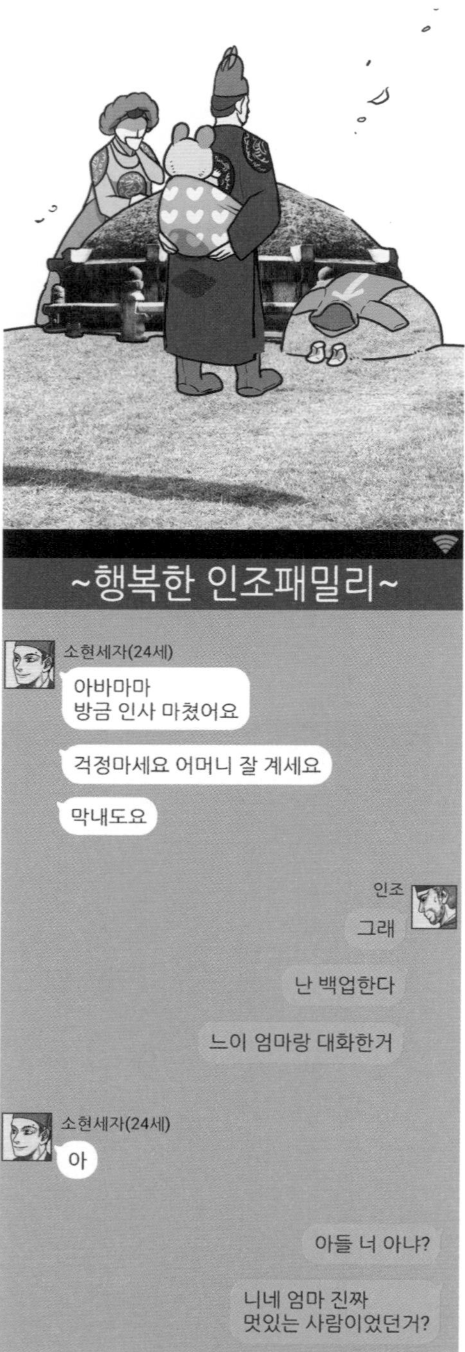

~행복한 인조패밀리~
소현세자(24세)
아바마마
방금 인사 마쳤어요
걱정마세요 어머니 잘 계세요
막내도요
인조
그래
난 백업한다
느이 엄마랑 대화한거
소현세자(24세)
아
아들 너 아냐?
니네 엄마 진짜
멋있는 사람이었던거?

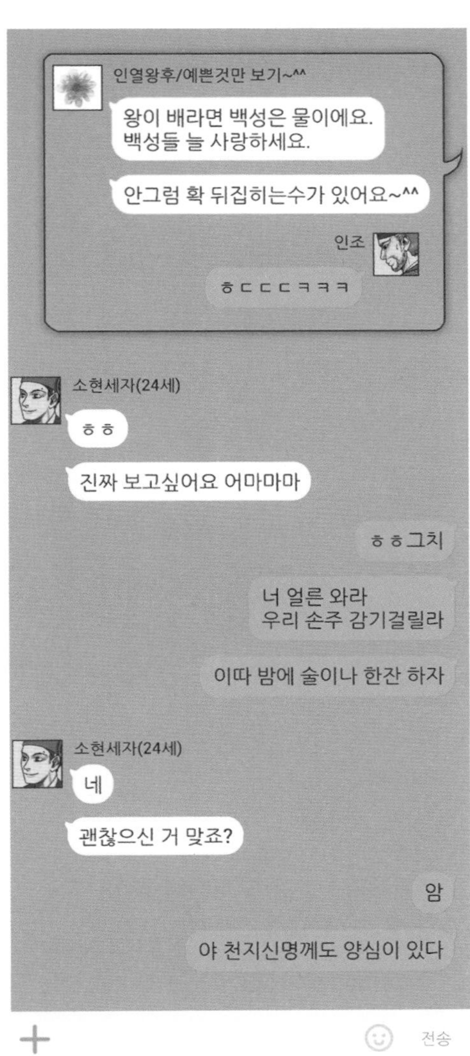

설마 이 이상 아빠
힘들게 하시겠냐ㅎ?

1635년 12월 9일,
인조 왕비 인열왕후
아이를 낳다가 죽다.

어린 왕자도 사망하다.

이듬해 3월
세자 소현이 세손을 낳아
인조 매우 기뻐했으나,

그로부터 9개월 뒤
1636년 12월 중순,

청나라, 조선 침략하다.

#병자호란_start

정사 正史

실록에 기록된 것

- 인조, 왕비 인열왕후가 늦둥이를 임신하자 매우 기뻐하다. 당시 큰아들 소현세자 나이 24세. 그러나 아기왕자, 태어난 지 얼마 되지 않아 죽다.
- 나흘 뒤, 인열왕후도 죽다. 인조, 의원과 의녀 등 관계자 모두 처벌하다.
- 1636년 3월, 소현세자의 세자빈 강씨 아들을 낳다. 인조, 매우 기뻐하며 특별과거시험을 열고 죄수를 사면하다.
- 그즈음, 후금 홍타이지, 청나라 개국하고 스스로 황제가 되다. 조선에게 군신관계를 강요하나 조선, 떨떠름하게 반응하다. 청 사신 용골대, 화나서 돌아가버리다.
- 1636년 12월 9일, 소현세자, 어머니 인열왕후 능 들르다. 나흘 뒤, 청나라군이 이미 코앞이라는 급보 들어오다. 인조와 소현 급히 남한산성으로 들어가다.

픽션

기록에 없는 것

- '인열'은 죽은 뒤 붙은 이름이다. 인조는 '명헌왕후'라고 직접 이름 지으려 했다.

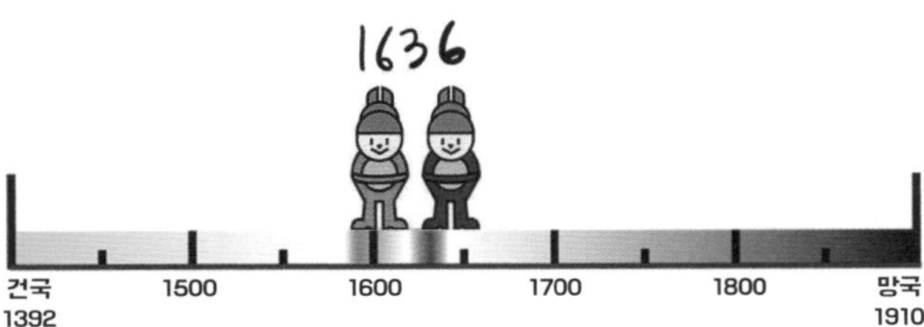

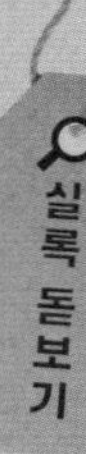

- 아홉 번째 이야기 -

현대 의학을 찬양하라

혹시 이런 이야기를 들어보았는가? 옛날 여자들은 밭일하다가 아기를 낳은 다음 곧바로 다시 밭으로 일하러 갔다고, 아이들은 아토피고 알러지고 없이 씩씩하게 뛰어놀았다고. 현대 의학이 쓸데없이 과잉 진료를 해 사람들을 약하게 만들고 있으며 약이나 주사 같은 현대 의학에 의존하지 말고 자연스럽게 사는 것이 최고라고. 당연히 이것은 잘못된 소리이며 자연에 대해 크게 착각하고 있는 것이다.

인열왕후의 사례가 아니더라도 출산은 옛날 여성들의 가장 큰 사망 요인 중 하나였다. 분명 아이를 쉽게 낳는 체질의 사람들도 있다. 그러나 대부분은 그야말로 목숨을 걸고 하는 일이 출산이었고, 실제로도 아이를 낳다가 많이들 죽었다. 단종의 어머니 현덕왕후는 둘째 단종을 낳은 뒤 단 하루 만에 세상을 떠났고 예종의 첫 번째 비였던 장순왕후 한씨도 인성대군을 출산한 뒤 일주일 만에 죽었다. 인종의 어머니 장경왕후도 인종을 낳은 뒤 엿새 만에 죽었다. 이 증상을 보통 산후욕, 또는 산후열이라고 한다. 이들은 왕실 여자들이고, 따라서 영양 상태가 좋았고 의료진들도 나름 조선 최고로 손꼽히는 이들이었으며 여러 궁녀들에게 집중적인 산후 조리를 받았을 것이다. 그런데도 죽었다. 그러니 그보다 훨씬 못한 상황에 놓였을 민간의 여자들이 얼마나 많이 죽었을지는 상상하기도 무서울 정도이다.

조선시대에 출산을 하다가 죽는다는 것이 어떤 것인지 잘 보여준 것이 파평 윤씨의 미라이다. 이는 2002년 경기도 파주의 파평 윤씨 선산에서 발견된, 400년 전쯤 아이를 낳다가 사망한 젊은 여성의 미라인데 뱃속의 아기까지 고스란히 미라가 되어 있었다. 사망 원인은 자궁 파열. 아기가 나오다가 자궁이 터져버린 것이다. 엄마는 과다출혈로 죽었고 아이도 엄마의 몸 밖으로 빠져나오지 못해 죽었다. 요즘이라면 제왕절개 수술로 엄마와 아기 둘 다 살 수 있었을 것이다.

출산만이 문제가 아니다. 옛날에는 아이들의 사망률도 엄청나게 높았다. 그 시

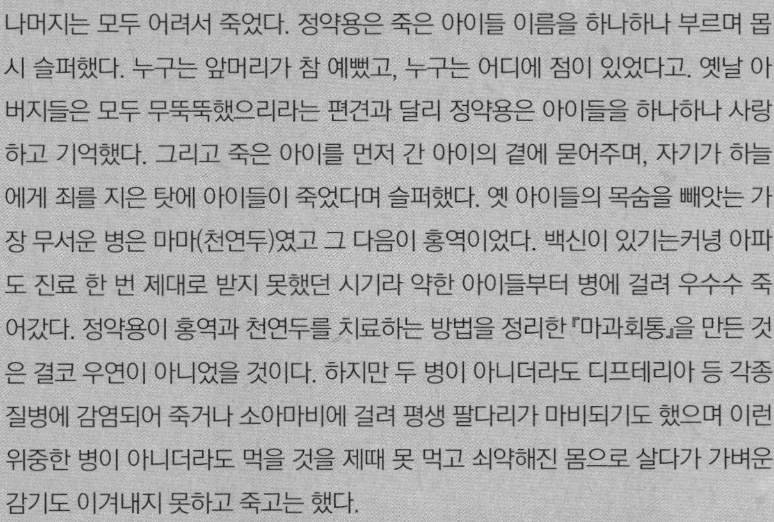

절 아토피와 알러지가 없었던 이유는 아토피와 알러지가 있는 아이들은 일찌감치 죽어 이름도 없이 뒷동산에 나란히 묻혔기 때문이다. 옛날에는 아이를 많이 낳기도 했고 또 많이 죽기도 했다. 그렇다고 해서 부모의 슬픔이 작아지는 것은 아니라서 옛날 문집을 보면 먼저 세상을 떠난 자식들을 그리며 슬퍼하는 옛사람들의 글을 곧잘 발견할 수 있다.

다산 정약용에게는 슬하에 아홉 명의 아이가 있었는데, 그중 어른으로 무사히 자라난 아이는 세 명뿐이었고 나머지는 모두 어려서 죽었다. 정약용은 죽은 아이들 이름을 하나하나 부르며 몹시 슬퍼했다. 누구는 앞머리가 참 예뻤고, 누구는 어디에 점이 있었다고. 옛날 아버지들은 모두 무뚝뚝했으리라는 편견과 달리 정약용은 아이들을 하나하나 사랑하고 기억했다. 그리고 죽은 아이를 먼저 간 아이의 곁에 묻어주며, 자기가 하늘에게 죄를 지은 탓에 아이들이 죽었다며 슬퍼했다. 옛 아이들의 목숨을 빼앗는 가장 무서운 병은 마마(천연두)였고 그 다음이 홍역이었다. 백신이 있기는커녕 아파도 진료 한 번 제대로 받지 못했던 시기라 약한 아이들부터 병에 걸려 우수수 죽어갔다. 정약용이 홍역과 천연두를 치료하는 방법을 정리한『마과회통』을 만든 것은 결코 우연이 아니었을 것이다. 하지만 두 병이 아니더라도 디프테리아 등 각종 질병에 감염되어 죽거나 소아마비에 걸려 평생 팔다리가 마비되기도 했으며 이런 위중한 병이 아니더라도 먹을 것을 제때 못 먹고 쇠약해진 몸으로 살다가 가벼운 감기도 이겨내지 못하고 죽고는 했다.

이들은 모두 '자연스러운' 죽음을 맞은 존재들이다. 약한 생물은 죽는 것이 자연의 법칙이다. 자연 속에서 살아남으려면 타고난 몸이 튼튼해야 했고 운도 좋아야 했다. 자연이란 언제나 아름답기만 한 것이 아니다. 현대의 어떤 사람들이 자연을 그저 아름다운 풍광으로, 어떤 위험도 없는 안전한 체계로 여기는 이유는 역설적으로 과학과 기술이 자연 현상을 그만큼 통제할 수 있게 되었기 때문이리라. 과학을 부정하는 사람들이야말로 사실은 그 과학의 가장 큰 수혜자들일지도 모른다. 조선왕조실톡

조선왕조실록 10

임금님의 급식, 수라

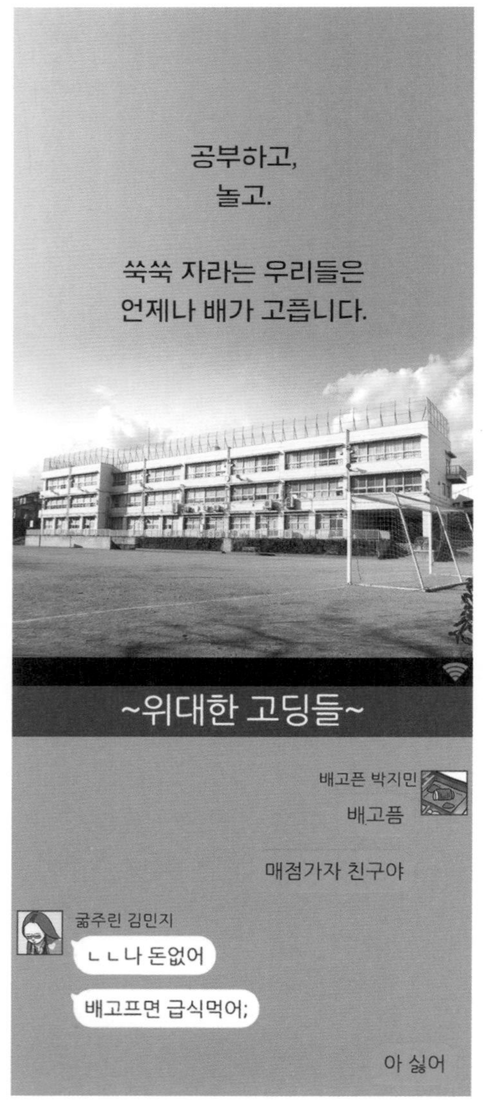

공부하고,
놀고.
쑥쑥 자라는 우리들은
언제나 배가 고픕니다.
~위대한 고딩들~
배고픈 박지민
배고픔
매점가자 친구야
굶주린 김민지
ㄴㄴ나 돈없어
배고프면 급식먹어;
아 싫어

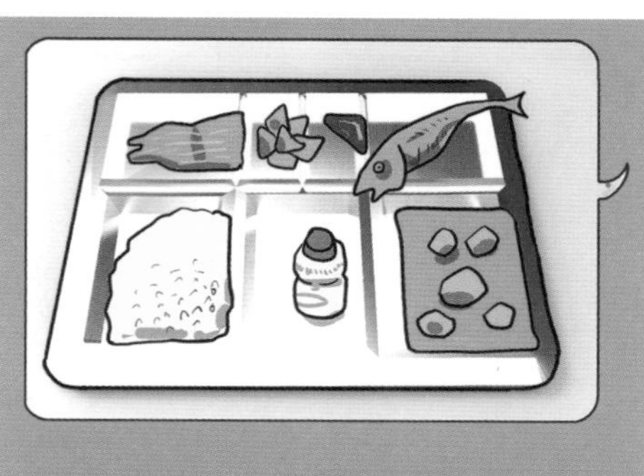

오늘 반찬 양심없어ㅜㅜ

굶주린 김민지

왜 좋잖아

미니사이즈 조기 한 마리에
나물, 장아찌, 콩나물맑은국ㅇㅇ

인간은 훌륭한 초식동물이죠

ㅜㅜㅜ조선시대 왕 부럽다

수라상은 안 이랬겠지

나도 삼시세끼 맛있는 것만
먹고 살고 싶다ㅜㅜㅜ

인조님께서 들어오셨습니다.

인조

? 아닌데?

이거 오늘 내 수라랑
라인업 똑같은데?

크b 요즘 서당 굉장하다^^
애들한테 수라상도 차려주고

????????????????

이거 3첩반상이지?

전송

주상전하 아싸 제육볶음ㅋ

기미상궁 아싸ㅋ

임금님의 밥
'수라'

때와 장소에 따라
메뉴가 천차만별이었는데요.

하나요 12첩 반상

밥, 국, 찌개, 김치를 빼고
12가지 반찬이 올라간
수라상.

인조, 기미상궁
기미상궁 / 다이어트중
전하 아침수라
셋팅완료했사옵니다
늘 드시던대로
반찬 12가지이옵니다^^
인조
음
그래.......
? 어디 불편하신지요?
인조
아니 어젯밤부터 계속
속이 좀 부대끼네;
스트레스때매 그런가ㅠ
미안하군
오늘은 밥 많이 남기겠다;
헐ㅋㅋㅋ
인조
???
아뇨 오타이옵니다;
헐ㅠㅠㅠ

어찌나 호화로운
밥상이었는지,
왕이 먹고 남은 반찬으로
나인들이 끼니를 때웠다고.

둘이요 5첩 반상

기본 메뉴를 빼고
반찬이 5개만 더 올라간
수라상.

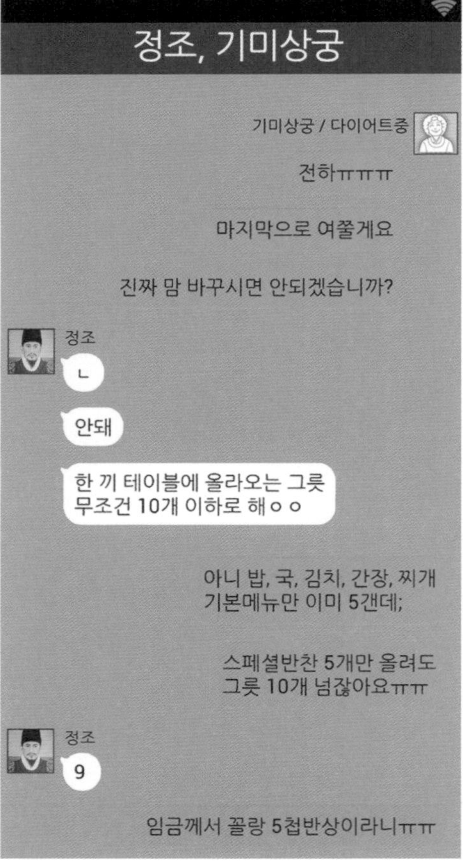

정조, 기미상궁
기미상궁 / 다이어트중
전하ㅠㅠㅠ
마지막으로 여쭐게요
진짜 맘 바꾸시면 안되겠습니까?
정조
ㄴ
안돼
한 끼 테이블에 올라오는 그릇
무조건 10개 이하로 해ㅇㅇ
아니 밥, 국, 김치, 간장, 찌개
기본메뉴만 이미 5갠데;
스페셜반찬 5개만 올려도
그릇 10개 넘잖아요ㅠㅠ
정조
9
임금께서 꼴랑 5첩반상이라니ㅠㅠ

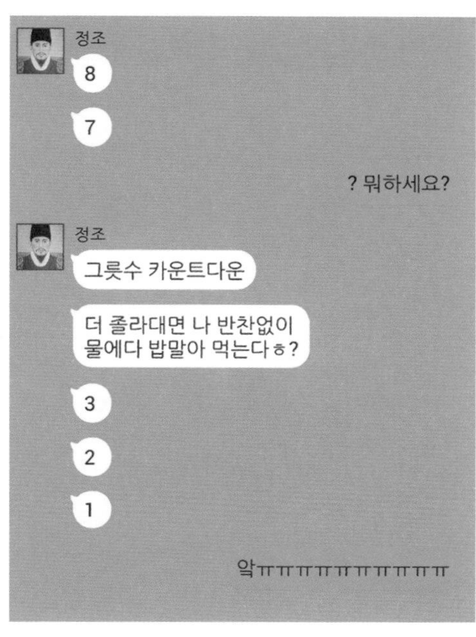

세종, 정조와 같이
검소한 왕들이 즐긴
간편코스.

반찬이 단
3개뿐인 수라상.

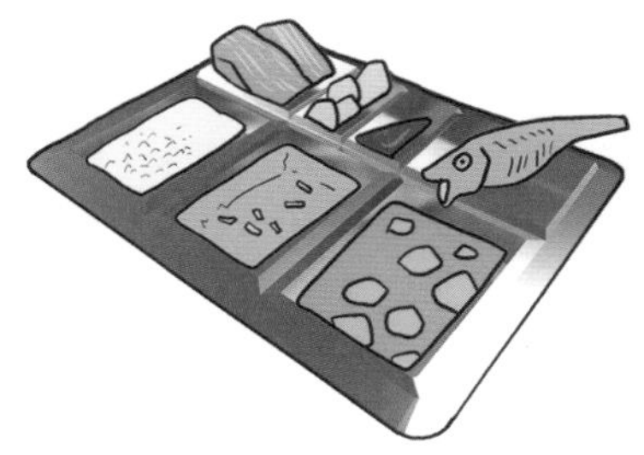

가뭄, 지진 등
천재지변이 일어나면 먹는
특별코스였는데.

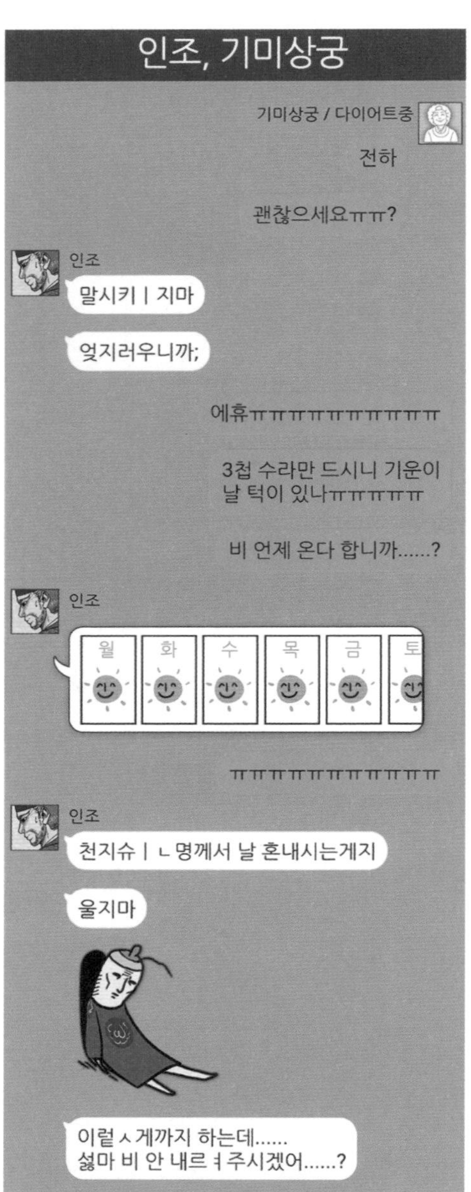
인조, 기미상궁
기미상궁 / 다이어트중
전하
괜찮으세요ㅠㅠ?
인조
말시키ㅣ지마
엊지러우니까;
에휴ㅠㅠㅠㅠㅠㅠㅠㅠㅠㅠㅠ
3첩 수라만 드시니 기운이
날 턱이 있나ㅠㅠㅠㅠㅠ
비 언제 온다 합니까......?
인조
월
화
수
목
금
토
ㅠㅠㅠㅠㅠㅠㅠㅠㅠㅠㅠ
인조
천지슈ㅣㄴ명께서 날 혼내시는게지
울지마
이렇ㅅ게까지 하는데......
설마 비 안 내르ㅕ주시겠어......?

~위대한 고딩들~
인조
ㅇㅇ너희 맘 다 안다
매일 3첩 수라로 때운다니
천재지변이 심한게지ㅠ?
가뭄? 지진? 메뚜기떼?
배고픈 박지민
어......
아닌데요
인조
아 그럼 전쟁? 전쟁중ㅠㅠ?
ㅉㅉ...하긴 병자호란때도
나 허구한 날 감선했지
이구 불쌍한 녀석들ㅠㅠㅠ
3첩이 어디 인간이 먹을 밥이니?
엄......
굶주린 김민지
어.......
인조
힘든시기 금방 지나갈거야
아프겠지만 기운내려무나
화이팅^^!

이게 수라는
수란데…….

#의문의_1승_1패

정사 正史

실록에 기록된 것

- 임금, 아침죽, 중간 간식시간 등을 포함해 하루 평균 5회 정도의 식사를 하다.
- 밥, 국, 찌개, 김치, 젓갈, 장을 기본 메뉴로 하고, 전, 생선구이, 육편, 나물, 조림 등이 반찬으로 올라오다. 이 반찬의 개수를 세어 '~첩 반상'이라고 부르다.
- 고종, 12첩 반상을 수라로 받다. 그러나 조선말 발간된 궁중요리책자에 따르면, 9첩 반상이 가장 호화로운 수라라고 기록되어 있다. 왜 개수 차이가 나는지는 불명.
- 정조, 3~5첩 반상을 수라로 받다. 지극히 검소했던 할아버지 영조도 반찬 가짓수를 매우 줄인 식사를 했다.
- 왕들, 나라에 변이 있거나 상을 당했을 때에 반찬수를 극도로 줄이는 '감선減膳'하다. 3첩 반상을 받거나, 아예 죽과 장아찌만을 먹기도 하다.
- 인조, 천재지변 + 정묘호란 + 병자호란으로 오랜 기간 감선을 하다. 대소신료들이 "수라상이 어떻게 일반 사대부 밥상만도 못하냐. 제발 반찬 가짓수를 늘리시라"고 청하다.

픽션

기록에 없는 것

- 12첩 급식판을 쓰지 않았다.

조선전반.

건국 1392 | 1500 | 1600 | 1700 | 1800 | 망국 1910

- 열 번째 이야기 -

임금님도 야식을 먹나요?

임금은 수라상을 하루에 여러 차례 받았다. 아침에 일어나서 가장 먼저 받는 상을 초조반상이라 했는데 주로 죽을 먹었다고 한다. 그 다음에는 아침 수라상을 받는다. 밥, 반찬, 국, 고기구이까지 차려진 12첩 반상이었다. 점심때는 낮것상을 받는데, 이것도 죽으로 간단히 차리거나 손님들이 오면 국수를 차려 내기도 했다고 한다. 저녁에는 또 12첩 반상으로 차린 저녁 수라상을 받는다.

정리하자면 아침과 저녁의 수라상이 가장 식사다운 식사고 나머지 식사들은 간식 느낌으로 간단히(물론, 백성들에 비하면 몹시 뻑적지근했지만) 차려 먹었다. 야참도 따로 있었다. 임금도 야식의 유혹에서 자유롭지 않았다. 그래서 대체로 임금은 하루에 다섯 번 수라상을 받았다고들 한다. 하루에 세 번만 상을 받았던 영조가 검소한 임금으로 유명한 것도 그래서이다. 꺾기 힘든 야식의 유혹을 이겨냈으니 그 인내심이 확실히 여타 임금보다 강하기는 했던 듯하다.

임금들이 즐겨 먹은 야식은 냉면이었다. 지금은 평양냉면, 함흥냉면 등 지역별 분류도 있고 물냉면, 비빔냉면의 차이가 있으며 육수를 어떤 비법을 통해 만들어 낸다는 둥 만드는 법도 복잡하지만 옛날 냉면이란 글자 그대로 차가울 냉冷, 밀가루 면麵을 쓰는 그냥 차가운 국수였다. 조선시대 후기의 냉면은 삶은 메밀국수에 김칫국물을 부어서 함께 먹는, 지금보다는 훨씬 심플한 것이었다. 고명은 지금처럼 썬 오이에 편육을 올려 먹기도 했고, 유자, 전유어, 석류, 달걀 지단, 복숭아, 석이버섯 같은 것을 올려 먹기도 했다. 지금이랑 비슷하면서도 좀 다른 음식이지만 그래도 냉면은 냉면. 너무 기름지지도 않고 소화도 잘 되니 한밤중에 먹기에 부담스럽지 않고 딱 좋은 음식이었다.

조선 임금 중에서 냉면 이야기로 유명한 사람은 정조의 아들인 순조이다. 『임하필기』에는 순조가 신하들과 달맞이하며 놀다가 출출해졌는지 "너희들이랑 같이

냉면을 먹고 싶어"라고 하여 단체 야참을 준비하는 이야기가 있다. 임금님이 국수를 먹고 싶어 하신다! 그러면 당장 숙수들이 수라간 찬장에서 마른 국수를 꺼내 끓는 물에 넣을 것 같지만 아니다. 조선시대에는 말린 국수가 없었고 메밀가루 반죽을 틀에 넣고 찍어낸 생면뿐이었다. 그럼 수라간에서 직접 면을 뽑았을까? 그렇지는 않다. 국수는 대한문 바깥의 국수 가게에서 사왔다. 국물로는 주로 시원한 동치미를 썼는데 이것은 궁궐의 장독대에서 가져온 것이었다. 이렇게 임금이 국수를 쏜 덕분에 궁궐에서는 달밤의 냉면 파티가 벌어졌다고 한다.

순조 다음으로 냉면을 좋아했던 냉면 킹은 고종이다. 훗날 조선이 망한 뒤 낙선재에 모여 살던 상궁들이 옛날 일을 회고한 것에 따르면 고종은 원래부터 짜고 매운 것을 잘 못 먹었다. 그래서 된장찌개도 잘 먹지 못하고 대신 냉면을 즐겨 먹었는데, 국수 위에 숟가락으로 떠낸 배와 돼지고기 편육을 십자 모양으로 올려 먹었다고 한다. 고종의 입맛에 맞춰 국수를 말 동치미도 배를 많이 넣어 특별히 달콤하게 만들었다고도 한다. 또 냉면을 혼자 먹기보다는 궁녀들에게 나누어주기를 즐겼다고.

이렇듯 자기가 원할 때 자신만의 음식을 대령하게 할 수 있었다는 점은 역시 임금의 특권이다. 아무튼 임금이라 해도 야식의 유혹에서 벗어날 수는 없었던 것이다. 맛있는 음식이 주는 행복만큼 큰 것도 없다. 건강을 해치지 않는 선에서라면 뭐든 맛있게 먹으며, 오늘 나도 임금이 된 기분을 누려보는 것이 어떨까? 조선왕조실톡

조선왕조실록

11 벨테브레의 불대포

 얀 야너스 벨테브레 oh :(

 인조 아임파인 땡큐 앤쥬?

하나요 난파선

1627년 인조 5년,

평화로운 제주도 바닷가.

혼저옵서예

★제주도민★꽃님

야

★제주도민★강쇠

무사

니 이리오라

★제주도민★강쇠

실편><♥

팍씨

아 몽캐지마랑 혼저오라게;;;;

★제주도민★강쇠

???????????????????
???????????????????
???????????????????

둘이요 벨테브레

Jan Jansz Weltevree
얀 야너스 벨테브레

[동인도회사 선원, 1595~?]

그것이 그의 이름이었다.
네덜란드 사람으로,

일본으로 항해하러 가던 중
선원들 사이에 다툼이 일어나
해변에 버려졌단다.

[관람주의] 제주도_미확인생물체.mp4
- 워 짱신기하다 눈이 시퍼래;;;;;
- 머리털 색깔 미침;;;
- 괴물괴물
- 얼굴 허옇게 질렸네 무서운가봐;;;

[관람주의] 제주도_미확인생물체.mp4
- 웃긴다 누가 잡아먹나ㅋㅋ
- 홧??!???????=!??
유가이스 워나잍미???!!??
- 으ㅇ아아;;;;;; / 꺄아아ㅏㅏ악

서양인이 나타나면
임금에게 데려가는 것이 원칙.

흥미를 가진 인조는 벨테브레와
직접 이야기해보기로 했는데.

조선어 번역기
조선어 → 양오랑캐어
도와주세요
Give me dowa.
☆☆★ 핵쓰레기ㅗ
☆☆★ 업뎃좀해라ㅗ
☆☆★아무리 서양이랑
교류 안한다고 해도
이건 좀 심했음ㅗㅗ
두근
두근

인조, 벨테브레
인조
Hello.
※강녕?
Nice to meet you.
※만나서 반갑다.
Jan Janesz Weltevree :(
my god
※헐 맙소사
who r u
※누구세요??????
I'm Joseon's pay.
※과인은 조선의 임금이니라.
Jan Janesz Weltevree :(
what???????
※네???
pay.
※임금.
Ah You don't know pay
※아 너 임금을 모르느냐?
I'm Sang-gam mama.
※내가 바로 상감마마이니라^^
Jan Janesz Weltevree :(
Oh I see
※오 아 그러시구나;
Hello, sang-gam mama:D
※안녕하세요 상감마마?:D
Nice to meet YOU, too:)
※만나뵙게 되어서 저도 영광이에요:)
Yes Yes
※옳지옳지 잘한다

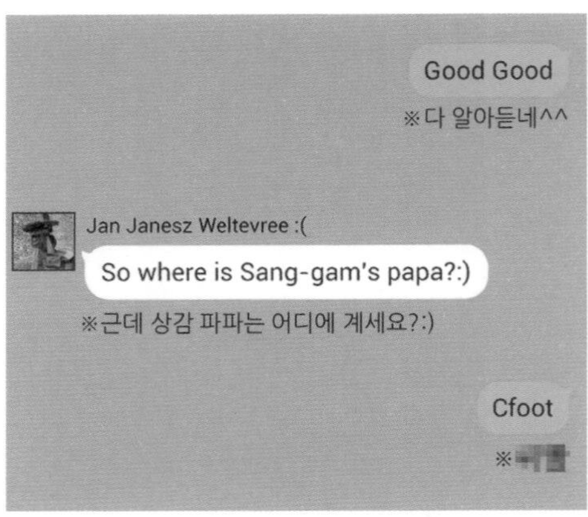

말도 안 통하는
낯선 동양.

벨테브레는 집에 보내달라
조선 조정에 계속 부탁했다.

하지만 그 소원은
인조도 들어줄 수 없었으니.

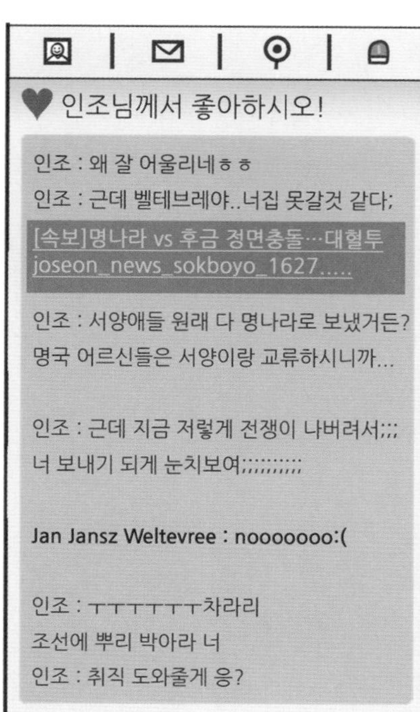

인조님께서 좋아하시오!
인조 : 왜 잘 어울리네ㅎㅎ
인조 : 근데 벨테브레야..너집 못갈것 같다;
[속보]명나라 vs 후금 정면충돌…대혈투
joseon_news_sokboyo_1627.....
인조 : 서양애들 원래 다 명나라로 보냈거든?
명국 어르신들은 서양이랑 교류하시니까...
인조 : 근데 지금 저렇게 전쟁이 나버려서;;;
너 보내기 되게 눈치보여;;;;;;;;;
Jan Jansz Weltevree : nooooooo:(
인조 : ㅜㅜㅜㅜㅜㅜㅜ차라리
조선에 뿌리 박아라 너
인조 : 취직 도와줄게 응?

결국 벨테브레,
인조의 호의를 받아들여

**자신의 특기적성을
찾기 시작하니.**

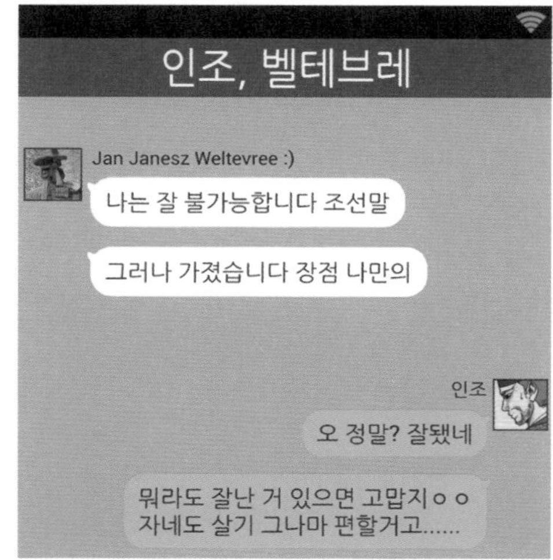

인조, 벨테브레
Jan Janesz Weltevree :)
나는 잘 불가능합니다 조선말
그러나 가졌습니다 장점 나만의
인조
오 정말? 잘됐네
뭐라도 잘난 거 있으면 고맙지ㅇㅇ
자네도 살기 그나마 편할거고......

그래 자랑거리 뭔데?
Jan Janesz Weltevree :)
나는 가졌습니다 불 대포
......
뭐?
Jan Janesz Weltevree :)
이것은 부적절합니다
그러나 상감mama 말합니다
그것은 화끈합니다
나는 강력한 남자입니다
나의 불 대포 보여줍니다
언제나 자신만만합니다
모두 매우 놀랍니다
와우
Jan Janesz Weltevree :)
아주 위협적이다:)

(제대로 번역)

"전하. 소인 벨테브레, 비록
조선말은 서투르오나
한 가지 특기가 있사옵니다."

"소인에게는 화포火砲를 다루는
재주가 있사옵니다."

"아뢰옵기 민망하오나 소인,
소인의 나라에서는 군의 장교였사옵니다.
소인이 만들어낼 화포는
화력이 매우 강하여,
그 위용을 보는 순간 적들은
모두 놀라 도망칠 것이옵니다."

"소인에게 기회를 주신다면,
전하의 적들을 모두 섬멸하겠사옵니다."

–벨테브레

#착각의_늪

벨테브레,
귀화하여 '박연'이라는 이름을 얻다.
조선 여인과 결혼해 자식도 얻다.

조총, 화포를 비롯한 무기를 만들어
조선군이 강해지는 데 기여하다.

병자호란에도 참전하다.

실록에 기록된 것

정사 正史

- 1627년 벨테브레, 동료 둘과 제주도에 불시착하다. 원인은 정확히 밝혀지지 않았으나, 선상에서 중국인 선원들이 반란을 일으켜 벨테브레를 비롯한 네덜란드 선원들을 몰아냈다는 설이 있다.
- 벨테브레, 인조에게 가다. 고향으로 보내달라 요청했으나, 명나라가 명청교체기로 혼란스러운 상황이라 그럴 수 없다고 하다.
- 왜에서도 벨테브레 일행을 거부하다.
- 인조, “날개가 있나? 없다면 고향에는 갈 수 없을 것이다”라고 말하다.
- 벨테브레, 동료들과 병자호란 참전하다. 동료 둘 전사하다.
- 인조와 효종, 벨테브레를 기용해 북벌을 위한 다양한 무기를 만들도록 하다.
- 조선인들, 벨테브레의 몸에 큰 관심 가지다. 빙 둘러싸 구경하고, 집에 초대하기도 하다.

기록에 없는 것

픽션

- 벨테브레는 영어를 쓰지 않았다. 아마 짧은 일본어로 의사소통했을 것이다.

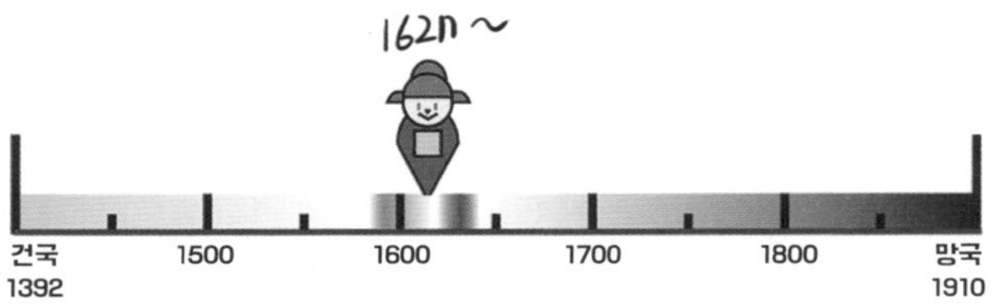

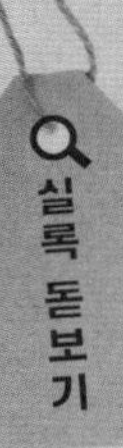

- 열한 번째 이야기 -

레전드 오브 동인도회사

동인도회사는 보이는 그대로 회사 이름이다. 정확히는 East India Company를 한자로 옮긴 것. 그럼 서인도회사도 있었을까? 정말로 있었다. 다만 동인도회사가 훨씬 더 왕성한 활약을 했고 또 엄청난 악행도 저질렀기 때문에 더 유명할 뿐이다. 동인도회사는 평범한 회사가 아니었다. 물건을 내다 파는 상업도 했지만 식민지를 운영하는 행정 분야도 운영했고 다른 나라와 조약을 맺는 외교 권한도 있었다. 심지어 군사를 동원해 전쟁을 벌이는 등 온갖 분야에 폭넓은 영향력을 발휘했던, 이름만 회사일 뿐 실제로는 정복 단체나 다름없는 존재였다. 게다가 이 동인도회사는 하나만 있는 것이 아니라 영국, 네덜란드, 프랑스 등 국가별로 있었는데 가장 악명 높았던 것이 인도를 통째로 삼키고 중국을 아편으로 중독시킨 영국의 동인도회사였으며 네덜란드 동인도회사도 만만치 않았다.

이런 동인도회사들은 왜, 어떻게 만들어졌을까? 가장 큰 이유는 아시아에 그득한 희귀품들을 수월하게 구하기 위해서였다. 그 첫 번째는 향신료. 신기하게도 향신료들은 하나같이 인도를 비롯한 동남아시아가 원산지였다. 대표적으로 후추가 있었고, 육두구나 정향도 유럽인들의 대표적인 목표물이었다. 특히 후추를 구하기 위해 참 많은 사람들이 돌아오지 못할 길을 떠났고, 수많은 전쟁을 벌였다. 당시 후추는 몹시 비싸서 여러 모험가들이 후추를 구하기 위해 지도에도 없는 땅끝으로 용감하게 떠났다. 국토가 작은 네덜란드는 더더욱 일찌감치 바다로 진출했고 향신료 중계무역에 몹시 적극적이었다.

먼 동남아시아까지 배를 타고 가는 것은 무척 힘들었고, 도착한다 해도 향신료를 많이 모으기 어려웠다. 수확물을 다시 유럽까지 가져오는 과정 또한 만만치 않게 고통스러웠고, 그래서 당시 기준으로도 엄청난 돈이 필요했다. 특히 네덜란드 같이 조그만 나라라면 더욱 그랬다.

그래서 네덜란드는 1602년, 향신료 무역을 전담하는 회사를 만들었으니 이것이 바로 네덜란드 동인도회사이다. 이 회사에 네덜란드의 돈 있는 사람들은 물론 일반 국민들까지 투자를 했고, 회사가 동남아까지 가서 향신료를 사오면 그걸 판 이익금을 서로 나누어 가졌다. 이때 투자한 사람들에게는 "내가 얼마를 투자했다"는 것을 증명하는 종이 증서를 나눠줬으니 이것이 바로 세계 최초의 주식이다. 향신료 무역이 계속되다 보니 어떤 사람은 더 큰 돈을 투자하고 싶어 했고, 어떤 사람은 주식을 팔아 현금을 가지려고 했다. 그래서 그런 거래를 할 수 있도록 한 공개 장소도 만들어졌다. 이것은 세계 최초의 증권거래소였다.

이렇게 주식 거래가 계속되다 보면 당연히 엄청난 돈이 왔다 갔다 하게 되었고, 큰돈을 안전하게 보관하기 위한 은행도 생기게 되었다. 은행이 생기니 네덜란드뿐만 아니라 전 유럽에서 투자했고, 네덜란드 동인도회사는 세계 최초의 다국적 기업이 되어 동남아시아뿐 아니라 중국, 일본에 상관을 만들었다. 이렇게 동인도회사는 세계의 금융 역사에 한 획을 그은 존재이다. '서양 국가들이 이렇게 세계적으로 대활약하고 있을 때 조선은 대체 무엇을 하고 있었을까?' 하는 자괴감이 들 수도 있겠다.

하지만 동인도회사에는 짙은 그림자가 드리워져 있었다. 네덜란드 동인도회사는 향신료를 얻기 위해 현지 원주민들을 노예처럼 부려먹고 향신료를 빼앗으며 괴롭혔고, 경쟁자인 영국 동인도회사를 공격해 몰살시키는 잔혹한 행위도 서슴지 않았다. 특히 인도네시아는 네덜란드의 식민지가 되어 온갖 착취를 당해야 했다. 서양인 벨테브레가 중국인 선원들에게 미움을 받아 조선의 땅에 버려진 이유를 짐작할 수 있는 부분이다. 그 시기 유럽 국가들의 침략 행위를 생각하면 그들의 눈부신 발전이 마냥 부러워할 일인지 의문스러워진다.

조선어 번역기
조선어 → 양오랑캐어
도와주세요
Give me dowa.
☆☆★ 핵쓰레기ㅗ
☆☆★ 업뎃좀해라ㅗ
☆☆★아무리 서양이랑
교류 안한다고 해도
이건 좀 심했음ㅗㅗ

12 삼전도의 굴욕

1636년 12월,
크리스마스 2주 전.

[16대 왕 인조]

오라는 산타 영감은 안 오고,

**말을 탄 15만 오랑캐들이
조선을 쳐들어왔다.**

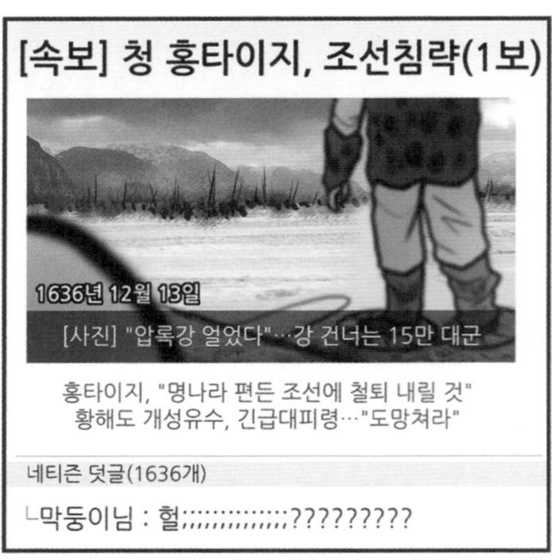

[속보] 청 홍타이지, 조선침략(1보)

1636년 12월 13일

[사진] "압록강 얼었다"…강 건너는 15만 대군

홍타이지, "명나라 편든 조선에 철퇴 내릴 것"
황해도 개성유수, 긴급대피령…"도망쳐라"

네티즌 덧글(1636개)

ㄴ막둥이님 : 헐;;;;;;;;;;;;;;?????????

그래, 니들이
기어코 오고야 말았구나.

나는 궁궐을 떠나,
황급히 작은 섬 강화도를 향해
피난을 떠났는데.

인조 

헐야
강물꽁꽁얼었어
어떡하ㄴㅑ

막미끄러진다;;;;;;;;

관료

그럼ㅁ강화도포기하시죠;;;

딴데가실ㄹ게요
가까운데가까운데

!!!!!!!!!!!!!!!!!!!!!!!!!!!!!!!!!!!!

?

가까운데???

어디???

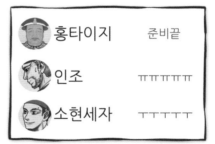

우리가 도착한 곳은
남한산성.

성벽 튼튼하기로
소문난 곳이다.

오랑캐들은 약이 올랐는지
총공격을 퍼부어댔는데.

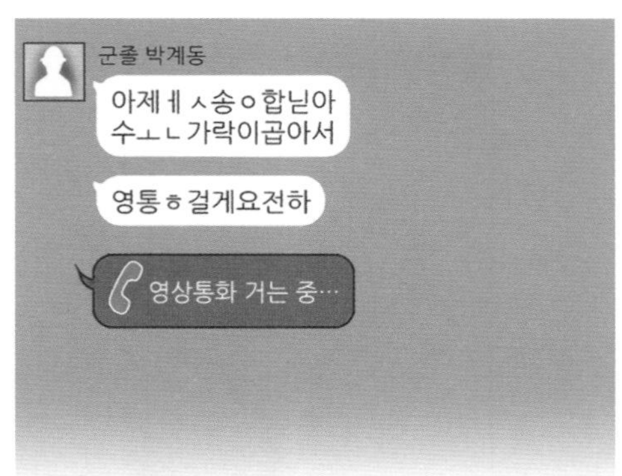
군졸 박계동
아제ㅔㅅ송ㅇ합닏아
수ㅗㄴ가락이곱아서
영통ㅎ걸게요전하
영상통화 거는 중…

영상통화
나
인조 : 그래 상황 어떻다고?
군졸 : 식량은 두달 버틸 만큼은
있습니다ㅇㅇ 남한산성 튼튼한
거야 뭐 더 말할 게 없고요

영상통화
나
군졸 : 두 달이면 밖에서 지원군들
모일테니까 그건 문제가 아닌데요
...사실 지금 밥보다 걱정인 게
뭐냐면...........
인조 : 야 잠만;; 아까부터 안보여;;;
너 영통으로 건 거 맞아?

영상통화

나

군졸 : 맞는데요;

인조 : 너 카메라 나간 것 같은데?

군졸 : 어 아

군졸 : 아 잠시만요(슥슥)

둘이요 추위

그래,
추위가 문제였다.

어찌나 날이 매서운지,
싸우지 않는 날에도 병사들이
픽픽 죽어 나갈 지경이었다.

**빨리 지원군이 나타나
우리를 구해주기만을
애타게 기다렸는데.**

인조, 도원수 김자점
인조
자네 어디야
빨리와
도원수 김자점
출발준비중임다!!!
쏜살같이가겠슴다!!!!!
며칠 후
출발했지???
도원수 김자점
아뇨아직...^^;
적들후방텅텅비었대
뒤에서치기만하면돼
도원수 김자점
걱정마십쇼
준비거의다끝났슴다!!!!!
갈때문자드리겠슴다!!!!!!!!!!
또 며칠 후
야김자점
너왜그래??????

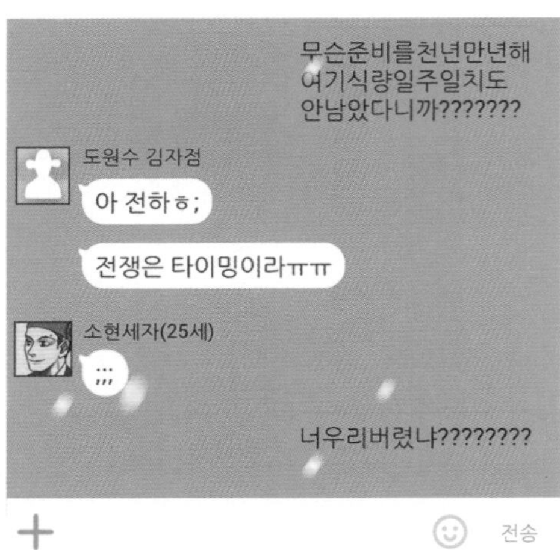

무슨준비를천년만년해
여기식량일주일치도
안남았다니까???????
도원수 김자점
아 전하ㅎ;
전쟁은 타이밍이라ㅠㅠ
소현세자(25세)
;;;
너우리버렸냐????????
전송

도움의 손길은 늦기만 하고,
그 사이에 겨울은 깊어갔다.

설날이 되자, 나는
신께 소원을 비는 대신 애걸을 했는데.

인조, 천지신
인조
천지신명이시여
이렇게빕니다

눈좀멈춰주십시오

제가뭘그리잘못했습니까

제발ㅠㅠㅠㅠㅠㅠ

전송

天地 천지신명

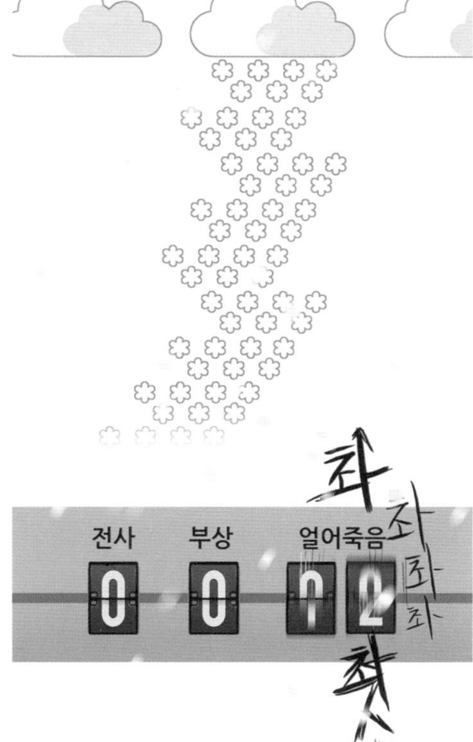

#기록적인_폭설

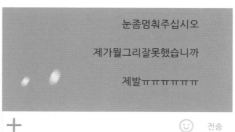

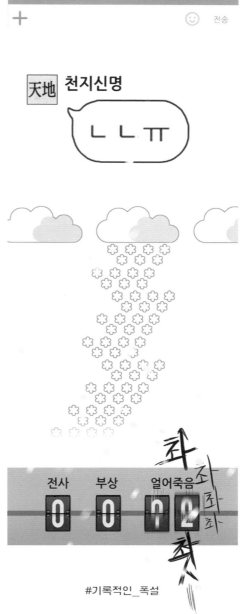

더 이상 버틸 수가 없었다.
버텨봐야 어쩌겠는가.

이제 최선이라고 해봐야
"최대한 안 아프게 지는 것"
뿐이었다.

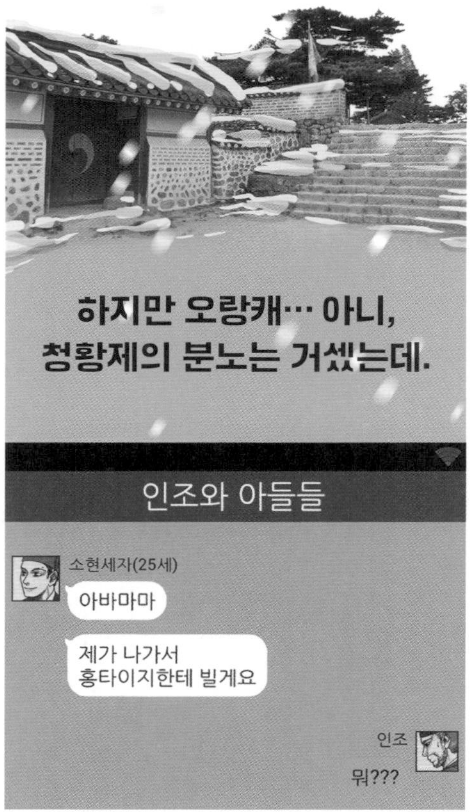
하지만 오랑캐… 아니,
청황제의 분노는 거셌는데.
인조와 아들들
소현세자(25세)
아바마마
제가 나가서
홍타이지한테 빌게요
인조
뭐???

18
봉림대군(18세)
헐
형미쳤어
어딜나가;;;;;;;;
소현세자(25세)
나 죽어도 너 있잖아ㅇㅇ
니가 세자 하면 되지
종묘사직 어차피 안 끊겨
18
봉림대군(18세)
ㅜㅜㅜㅜㅜㅜㅜㅜ
소현세자(25세)
예? 아버지
그래 가라
잠깐만 기다려
아빠 옷 좀 갈아입고
소현세자(25세)
?
전송

나도 같이 나가자

1637년 1월 30일,

- 삼전도 -

(지금의 서울시 송파구)

-(홍타이지 : 절이나 함 이쁘게 해봐ㅎ)
-청나라 관료 : 1배요!
- ??? : 아ㅠ

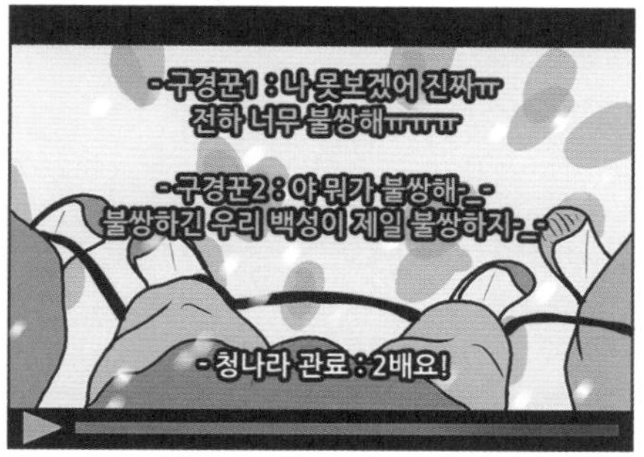
- 구경꾼1 : 나 못보겠어 진짜ㅠ
전하 너무 불쌍해ㅠㅠㅠㅠ
- 구경꾼2 : 야 뭐가 불쌍해-_-
불쌍하긴 우리 백성이 제일 불쌍하지-_-
- 청나라 관료 : 2배요!

- 구경꾼2 : 걍 찍어-_-
인터넷에 올려버리게
- 청나라 관료 : 3배요!

- 청나라 관료 : 끝났사옵니다 폐하><
- 홍타이지 : ㅇㅇㅊㅋㅊㅋ
- 홍타이지 : 자 다들 뭐하냐!
드디어 조선이 우리의 속국친구가 되었느니라!

인조,
삼전도에서 항복하다.
오랑캐라고 조롱하던
청나라 황제에게 충성을 서약하다.

홍타이지,
인조의 아들들과 함께
수십 만의 조선 백성들을
포로로 잡아가니

그 숫자가 자그마치
50만에 달하다.

(by 최명길)

정사 正史

실록에 기록된 것

- 조선, 후금의 각종 요구에 비교적 우호적으로 응했으나 내부적으로 불만 커지다.
- 청, 황제국을 선언하다. 명나라와의 마지막 대결을 앞두고 조선이 누구의 편인지 공고히 하고자 하다.
- 청, 대군을 이끌고 조선 침공하다.
- 인조, 강화도로 피난 가려 했으나 말이 자꾸 얼음에 미끄러지자 스스로 내려 걷다. 결국 포기하고 남한산성으로 들어가다.
- 조선군이 늘 패퇴하기만 한 것은 아니었다. 일부 국지전, 방어전에서 승리를 거두었으나 부족한 식량과 추운 날씨 탓에 오래 버티기가 힘들어지다.
- 그때 강화도가 함락되어 봉림대군과 소현세자빈을 비롯한 왕실 가족들이 붙잡혔다는 소식 날아오다. 인조, 오열하다.
- 인조, 일반인이 입는 남색 옷 입고 항복하다. 곤룡포는 명나라에서 준 것이었기 때문.
- 조선인 포로들, 줄에 묶여 짐승처럼 끌려가다. 항복한 인조를 둘러싸고 구해달라 울부짖었다고.

픽션

기록에 없는 것

- 인조는 크리스마스를 몰랐다.

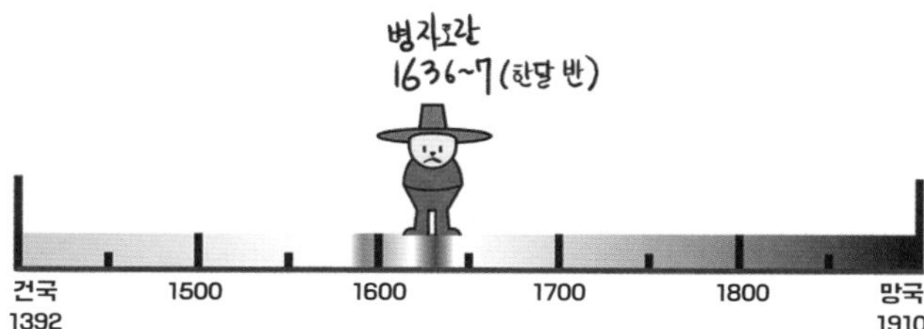

- 열두 번째 이야기 -

강화도 최후의 날

초원에서 사는 유목민족들은 땅에서는 날고 기어도 물에 익숙지 않아 바다에서는 영 힘을 쓰지 못했다. 그래서 호란 때 강화도는 조선왕조의 최후의 보루이자 요새였다. 그런데 강화도의 총사령관인 강도검찰사 김경징은 인조반정의 1등 공신 영의정 김류의 아들이었고, 수군의 유수인 장신은 반정공신 장유의 동생이었다. 여기에 부사 이민구는 병조판서의 동생이고, 종사관 홍명일은 좌의정의 아들이었으니 이들은 모두 빽으로 꽂힌 낙하산들이었다. 실전 경험은 고사하고 능력도 책임감도 없었으며 지위와 권력을 누릴 줄만 아는 골 때리는 이들이라 세자빈과 대군들마저 우습게 보며 술판을 벌이고 피난민을 위해 마련된 곡식을 빼돌리기까지 했다.

반면 청나라는 정묘호란 때 이미 조선의 전술 패턴을 파악했고, 항복한 명나라 수군 장군들을 활용해 조선을 공격했다. 배를 수레로 날라 3만 명의 병사와 당시 최강의 무기 홍이포를 싣고 강화를 기습했다. 김경징은 대포 소리를 듣자마자 혼비백산해서 어머니와 아내도 버리고 달아났다. 이민구, 홍명일도 마찬가지였다. 물밀듯이 밀려오는 청나라 군대와 맞서 싸운 것은 낙하산도 무엇도 아닌 충청 수사인 강진흔姜晉昕이었다. 그는 꼴랑 배 일곱 척을 거느리고 청나라 군대와 맞서 치열하게 싸웠고 청나라 배를 두세 척 침몰시키기까지 했다. 하지만 상대의 수가 압도적으로 많았기에 병사들은 물론 강진흔 역시 적의 탄환에 부상을 입었다.

일개 무장인 강진흔에 비하면 사령관 장신이 거느린 배는 무척 많았다. 장신이 함께 싸웠다면 큰 도움이 되었을 테지만 장신은 꿈쩍도 하지 않았다. 돕기는커녕 달아났다. 그걸 지켜본 강진흔은 목에 핏대를 세워가며 "네가 나라의 은혜를 받고도 이럴 수 있느냐? 널 베어 죽이겠다!"고 외쳤지만 장신은 도망치는 것도 모자라 다른 수군들도 싸우지 못하도록 했고 이런 처사에 분개한 나머지 스스로 바다에 뛰어들어 죽은 수군 장수까지 있었다.

결국 힘이 다한 강진흔은 물러날 수밖에 없었다. 이렇게 강화도는 허무하게 함락되었다. 적군이 바다를 건넜다 해도 강화산성에서 방어전을 해봄직도 했건만 사령관들이 모조리 달아났는데 누가 싸우겠는가. 이로써 세자빈 강씨와 봉림대군, 인평대군 등 주요 왕족들은 모두 청나라의 포로가 되었고(원손은 외삼촌 덕분에 탈출했다), 이 사실은 남한산성에까지 전해지며 싸울 의욕을 꺾었으며 마침내 항복이 앞당겨지게 했다.

강화도에서 이처럼 처참하게 지자 책임을 묻는 목소리가 나왔다. 김경징과 장신이 제일 까이는 것은 당연했다. 하지만 인조는 그들을 편들었다. 다 그럴 만한 사정이 있어서 그런 것이라고, 김경징이 거느린 병사가 너무 적었고 장신은 물살에 휩쓸려서 물러난 것이라며 귀양을 보내는 것으로 대충 무마하려 했다. 왜냐고? 그들이 인조를 왕으로 만들어준 반정공신의 피붙이였기 때문이었을 것이다.

하지만 그렇게 넘어가기엔 그들이 저지른 죄가 너무나 컸다. 비난 여론이 빗발치자 어쩔 수 없이 인조는 장신에게 자살을 명했고, 김경징에게는 사약을 내렸다. 김경징은 죽기 싫다고 애걸복걸을 하고 울음을 터뜨렸다던가. 하지만 그 옆에서 "아무리 울어도 피할 수 없으니 작작 좀 해라"라고 말하는 사람이 있었다. 강진흔이었다. 그는 마지막까지 싸우고도 참형을 당하게 되었으니 이유는 적을 막아내지 못했기 때문이었다. 충청수영의 병졸들은 달려가 울면서 오직 강진흔만이 열심히 싸웠다고 애원했지만 왕은 들어주지 않았다. 어떻게든 살겠다고 책임을 내팽개치고 달아난 사령관은 왕의 두둔을 받다가 사약을 받아 곱게 죽는데 가장 용감하게 싸운 이가 처참하게 죽게 되었으니 이게 말이 되는 소리인가. 덧붙이자면 강화도 함락의 책임을 지고 처형당한 것은 강진흔과 마찬가지로 갑곶의 수비대장이었던 변이척뿐. 달아났던 이민구와 홍명일은 처벌을 받기는커녕 누릴 것 다 누리며 살았다. 나름 조선 최고 정예의 군대들을 거느리고 있었던 도원수 김자점은 강화도에서도 남한산성에서도 싸우는 시늉조차 하지 않았지만 처벌도 받지 않고 오히려 영의정까지 되었다. 어떻게 이런 일이 벌어질 수 있었을까? 우리는 병자호란에서 참패한 이유를 이 이야기에서 찾아볼 수 있다. 이처럼 망가진 나라가 전쟁에서 이길 리 없었던 것이다. 조선왕조실록

조선왕조실톡 13

아낌없이 주는 소현

하나요 인질

나는 인조대왕의 아들
소현세자.

[소현세자(25세)]

지금, 병자호란에 진 탓에
인질이 되어 청나라로 끌려가는 중입니다.

그나저나 진짜 춥네요.
1월이라 그런지;;;

으, 더는 못 참겠다!

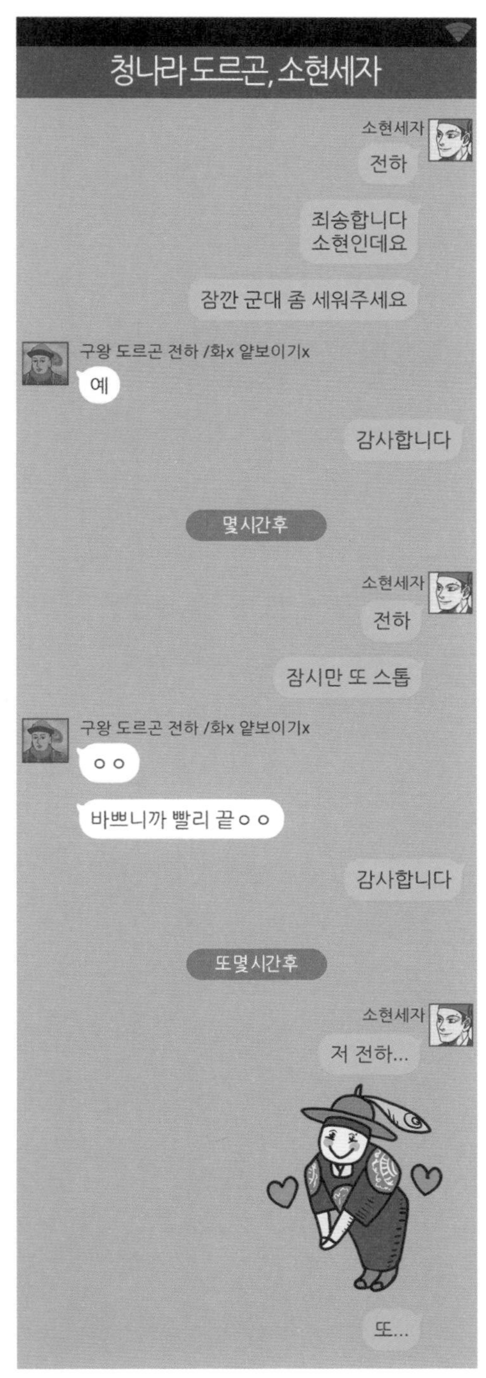

청나라 도르곤, 소현세자
소현세자
전하
죄송합니다
소현인데요
잠깐 군대 좀 세워주세요
구왕 도르곤 전하 /화x 얕보이기x
예
감사합니다
몇시간후
소현세자
전하
잠시만 또 스톱
구왕 도르곤 전하 /화x 얕보이기x
ㅇㅇ
바쁘니까 빨리 끝ㅇㅇ
감사합니다
또몇시간후
소현세자
저 전하...
또...

구왕 도르곤 전하 /화x 얕보이기x

하......-"_-

뭐? 쉬야냐고요?

아뇨ㅎ
그보다 훨씬 급한 거요!

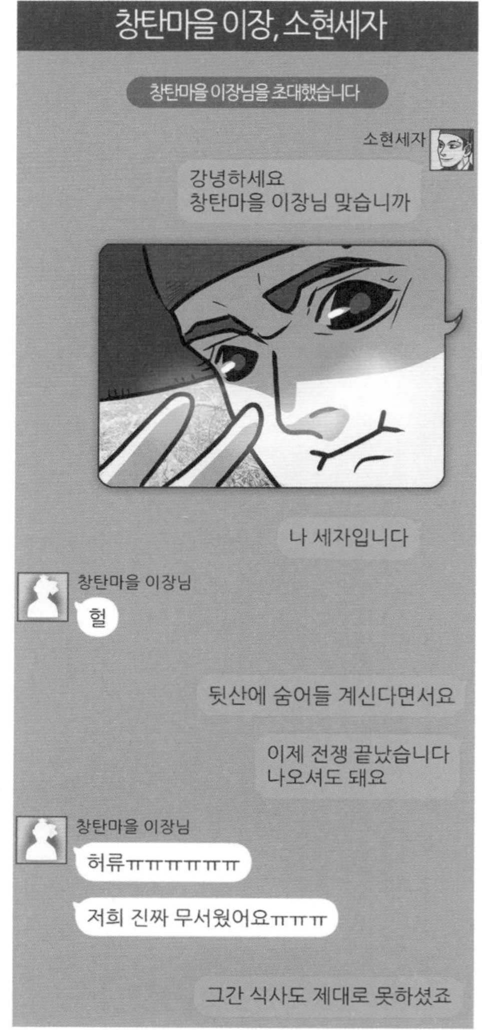

창탄마을 이장, 소현세자
창탄마을 이장님을 초대했습니다
소현세자
강녕하세요
창탄마을 이장님 맞습니까
나 세자입니다
창탄마을 이장님
헐
뒷산에 숨어들 계신다면서요
이제 전쟁 끝났습니다
나오셔도 돼요
창탄마을 이장님
허류ㅠㅠㅠㅠㅠㅠ
저희 진짜 무서웠어요ㅠㅠㅠ
그간 식사도 제대로 못하셨죠

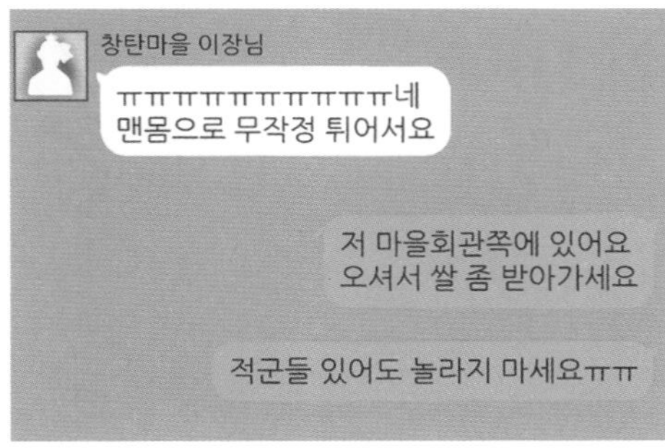
창탄마을 이장님
ㅠㅠㅠㅠㅠㅠㅠㅠㅠㅠㅠㅠㅠ네
맨몸으로 무작정 튀어서요
저 마을회관쪽에 있어요
오셔서 쌀 좀 받아가세요
적군들 있어도 놀라지 마세요ㅠㅠ

현위치 : 황해도 봉산 초구마을
청
조선

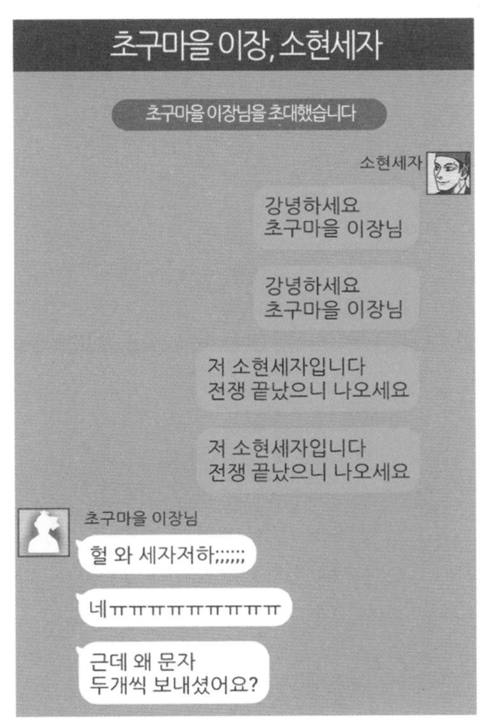
초구마을 이장, 소현세자
초구마을 이장님을 초대했습니다
소현세자
강녕하세요
초구마을 이장님
강녕하세요
초구마을 이장님
저 소현세자입니다
전쟁 끝났으니 나오세요
저 소현세자입니다
전쟁 끝났으니 나오세요
초구마을 이장님
헐 와 세자저하;;;;;;
네ㅠㅠㅠㅠㅠㅠㅠㅠㅠㅠ
근데 왜 문자
두개씩 보내셨어요?

와파 안 터질까봐요

주민분들 동굴로
피난 가셨다고 들어서ㅎㅎ

초구마을 이장님

ㅠㅠㅠㅠㅠㅠㅠㅠㅠㅠㅠㅠㅠ
ㅠㅠㅠㅠㅠㅠㅠㅠㅠㅠㅠㅠㅠ
ㅠㅠㅠㅠㅠㅠㅠㅠㅠㅠㅠㅠㅠ

오셔서 쌀 받아가세요

죄송합니다 정말

셋이요 샅샅이

전쟁은 정말 잔혹하죠.

전쟁 때문에 모든 걸 잃은
나의 백성들이
여기저기서 굶어 죽고, 얼어 죽고 있어요.

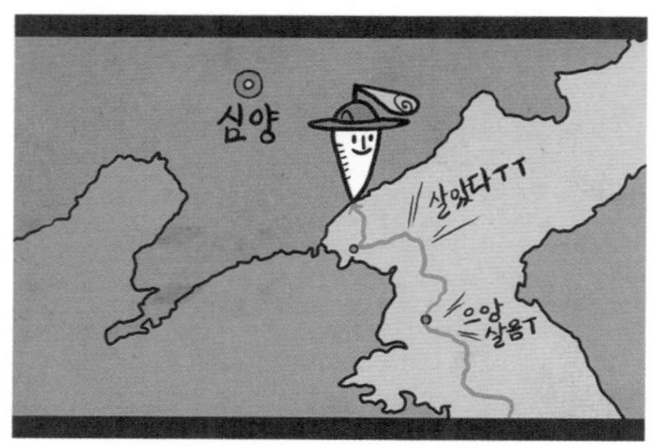

청나라 수도인 심양까지
걸어서 자그마치 60일.

발가락 떨어지게 춥지만,
그래도 이렇게 천천히 가는 덕에
한 마을, 한 마을 살필 수 있었으니

잘됐죠 뭐ㅎㅎ!

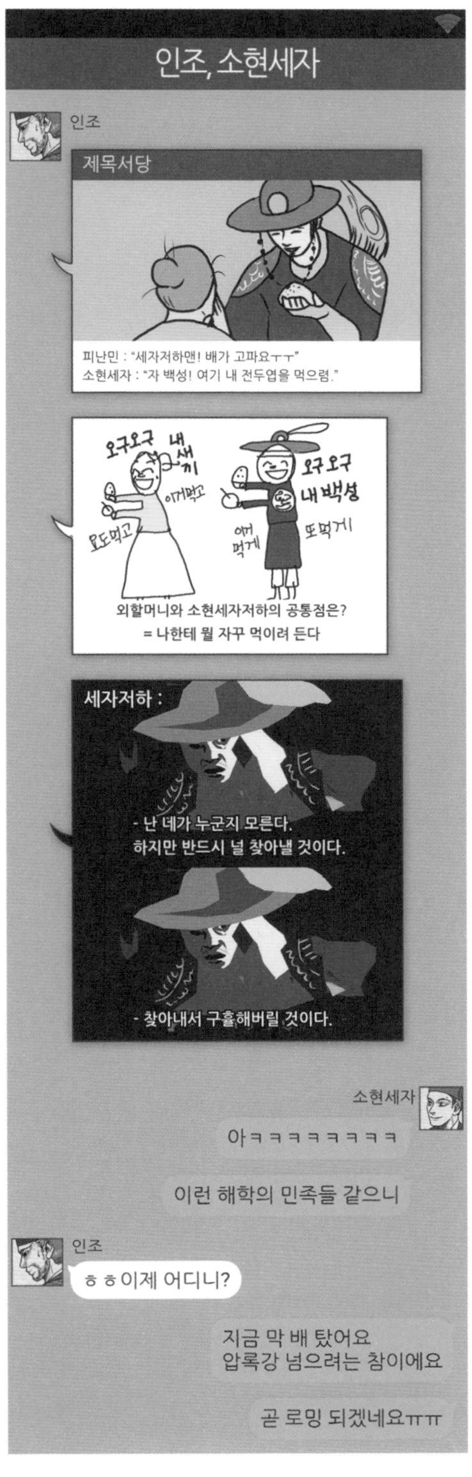

인조, 소현세자
인조
제목서당
피난민 : "세자저하맨! 배가 고파요ㅜㅜ"
소현세자 : "자 백성! 여기 내 전두엽을 먹으렴."
오구오구 내 새끼
이거먹고
요도먹고
오구오구 내 백성
이거 먹게
또먹게
외할머니와 소현세자저하의 공통점은?
= 나한테 뭘 자꾸 먹이려 든다
세자저하 :
- 난 네가 누군지 모른다.
하지만 반드시 널 찾아낼 것이다.
- 찾아내서 구휼해버릴 것이다.
소현세자
아ㅋㅋㅋㅋㅋㅋㅋㅋ
이런 해학의 민족들 같으니
인조
ㅎㅎ이제 어디니?
지금 막 배 탔어요
압록강 넘으려는 참이에요
곧 로밍 되겠네요ㅠㅠ

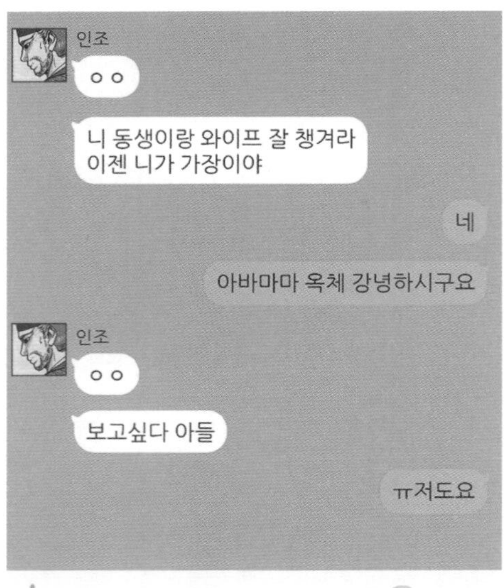

꼭 돌아올게요!

덧글 : 1637개

꽃님18 : ㅋㅋㅋㅋㅋㅋㅋㅋㅋㅋ
꽃님18 : 세자저하 진짜 좋다ㅜㅜㅜㅜ

철쇠 : 자기도 전쟁포로면서 백성들 살피시고ㅠ
철쇠 : 지 애비랑은 360도 다른듯ㅠㅠㅠㅠ

ㄴ선비족 : 한바퀴 돌았냐 왜ㅋㅋㅋㅋ

월향 : 빨리 돌아오세여 저하ㅜㅜㅜ
월향 : 그리고 얼른 왕 되세여ㅜㅜㅜ

ㄴ지나가던 과객 : 22222222
ㄴ상놈 : 33333333333333
ㄴ과거합격 : 4444444444444444
ㄴ척화신_척결하라 : 5555555555555

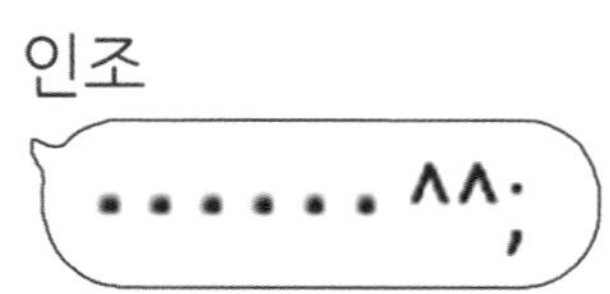

정사 正史

실록에 기록된 것

- 1636~1637년, 한 달 반 동안 병자호란 일어나다. 조선, 청나라에 패하다.
- 청 홍타이지의 동생 구왕 도르곤, 조선에서 철군하며 소현세자 부부와 봉림대군 부부를 인질로 데려가다. 인조, "부족한 아들이지만 잘 가르쳐달라" 하자 도르곤, "세자께서 일에 대처하는 것을 보건대 제가 감히 가르칠 입장이 못 됩니다. 황제께서 후히 대우하실 테니 염려 마십시오. 틀림없이 머지않아 돌아올 것입니다" 달래다.
- 인조, 소현세자에게 "힘쓰도록 하라. 지나치게 화내지 말고 가볍게 보이지도 말라" 당부하다. 소현세자, 엎드려 분부를 받다.
- 소현세자, 심양까지 60일간 말 타고 걸으며 행군하다. 중간중간 멈추어, 굶주리던 피난민들을 노잣돈으로 가져간 쌀과 천으로 구해주다.
- 청 구왕 도르곤, 소현세자에게 고기, 술, 쌀 등을 보내다. 소현세자, 옷감, 은 등을 보내 화답하다. 도르곤, 그중 일부만 받고 소현세자에게 돌려보내다.

픽션

기록에 없는 것

- 짤방대잔치, 제목서당 같은 사이트는 없었다.

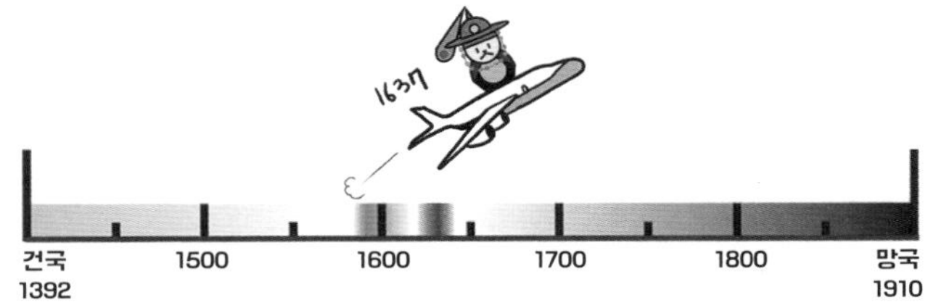

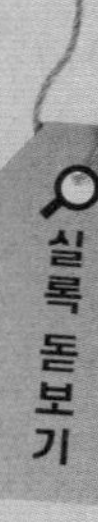

- 열세 번째 이야기 -

조선의 이신, 정명수

병자호란에 관해 자주 나오는 이야기 중에 이런 것이 있다. 이괄의 난에서 패배한 이들이 청나라로 달아나 조선을 공격할 계기를 마련했다는 말이다. 생각해보면 고작 그 몇몇 사람만으로 전쟁이 벌어졌을 리 없지만 청나라는 일찍부터 항복한 외국인들을 받아들여 신하로 적극 활용했으며 그들을 이신貳臣이라고 불렀다. 왜 이들은 청나라에 항복했을까? 그야 명나라가 사람 살 곳이 못 되었기 때문이다. 무능한 황제에 부패한 환관들이 쿵짝을 맞추니 열심히 일하고 싸우는 유능한 신하들은 오히려 처벌을 받았다. 그러니 능력을 인정받으며 살 수 있는 곳을 찾아갈 수밖에.

이렇게 항복한 이신들은 발달한 국가 제도와 전쟁 기술들을 청나라로 고스란히 가져갔고, 청나라는 이들을 크게 우대해 나라의 체제를 만들고 군사력을 강화했다. 청나라가 나날이 강해지는 것은 자연스러운 일이었다. 대표적으로 1633년(인조 11) 모문룡의 부하였던 명나라 장수 공유덕이 수군을 이끌고 청나라에 귀순하자 홍타이지는 너무나도 기쁜 나머지 체면 불구하고 그들을 끌어안기까지 했다. 덕분에 3년 뒤 일어난 병자호란에서 조선은 청나라 군사가 바다에 약할 것이라 믿고 강화도에서 농땡이를 부리다가 눈 깜짝할 사이에 함락되고 만다.

그런데 이신이 명나라에만 있었던 것은 아니었다. 조선의 천민 중 정명수라는 사람이 있었다. 그는 강홍립의 군대에 섞여 중국에 갔다가 사르후 전투 때 포로로 잡혔다. 머리가 총명했던 그는 재빠르게 여진어를 배워 통역가가 되었고 뛰어난 수완까지 발휘해 청나라의 관리가 되었다.

1633년, 정명수는 용골대(잉굴다이)의 통역이 되어 조선에 찾아오게 되었다. 보잘것없던 천민이 청나라 관리가 되어 돌아왔으니 말 그대로 금의환향이었는데 정명수는 자신에게 주어진 권력을 아주 악독하게 써먹었다. 천민 시절 자신을 곤장

쳤던 사람을 찾아 모욕을 주고 청나라 사신들을 부추겼으며 조선의 사정을 청나라에 낱낱이 일러바쳤다. 그에 비해 조선은 아주 대놓고 깔봤으니 청나라 진영을 찾아온 소현세자에게 막말을 할 정도였다. 자기가 예뻐한 기생이 야단을 맞았다는 이유로 병조좌랑을 몽둥이로 두들겨 패기도 했다. 또 권력을 이용해 친척들의 천민 신분을 풀어주고 벼슬을 주었으며 부모님이 묻힌 땅의 행정구역을 바꾸게 했다. 조선은 이 모든 부탁을 들어주는 한편 정명수에게 영중추부사 벼슬을 내렸다.

『실록』에 나와 있는 정명수의 모습은 참 부정적이다. 몇몇 사람들은 정명수의 악행을 청나라에 알리려 했지만 실패로 돌아가고 오히려 처형당했다. 물론 정명수가 늘 고약했던 것만은 아니라 때로는 조선을 밀고하는 글이 청나라에 들어가지 못하도록 차단해주거나 편의를 보아주기도 했다. 그렇다고 해도 청나라에 망명해 있던 임경업을 견제하여 마침내는 죽음으로 몰고 갔다는 점에서 후세의 비판을 아무리 받아도 부족함이 없다.

이런 정명수의 기세도 꺾이는 날이 찾아온다. 용골대가 1648년에, 섭정 도르곤이 1650년에 사망하며 청나라 내부 권력 지형에도 큰 변동이 찾아온다. 1652년(효종 4), 정명수는 이제까지 저질러온 수많은 비리로 고발당해 벼슬을 잃고 죽게 된다. 이후 조선은 재빠르게 대처해 정명수가 요구했던 행정구역을 원래대로 되돌리고, 정명수의 친척 중 가장 극심한 횡포를 부렸던 사람을 죽였으며 신분 세탁이 되었던 친척들을 다시 천민으로 되돌려버렸다. 정명수가 기세등등하게 조선을 쥐락펴락한 지 십 수 년. 너무나도 허무한 결말이었고 그의 죽음과 함께 그가 만들었던 결과물도 물에 씻은 듯이 사라져버렸다.

조선 역사에서 정명수는 분명 많은 잘못을 저지른 악당이다. 하지만 마냥 그를 탓하기엔 켕기는 점이 남는다. 조선에서는 천민 출신이라 박대만 받았던 그가 청나라에서는 관료까지 되었다는 것은 그만큼 출중한 능력이 있었음을 말해준다. 조선은 그런 정명수를 보고, 또 청나라를 보고도 아무것도 느끼지 못하고 배우지도 못했던 모양이다. 만약 조선이 사람을 신분으로 차별하지 않는 나라였다면 정명수는 자신의 능력을 조국을 위해 쓸 수 있지 않았을까. 조선왕조실록

CEO
CEO
홍시

2부

소현세자 1612~1645년

소현
세자
패밀리

14 우리 엄마를 삽니다

백성 향이　얼마면 되니

청 노예상　얼마나 줄 수 있는데요ㅎ?

하나요 해외직구

내 이름은 '향이'.
한양 사는 양갓집 규수예요.

친구들에게 들었어요.
요즘 해외직구가 인기라면서요?

옷, 화장품, 스티커,
원하는 건 모두 구할 수 있다고요.

그래서 나도 오늘
직구를 해보려 해요.

대체 무슨 대단한 걸 찾기에
해외쇼핑몰까지 뒤지냐구요?

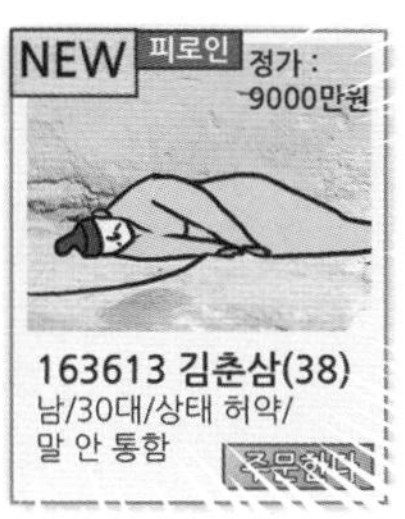

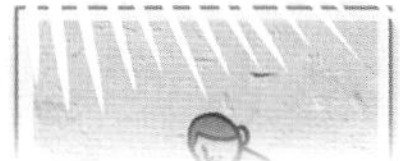

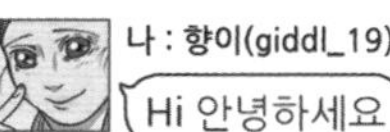

저 올리신 상품중에
구입하고 싶은 게 있는데요ㅠ

판매자 : slave_market

Hello my friend^^

무엇을 원해?

나 : 향이(giddl_19)

163612번 박월영(39세)
163613번 김춘삼(38세)
세트상품이요ㅜㅜ

163612 박월영(39)
여/30대/튼튼/

163613 김춘삼(38)
남/30대/상태 허약/

판매자 : slave_market

오 정말?

그들은 나이가 많아서 딱히
권하는 상품들은 아니야

심지어 외제라 말도 안 통하지

더 어리고 튼튼한
20대 노비상품도 많은데
그것을 추천해줄까?

나 : 향이(giddl_19)

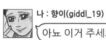

아뇨 이거 주세요

우리 엄마랑 아빠예요ㅜㅜㅜ

둘이요 속환(贖還)

두 분은 올해 초,
병자호란 때 청나라 군대에 납치당했어요.
피로인被擄人이라고 하죠.

몸값을 내야만 돌려 보내준다더군요!
청나라 수도엔 조선인을 사고파는
시장마저 있대요!

※속환 : 포로를 돈 주고 데려가는 것

판매자 : slave_market

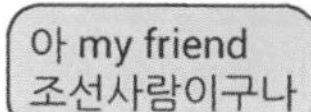

sorry 하지만 이것도
비즈니스라서 말이지

나 : 향이(giddl_19)

ㅜㅜㅜㅜㅜㅜ

판매자 : slave_market

but 기특해서
특별히 좀 깎아줄게

김춘삼(남)은 8천만원
박월영(여)은 2억2천만원
합쳐서 3억이야

여자노비는
자식을 낳을 수 있어서
더 비싼 거 알지?

나 : 향이(giddl_19)

으;
ㅜㅜㅜㅜㅜ네

지금 당장 입금할게요
빨리 조선으로 보내주세요ㅜㅜ

판매자 : slave_market

OK

배송은 어떻게 할까?

배는 21일 걸리고
비행기는 2일 걸려

물론 배가 택배요금이 좀 더 싸

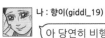

나 : 향이(giddl_19)

아 당연히 비행기죠ㅜㅜㅜㅜㅜ!!!!!

人數多口來門
향이 @giddl_19
일 년 만에 드디어 모인 우리 가족!
#엄마 #아빠 왜 이렇게 살 빠졌어ㅠㅠㅠㅠ
#피로인 #속환 #행복하자 - 위치 : 한양에서
1636명이 좋아하오!

셋이요 무너진일상

~향이네 가족사랑방~
엄마
딸램
진찰 끝났당~
향이
ㅇㅇㅇㅇ의원님이 뭐래?
엄마
엄마는 빈혈끼 좀 있대고
느이 아빠는 깁스했당
청나라 끌려갈때 좀 맞어서~ㅠ
ㅜㅜㅜㅜㅜㅜㅜㅜㅜ
그래도 아빠 크게 안 다쳐 다행이다
굶거나 병걸려 죽은분들 많다며ㅜ

난 도련놈들 돌보는중

엄마

에구 우리 딸램...손에
물 한 방울 안 묻히고
금이야 옥이야 키웠는데~ㅠ

갠차나
이제 집도 논밭도 없으니
최저시급으로 먹고 살아야지

몸종알바는 첨이라 어렵네ㅋㅋ

그래도 우린 진짜 운좋았어 엄마

엄마

왜?

솔직히 모든 집에서 딱딱
억 내놓을 수 있는 거 아니잖아

돈없는 집 사람들은
......하ㅜㅜㅜㅜㅜㅜㅜ

엄마

가엾어라

정말 너무너무 가엾어.......

엄마 있었던 심양에두
집 못 가는 조선인 포로들
너무너무 많드라~ㅠ

ㅜㅜ그니깐 씩씩하게 살자 엄마
빡!
엄마 오늘부터 뭐랬지?
엄마두 몸종?
엄마
아니 나는 부엌 식모
느이 아빠는 머슴
그래서 의원에 간거잖니
진찰받을 겸 보건증뗄라구~
ㅜㅜㅜㅜㅜ하......
울아빠 제대로 할 수 있을까ㅜ
시조나 지으면서
곱게 자란 양반이ㅜㅜㅜ
엄마
어쩌겠니 이제 그진걸~ㅠ
전송

청나라에 남은 포로들
불쌍하당.
누구 구해줄 사람
없으려나.
끝.

정사 正史

실록에 기록된 것

- 청, 병자호란 때 철군하며 수십 만의 조선 백성을 포로로 끌고 가다. 청나라 수도 심양에 속환시장(贖還市)을 열고 포로들을 매매하다.
- 전쟁 직후, 몸값은 비싸 봐야 20냥(약 600만 원) 안팎이었다.
- 그러나 영의정 김류, 신성회, 이성구를 비롯한 고관대작들이 1000냥이 넘는 돈을 써 가족들을 빼오려 한 탓에 다른 포로들 몸값도 폭등하다. 200냥(6천만 원)까지 치솟다. 사대부 여인은 1000냥(3억) 가까이 되다.
- 최명길, 100냥 이상 주지 말라고 정하나 효과가 없다. 조선, 나랏돈으로 백성들을 빼 오거나 속환비 일부를 지원했지만 전쟁 준비와 적들의 수탈로 이미 가난할 대로 가난했던 백성들, 가족 속환 포기하다.
- 청나라에 조선인 포로들 무수히 남겨지다. 조선 사신이 가면 구름처럼 몰려들어 울었다고.

※당시 정승(총리, 부총리)급 녹봉이 1년에 쌀 100석(600냥-『속대전』). 2015년 총리 연봉이 1억 5천만원 정도이므로, 1냥=25만~30만 원으로 셈.

픽션

기록에 없는 것

- 다파오닷컴은 없었다.

실록 돋보기

- 열네 번째 이야기 -

끌려간 조선의 포로들

두 차례의 호란을 거치며 수많은 조선인들이 중국으로 끌려갔는데, 그 숫자는 정확하진 않지만 적게는 몇 만 명에서 많게는 50만 명으로 추정된다.

앞서 임진왜란에서도 도공들이나 많은 사람들이 일본으로 끌려갔지만 충격이 큰 쪽은 단연코 호란 쪽이었다. 유목민들의 문화 때문이었다. 한 지역에 터전을 일구고 마을을 이루어 사는 농경 사회와 달리 말을 타고 계속 이동하며 사는 유목민들에게 인구를 불리는 가장 빠른 방법은 납치였다. 즉 일손이 부족하면 보통 사람들은 누군가를 불러오거나 고용을 하려 들겠지만, 유목민족들은 "사람이 필요해? 그럼 다른 데서 잡아오면 되지!"라는 과격한 생각을 가지고 있었고, 몽골보단 덜해도 만주족은 여전히 유목민의 성향이 강하게 있었다.

『청태종실록』을 보면 홍타이지는 금이고 보화고 필요 없지만 사람이 좀 많았으면 좋겠다고 본인의 소박한(?) 인구 증가의 꿈을 이야기했으며, 한족 신하가 한족 포로들을 돌려보내라고 조언하자 "그건 하늘이 준 거거든? 왜 돌려줘?"라고 대꾸했다. 홍타이지만 유별나게 사람에 집착한 것은 아니었다. 그 이전에 누르하치는 명나라와의 전투 끝에 포로를 돌려보내는 문제가 거론이 되자 "쟤들 다 내 백성들인데?"라며 포로 송환을 거절했다.

정묘호란, 병자호란 두 차례의 전쟁은 청나라에게 인구 증가라는 꿈을 이루어 주는 장이었다. 물론 방식은 납치라는 엄연한 전쟁 범죄였지만 말이다. 정묘호란의 지휘관이었던 아민 버일러(홍타이지의 형)는 전쟁이 끝난 뒤 돌아가며 평안도의 사람들을 싹쓸이해 잡아갔으며, 병자호란 때는 두말할 것도 없었다.

이렇게 잡혀간 포로들의 처지는 둘로 갈렸다. 외국 땅에서 그냥 살던가, 아니면 속환을 하던가. 속환이란 몸값을 지불하고 풀려나는 것으로 당연히 큰돈이 필요했다. 처음에는 한 사람당 10냥 정도로 쌀 두 가마니에 해당했다. 생각보다 싼 이유는 전쟁 직후에는 포로가 너무 많았던 덕분이다. 하지만 이것도 슬금슬금 가격이 오르게 되는데 몇몇 양반들이 자기 가족들을 구하는 데 급급해 막대한 돈을 마구 써대서 전체적인 속환비 금액이 올라갔기 때문이다. 좌의정 이성구는 자기 아들의 속환비로 무려 1500금을 냈고 덕분에 다른 사람들의 속환비마저 크게 올라 사회적인 물의를 빚었다.

여기까진 그래도 전쟁의 비극이요 개인의 잘못이라고 치자. 사회적 측면에서는 어땠는가? 조선의 속환 정책은 참으로 미비했다. 우선 청나라에 잡혀간 사람들의 이름 및 인적 사항은 『피로인성책被擄人成冊』이란 명단에 있었는데 이는 말 그대로 이산가족 명부였다. 잡혀간 가족이 있는 사람들에게 이보다 더 중요한 것이 있을까? 하지만 이 명부를 보려면 관리들에게 뇌물을 바쳐야만 했다. 예조좌랑 허박은 속환을 전담하는 속환도감을 설치하고, 속환사를 두어 잡혀간 사람들을 돌아오게 하는 일에 국가적인 노력을 기울여야 한다고 주장했다. 세부적으로는 여기에 필요한 비용을 마련하기 위해 왕과 조정이 비용을 절약하고, 은광을 찾아내고(중국의 화폐가 은이었기 때문) 백성들에게도 사정을 설명하여 범조선적인 속환 운동을 벌이자고 건의했다. 조선이 허박의 주장대로 했더라면, 최소한 흉내 내는 척이라도 했으면 참 좋았겠지만 그렇지 못했다.

효종 이후 조선은 국가 차원에서의 속환을 아예 중단했고, 힘없고 빽 없는 수많은 조선인들은 고향으로 돌아가지 못했다. 청나라가 정한 속환 기한은 호란으로부터 10년이었고, 그 이후까지 청나라에 남아 있는 조선인 포로들은 청나라 백성으로 간주되었다. 몰래 달아나서 조선 땅으로 돌아온 사람도 있었지만 조선은 청나라의 눈치를 보며 도망쳐 온 백성을 다시 청나라로 돌려보냈다. 참담한 일이었다. 전쟁에 져서 백성들을 환란으로 떠밀어 넣은 것도 모자라 그들을 구해주기는커녕 각자 알아서 살라는 식으로 책임을 떠넘겼으니. 잡혀간 사람들에 대한 처우가 이 지경인데 나라 안에서 간신히 살아남았던 백성들의 생활을 잘 돌봐주었을 리도 없다. 백성들은 거센 바람에 휘말린 낙엽 신세로 시달리면서도 나라에게 어떤 도움도 기대할 수 없었다. 조선왕조실톡

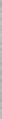

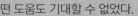

조선왕조실톡 15

경운기를 탄 소현세자

 소현세자 힘!!!!!

 세자빈 강씨 힘!!!!!

하나요 부동산

경제난이 심각한 요즈음,
모두가 입을 모아 말한다.

[소현세자(29세)]

인조의 아들. 병자호란 때
청나라에 끌려와 포로 생활 4년차.

**"뭐니뭐니해도
부동산이 최고지!"**

네티즌 덧글(1640개)

└**공자왈멍멍왈님** : 부동산 갖고싶다

└**꽃님18** : 농사를 짓든 건물을 짓든
땅부자가 진짜 부자인드슈ㅠㅠㅠ

└**힙선비님** : 아ㅠ내 땅 한 뙈기 가져봤으면ㅠㅠ

…… 이 사람들은, 아마
날 이해 못하겠지?

청태종 홍타이지, 소현세자
홍타이지 폐하 / 화x 얕보이기x
자 이거봐^^
여기에 지장만 찍으면 그대거야
본 토지를 무기한 임대하노라
1640년 청 홍타이지
지장
와서 가져가

소현세자
괜찮습니다
홍타이지 폐하 / 화x 얕보이기x
형 못 믿어? 이거 진짜
금싸라기 땅이라니까?
거저 준다잖아 지금#^^)
ㅜ정말 됐어요
홍타이지 폐하 / 화x 얕보이기x
어허
언능 손가락 들고 이리와
셋 센다?
3
2
1
ㅜ.......

둘이요 쉘위 농사?

청태종 홍타이지, 소현세자
홍타이지 폐하 / 화x 얕보이기x
조선의 여의도?
그 섬 사이즈가 꼴랑
80만평인가 그렇다며?
이게 자그마치 20만평 땅문서야

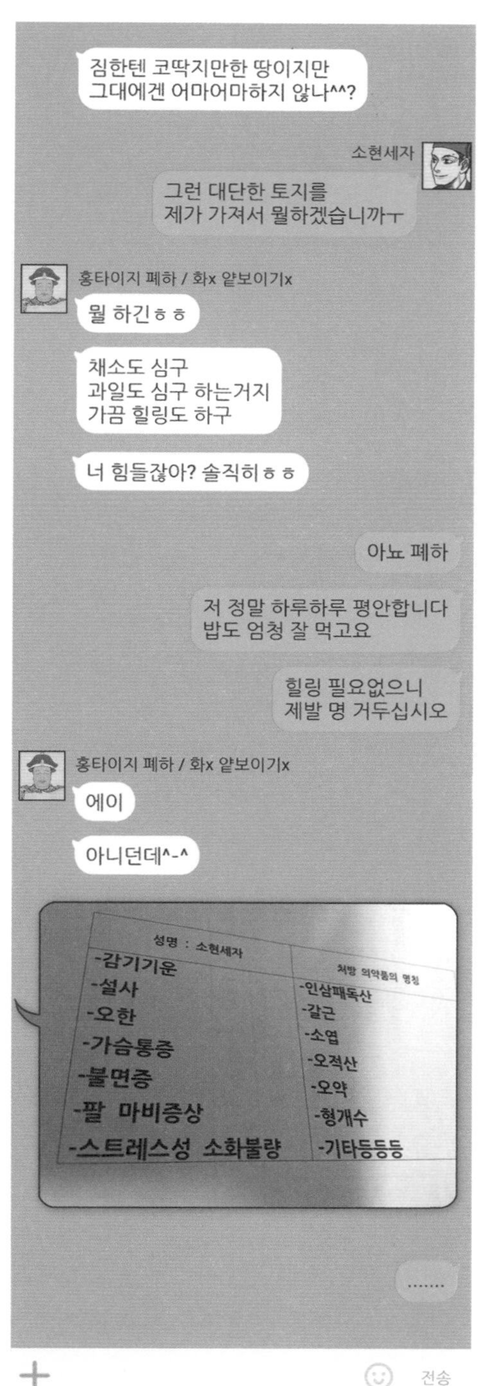
짐한텐 코딱지만한 땅이지만
그대에겐 어마어마하지 않나^^?
소현세자
그런 대단한 토지를
제가 가져서 뭘하겠습니까ㅜ
홍타이지 폐하 / 화x 얕보이기x
뭘 하긴ㅎㅎ
채소도 심구
과일도 심구 하는거지
가끔 힐링도 하구
너 힘들잖아? 솔직히ㅎㅎ
아뇨 폐하
저 정말 하루하루 평안합니다
밥도 엄청 잘 먹고요
힐링 필요없으니
제발 명 거두십시오
홍타이지 폐하 / 화x 얕보이기x
에이
아니던데^-^
성명 : 소현세자
-감기기운
-설사
-오한
-가슴통증
-불면증
-팔 마비증상
-스트레스성 소화불량
처방 의약품의 명칭
-인삼패독산
-갈근
-소엽
-오적산
-오약
-형개수
-기타등등등
....
전송

셋이요 발상의 전환

홍타이지 폐하 / 화x 얍보이기x

내가 나쁜 뜻으로
이러는 게 아니잖아

그대 나한테 꼬박꼬박
생활비 타쓰기 눈치보이지 않아?

농사지어서 자급자족해^-^

ㅇㅋ?

백성들 청나라로 납치해오라고?
내말이ㅇㅇ
그게 싫으면 여기 노예시장에서
조선인 포로들 사서라도
농사 꼭꼭 지으래요
하.....ㅎ단호하다 진짜
♥♥♥마눌♥♥♥
천잰데?
????????
ㅁㅏ눌님;?
♥♥♥마눌♥♥♥
와 잠깐만요 여보
아니 진짜

ㄹㅇ 천잰데??

소현세자의 아내
민회빈 강씨,
가난해 몸값을 내지 못한
청나라 조선인들을 사들이다.

이들과 함께 농사를 지으니,
손님들이 구름처럼 몰려들어
소현세자 부부, 떼돈을 벌다.

그 돈으로 또 조선인 포로들을 구입하다.

#CEO_로얄커플

실록에 기록된 것 / 정사 正史

- 청태종 홍타이지, 갑자기 볼모로 잡혀 있던 소현세자에게 천일갈이 땅(20만 평)을 내리며 스스로 농사지어 먹고 살라고 하다.
- 소현세자, 볼모 생활이 길어질 것을 걱정하여 몇 번이고 사양했으나, 청태종, 단호하다. "너희가 인원이 300명이나 되어 밥값이 많이 든다."
- 소현세자가 일할 인력이 부족하다고 하자 청태종, "시장의 속환되지 못한 조선인들을 구입하면 될 게 아닌가" 하다.
- 세자빈 강씨, 농장을 만들어 적극적으로 운영하다. 인삼을 캐다 끌려온 조선인 등 죽을 위기에 처한 죄인도 농장에서 일을 시키다 조선 사신이 오면 딸려보내 귀국하게 하다. 농장, 대성공을 거두다. 소현세자 부부, 큰돈을 쥐어 그 돈으로 속환하고 정치활동하다.

기록에 없는 것 / 픽션

- CEO용 자켓은 없었다.

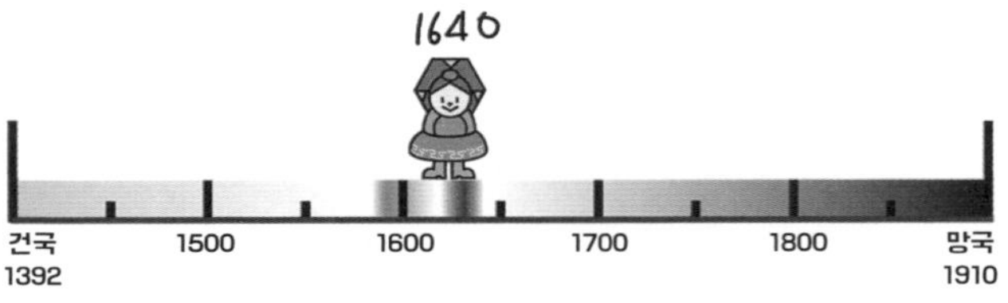

- 열다섯 번째 이야기 -

청나라 안의 작은 조선, 심양관

인질이라 해도 엄연한 한 나라의 왕자였기에 청나라는 소현세자를 잘 대접했다. 청나라는 소현세자와 그 가족, 수행원들이 함께 지낼 수 있도록 건물을 하나 내주었으니 이 건물이 심양관이다. 건물의 이름은 소현세자가 머문 지역 이름인 심양을 딴 것이다. 이곳은 그저 인질들이 갇혀 지내던 유형지에 그치지 않고 큰 활약을 하게 되는데, 이 사실을 입증하는 것은 『조선왕조실록』이 아니라 『심양일기』와 『심양장계』이다. 『심양일기』는 『연산군일기』, 『광해군일기』와 같은 공식 기록이다. 『심양장계』는 심양의 소현세자가 조선으로 보낸 보고서(장계)를 묶어놓은 책이다.

심양에 처음 도착했을 즈음 소현세자 일행은 자그마치 200명쯤 되는 큰 집단이었다. 소현세자와 민회빈 강씨, 그리고 같이 인질로 온 봉림대군과 그 부인인 훗날의 인선왕후 장씨, 그 다음 밥 짓고 옷 대고 심부름하는 하인들까지 함께였다. 여기에 조선의 주요 대신들의 자식 및 친척들이 인질로 왔으며 말이 다른 외국이다 보니 통역관들도 수십 명 동행했다. 마지막으로 시강원의 강원들 역시 포함되어 있었다. 시강원이란 세자를 가르치는 선생님들이었다. 인질로 가 있는 동안에도 공부는 해야 했으니까.

이렇게 보면 말이 인질이지 가정교사들까지 동행한 해외 유학 정도로 보인다. 하지만 소현세자는 심양에서 자유롭게 생활할 수 없었다. 먼저 그는 청나라의 각종 행사에 불려 다녀야 했다. 전쟁이면 전쟁, 사냥이면 사냥, 잔치면 잔치……. 여기저기 놀러 다니고 좋은 것 아니냐 할 수도 있겠지만 어디까지나 조선의 인질로서 언제 어떻게 돌변할지 모르는 적국 사람들 앞에 서야 하는 것이었기에, 상당히 살 떨리는 고도의 외교 업무였다. 청나라는 한때 자신보다 강한 나라였던 조선이 항복하고 그 세자가 인질로 와 있다는 사실을 동네방네에 자랑하고 싶어 했다. 그들은 명나라의 유명한 신하가 청나라에게 항복식을 거행할 때 일부러 소현세자를 불러다 놨고, 명나라가 망한 뒤의 북경에 세자를 불러다 구경을 시키기도 했다.

여기까지는 좋다. 심양관의 또 다른 기능은 청나라의 조선을 향한 불만 접수 창고였다. 만약 조선에서 뭔가 불온한 조짐이 있으면 청나라는 소현세자를 불러 구박을 했다. 이를테면 "조선이 명나라랑 몰래 연락하고 지낸다는데 정말이냐?" 따위의 질문이었다. 그럴 때마다 소현세자는 어떻게든 변명하고 처리를 해야 했다. 용골대나 정명수 등 청나라 쪽 사람들의 갖은 부탁도 끊이지 않았다. 홍시나 인삼을 가져다 달라는 청탁(요구에 가까운)도 끊이지 않았고, 때론 급전이 필요하다며 조선 포로들을 사서 데려가라는 날강도 같은 짓도 했다. 실제로 소현세자는 청나라에 잡혀 온 최명길이나 김상헌을 비롯한 조선의 신하들을 챙겨주고, 조선인 포로들 200여 명을 사들여 자유의 몸으로 만들어주기도 했다. 덧붙여 조선 사람들이 청나라에서 처벌을 받게 되면 여기에도 개입했다. 결국 명목은 인질이되 본질은 심양에 머물면서 조선을 대표하는 외교관이었던 셈이다.

심양에서 소현세자의 활약은 상당했기에 처음에는 구박을 일삼던 청나라도 점점 그를 존중하게 되었다. 각종 행사에서 소현세자를 여러 청나라 왕들과 맞먹도록 후하게 대접하고, 조선에서 심양관에 직급이 낮은 신하를 보내려고 하자 "심양관을 가볍게 여기는 거야? 그런 건 황제께서 원하지 않으실 텐데?"라고 압력을 넣을 정도였다. 조선과 명나라가 몰래 연락을 주고받았다는 사실이 드러났을 때 청나라가 소현세자를 불러 따져 물은 것은, 사실상 소현세자를 조선의 대표자로서, 즉 왕으로 간주했기에 발생한 일이었다. 이 때문에 소현세자는 인조와 조선의 다른 신하들에게 몹시 미움을 받게 되었지만 말이다.

덕분에 소현세자의 일은 꾸역꾸역 늘어 10년 가까운 인질 생활 동안 심양관의 사람은 거의 500명에 가까워졌다. 덕분에 공간이 부족한 것은 물론, 추울 땐 춥고 더울 땐 덥고 건물 이곳저곳이 낡고 기울어 수리를 해야 하는 고생스러운 상황이 되었지만, 먼 길 타향으로 잡혀 온 조선 사람들에게 심양관은 그나마 마음 붙일 안식처였다. 하지만 1645년 소현세자가 조선으로 돌아온 뒤로 심양관은 그 기능을 잃고 쇠락했으며, 영조 시절이 되면 아예 건물이 허물어져 자취를 찾아볼 수 없을 지경이 되었다. 조선왕조실톡

16 홍시가 뭐길래

 소현세자 忍忍忍

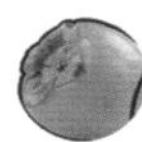 홍시 난 너무 맛있어...ㅎ

하나요 조선푸딩

맛있는 한국의 간식들.
국경을 넘어,
외국에서도 인기라고 한다.

사실 이런 #간식한류,
400년 전 조선시대에도
있었으니…….

人數多口來門
1636 포스트
37 팔로워
159211 친구
▶친구신청
청나라 황제 홍타이지
오늘의 간식은
요즘 심양 대세라는 #조선푸딩 #홍시 .
진짜 맛있다 쏘 스윗ㅠ #먹수다그래문
朝鮮 PUDDING
소현세자님께서 좋아하시오!
청 장군 용골대 : 헐 부럽사옵니다
ㄴ청 장군 용골대 : 폐하 한입만ㅠ
ㄴ홍타이지 : 이미 끝ㅋ
소현세자 : 맘에 드셨다니 다행입니다^^;
ㄴ홍타이지 : ㅇㅇ조선사신에게 담에 올 때
홍시좀 많이 싸오라고 전하라
ㄴ홍타이지 : ㄴㄴ아니다 못기다려
정기적으로 배달좀 해줘ㅇㅇ

그러나 얼마 후,
1637년 9월 29일.

홍타이지, 소현세자
소현세자
황제폐하
제 아바마마께서 또
이번달치 홍시 보내셨습니다
인조
지금 사람 시켜서 보내드릴게요^^
홍타이지 폐하 / 화x 얕보이기x
됐어
안 먹어
......?
전송

느닷없는 거절에 놀란 소현세자.

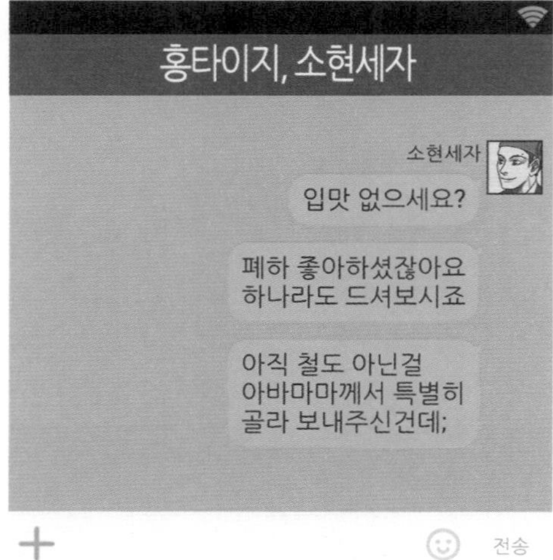

어찌할 바를 몰라,
황제가 총애하는 신하이자
조선 인질들의 관리자이기도 한

용골대 장군에게 물어보는데.

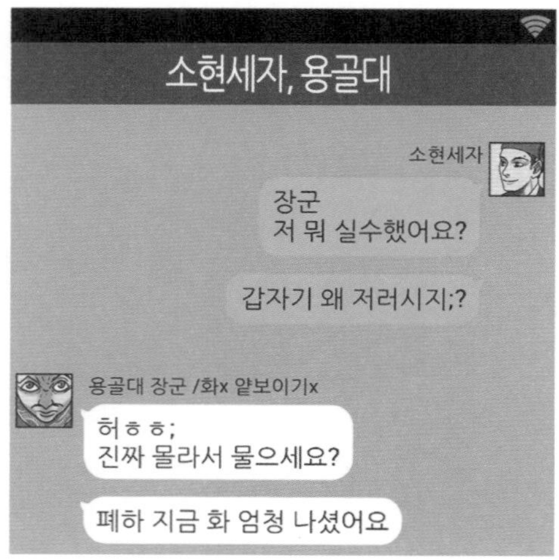

그러게 왜 먹다 남은
홍시를 보내요-_-
??????????????
먹다 남은 거라뇨
朝鮮 PUDDING
이거 100% 밀봉인데;??

용골대 장군 /화x 얕보이기x

택배 세자님이 받으셨잖아요

인조께서 황제폐하께
직통으로 쐈어야죠ㅇㅇ

사실 조선왕께서 세자님 먹으라고
보낸건데ㅎㅎ혼자 먹기 찔리니깐
몇개 우리폐하 던져준게 아닌지??

?????????????????
?????????????????
?????????????????

아니 제가 먼저
받아서 체크해야죠;

숫자는 잘 맞나 썩은 건 없나

용골대 장군 /화x 얕보이기x

그건 모르겠구요
하여간 되게 서운하네요

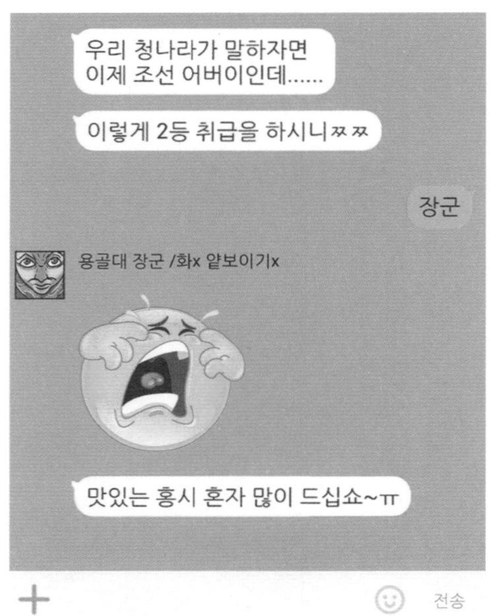

셋이요 이딴 게 뭐라고

그러나 사흘 뒤,
사연이 밝혀졌다.

얼마 전, 조선인 백성 여럿이
청나라 국경에서
인삼을 훔친 죄로 붙잡혔던 것이다.

하지만 알고 보니 그들이 줍던 건
인삼이 아니라 도토리였다.

청나라 황제 홍타이지

야 미안하다

짐이 오해했네;

조선에서 인삼도둑을
내버려둔다고 생각한 황제 홍타이지는
잔뜩 화가 났었고,

그래서 괜히 홍시를 트집 잡아
인질인 소현세자의 기를
죽였던 것인데.

- 세자빈 강씨 : 여보, 흔들리지 마.
- 소현세자 : (딥빡)나 이젠 정말 못참겠어요.
세상에 홍시로 사람을 갖고 놀아요?

- 소현세자 : 일국의 세자인 내가
이따위 스낵에...위엄을 짓밟히며... 네?

존尊맛 : 가히 존경할 만한 맛
개존改尊맛 : 새삼 또 한 번 존경할 만한 맛
개상존改上尊맛 : 너무나 뛰어나 극을 달리는 맛

끝.

정사 正史

실록에 기록된 것

- 청나라에 볼모로 잡혀간 소현세자, 1637년 9월 29일 황제에게 홍시 750개 바치다. 그러나 황제, "인조가 직접 내게 보내지 않았다"며 노하여 받지 않다.
- 사흘 후 10월 2일, 소현세자, 용골대에게 "아무리 조선이 사대하는 나라라 하더라도 체면이 있습니다. 사소한 물건을 어찌 일일이 왕이 황제께 내밀겠습니까. 그러나 보잘것없는 정성이나마 드리고자 세자인 저를 거쳐 올린 것인데, 설명을 잘 드리지 못하여 물리침을 받았으니 서운합니다."
- 그러자 용골대, 본론인 듯 "조선인 인삼도둑을 잡았다. 조선으로 도망친 조선인 포로들을 청나라로 돌려보내겠다는 약속도 어기더니, 왜 자꾸 의리를 저버리는가?" 하며 따지다. 홍시 문제, 외교 갈등으로 비화하다.
- 그러나 소현세자, "인삼도둑은 오해이며, 홍시도 아직 철이 아닌 것을 애써 구해 보낸 것이다"며 차분히 해명하다. 결국 용골대, "한낱 과일 따위이니 번거롭게 생각하지 마십시오" 하며 물러나다.

픽션

기록에 없는 것

- 푸딩이라고 부르지는 않았다.

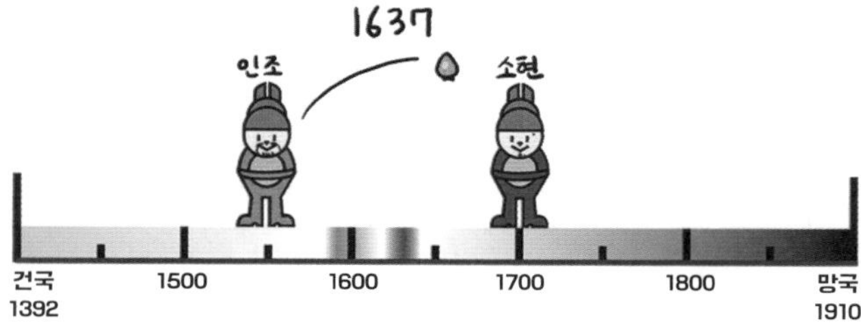

- 열여섯 번째 이야기 -

홍시 마니아, 홍타이지

홍시는 옛날부터 많은 사람들이 좋아하는 과일이었다. 옛날에는 말랑하고 달콤한 음식이 흔하지 않았기 때문에 더욱 귀한 군것질거리였다. 고려 후기 목은 이색은 〈홍시의 노래紅柿子歌〉라는 시를 지을 정도였다. 목은 이외에도 홍시에 대해 시를 남긴 사람은 많다.

그런데 홍시는 과질이 연해 잘 깨지고 상해서 먼 곳으로 나르기가 어려웠다. 그래서 덜 익은 감을 따 상수리나무 잎으로 싸서 시렁에 걸어 놓는 등 보존법을 고안해냈지만 자연 완숙된 홍시와는 맛의 차이가 있었다.

이 맛난 홍시가 역사적인 풍파를 일으키게 된다. 바로 연쇄홍시마 홍타이지 때문이었다. 정묘호란 이후로 조선은 청나라와 대대적인 무역을 시작하게 된다. 그중 청나라가 특별히 조선 땅에서 구한 음식이 홍시였다. 물론 배나 석류 등 다른 과일을 요구하기도 했지만 조선의 골치를 앓게 한 가장 인기 있던 과일은 역시 홍시였다.

그냥 내놓으라는 것은 아니었다. 값을 치러주는 것이니 그나마 다행이었지만 문제는 물량이었다. 1634년(인조 12) 청나라는 조선에게 홍시 2만 개를 청나라로 수출하라고 요구한다. 지금 들어도 억 소리 나는 양인데 그 옛날엔 오죽했을까? 청나라의 눈치를 안 볼 수 없었던 조선은 온 나라 안을 뒤지고 긁어내 홍시를 모아들여 간신히 1만 6천 개를 채웠다. 그 고생이야 이루 말할 수 없는 지경이라 발로 뛰어다닌 신하들은 힘들다고 볼멘소리를 하기도 했다.

졸속으로 진행하다 보면 일이 잘 굴러갈 리 없는 법. 그렇게 심양으로 실어 나른 홍시 중에는 (당연히) 터진 것도 있고, 누가 한 입 뚝 떼어 먹은 것도 있고, 흙이나 눈덩이를 뭉쳐다가 홍시인 척 집어넣은 것도 있었다고 한다. 결국 조선은 모자란 홍시들을 모아 부랴부랴 추가 배송을 해야만 했다.

이후로도 홍시 요구는 계속되어 조선은 1년에 홍시 4만 개를 심양으로 보낸다. 홍시를 팔아 수출 강대국이 되려는 경제 전략은 물론 아니었고, 청나라의 집요한 요구에 울며 겨자 먹기로 마련했을 뿐이다. 그래서 조선은 홍시를 나르는 핫라인을 구축해놓고 밤낮을 불문하고 홍시를 구하고, 파발마까지 써서 홍시를 날랐다. 그래도 수량을 못 채우자 떠나가는 청나라 사신들 편으로 실시간 배송을 해주기도 했다.

홍시는 워낙 망가지기 쉬운 과일이라 그 옛날 겪어야 했던 수고는 상상을 초월한다. 또 많은 홍시들이 외국으로 수출되다 보니 조선 내에서는 홍시의 씨가 말라서 홍시를 써야 할 일에 은행을 대신 써야 하게 되었다. 홍시를 내놓으라는 청나라의 횡포는 계속되었으니, 1639년 평안도의 감들이 일제히 물러지는 사고가 벌어지자 청나라 사신은 조선이 마련한 홍시 숫자가 부족하다는 이유로 정식 일정이었던 잔치에 참석하지 않겠다며 보이콧까지 했다. 홍시가 정말로 없어서 못 보내는 것이라고 열심히 해명하자 비로소 화를 풀었다고 한다.

청나라는 왜 그렇게 홍시에 집착했을까? 홍시는 조선에서는 흔한 과일이지만 청나라에서는 귀했다고 한다. 잘 상해서 취급이 까다로운 홍시이다 보니 조선에게 트집을 잡기도 쉬웠을 것이다. 하지만 가장 큰 이유는 사람들이, 특히 홍타이지가 홍시를 좋아했기 때문일 것이다. 조선이 홍시를 구하느라 쩔쩔매고 있을 때, 청나라 사람들은 "홍시를 많이 바치면 한汗께서 기뻐하실 거다"라는 귀띔을 할 정도였다. 한은 곧 칸, 유목민족의 왕을 일컫는 말로 홍타이지를 뜻한다. 실제로 홍시 대소동은 홍타이지가 세상을 떠나며 한풀 꺾인다. 4만 개의 할당량이 절반으로 줄었고, 이후로도 점점 줄어 나중에는 2천 개 남짓만을 바치게 된다. 그렇다면 홍타이지는 생전에 홍시를 1년에 2만 개 정도씩 먹었던 것일까? 조선왕조실톡

17 운전을 못하는 소현세자

인조의 맏아들로,
병자호란 때 청나라에 끌려간
'소현세자'.

늘 조국 조선을 위했으며,
포로 처지임에도 당당했다고 한다.

- 청 관료 : 당신 일부러 이랬지!
- 소현세자 : 말도 안 되는 말씀 삼가시오!

그러나 그에겐
단 하나,
치명적인 약점이 있었으니.

- 내가 몇 번이고 말하지 않았소!

 소현세자 질주본능

 봉림대군 그러지마

나무를 못 타는 원숭이?
괜찮다.

헤엄을 못 치는 물고기?
있을 수 있다.

[소현세자, 동생 봉림대군과 청나라 생활 중]

하지만
운전(승마)을 못 하는
조선의 대장부라니!

호적메이트★소현 앤 봉림

브라더_봉림이

아냐 형
형 운전 잘 해ㅎㅎ;

봐봐

다이나믹하고 좋네b

소현세자

응 고맙다 동생아
스티커 붙여줘서

저때 표정 개추했거든^^

잠깐 조상님들 뵌건 좋았네^^

브라더_봉림이

청나라 군사들 비웃지도 않더라
내가 너무 불쌍해서

황제폐하도 이런 사정
뻔히 아시면서ㅜ
왜 이러시는지......ㅜ

브라더_봉림이

하......

형 문자 다시 한 번 보여줘봐봐

출발이 언제라고?

========긴급공지========
제목: 소현세자여 서행西行가자!

사악한 명나라를 물리치고
위대한 청나라의 이름을 떨치는
여정에 귀빈여러분을 초대하노라!

1)행사내용 : 군대와 전쟁참가
2)일시 : 1639년 2월 9일
3)참가자 : 조선세자, 몽고왕자들

※빠르게 달려야하므로
참가자 전원 ★말★필참

황제폐하 만만세!
======================

9일 뒤......

아, 나한테 직접
싸우라는 건 아니고ㅇㅇ

전장에서
황제 폐하를 따라다니며
보조하라는 것이다.

※빠르게 달려야하므로
참가자 전원 ★말★필참

하지만……
하……

호적메이트★소현 앤 봉림

소현세자

진짜 속상하다
난 왜 말을 못 타지??

날 비웃는건 상관없는데
사람들이 조선을 얕보면 어쩌냐

브라더_봉림이
괜찮아 형
하면 되지ㅇㅇ
내가 도와주께
우리 연습하자
??
브라더_봉림이
걱정마
머리 좋은 사람은
운전 금방 배워ㅇㅇ
열흘이면 떡먹고도 남지
동생아ㅜㅜㅜㅜㅜ
고맙다
브라더_봉림이
ㅇㅇ
지금 주마장으로 나와~

※쉬운 이해를 위해 말→자동차로 바꾸어 전해드립니다.

블랙박스_16390130.mp4
- 봉림대군 : 자 형, 하나도 무서울 게 없어.
- 이건 모다? / - 안전벨트
- 이건? / - 고삐
- 그래~! 이욜 우리 형 운전 잘하겠네!

블랙박스_16390130.mp4
세자가 타고있어요
- 봉림대군 : 자 살~살 출발하는 거야. 살살.
- 소현 : ㅇㅇㅇ;;;;;;;
(퍽) (끼힝히 / 이히히히힝!!!!!)

블랙박스_16390130.mp4
-봉림대군 : 아니! 아니! 박차를 가하지 말고!
안 그래도 움직여! 양발 떼 얼른!!!
세자가 타고있어요
(다그닥다다그닥다그닥ㄱ가다그)

박차 : 이 뾰족한 쇠.

블랙박스_16390130.mp4
-소현 : 못 떼겠어1!!///!!!!! 못 떼겠어!!!
-봉림대군 : 매달리지 마!!!
박차 때문에 아파서 얘가 가속 붙이잖아!

블랙박스_16390130.mp4
-봉림 : 악 형! 백성! 백성!
-소현 : 어디?! 어디?!
-고삐 틀어!

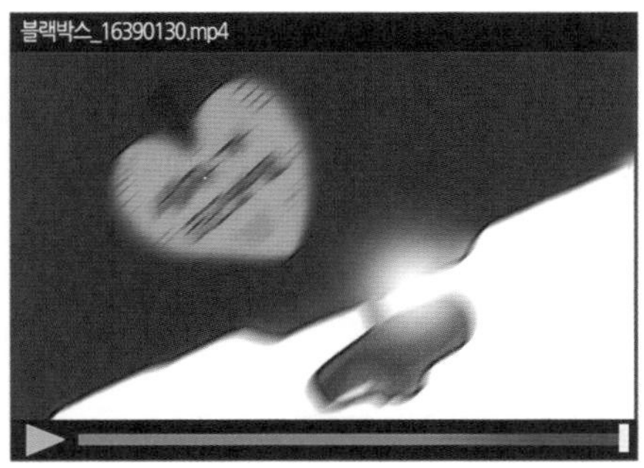
블랙박스_16390130.mp4

다음날,
소현세자 관저(조선관).

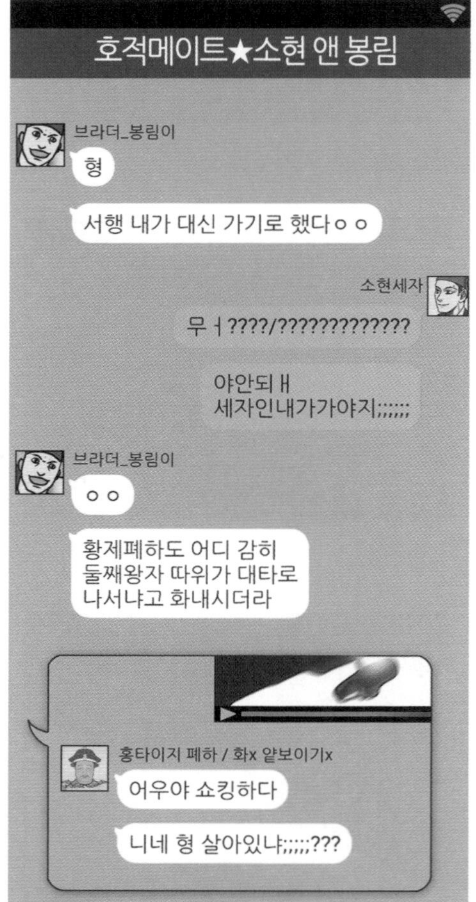

호적메이트★소현 앤 봉림
브라더_봉림이
형
서행 내가 대신 가기로 했다ㅇㅇ
소현세자
무ㅓ????/?????????????
야안되ㅐ
세자인내가가야지;;;;;;
브라더_봉림이
ㅇㅇ
황제폐하도 어디 감히
둘째왕자 따위가 대타로
나서냐고 화내시더라
홍타이지 폐하 / 화x 얕보이기x
어우야 쇼킹하다
니네 형 살아있냐;;;;;???

근데 어제 블박영상
보여드리자마자 ㅇㅋ하시던데?
진짜 안돼
이게 무슨 소풍이야???
전쟁이야 전쟁
너 죽을수도 있어
행여 너 다치면ㅜ난 둘째치고
아바마마랑 제수씨 맘이 어떻겠니
브라더_봉림이
ㅇㅇ
근데 형 봐봐
내가 가면 죽을 '수'도 있잖아?
형이 가면 백퍼 죽어
그것도 총 맞기 전에
말에서 떨어져서ㅇㅇ
ㅜ...........
브라더_봉림이
걱정말구 있어
갔다온다

다끄닥다그닥
운전면허
300제

#미안

정사 正史

실록에 기록된 것

- 말타기와 활쏘기는 조선인의 기본 소양.
- 소현세자, 말을 잘 못 타다. 정묘호란 때도 피난길에 서툰 승마 솜씨 때문에 크게 고생하다. 가마를 대령하자, "짊어질 인부들이 가엾다"며 사양하다.
- 소현세자, 병자호란 때 일곱 살 어린 남동생 봉림대군과 청나라로 끌려가다. 조선인 포로 환속, 공녀 반대, 파병 인원 줄이기 등 다양한 일 해내다.
- 소현세자, 청에서 말을 타다가 다치다.
- 몸쓰기를 즐겼다는 봉림대군(21세), 자신이 대신 서행을 가겠다고 청하다. 함께 간 조선 관료들도 황제에게 "세자께서는 몸도 약하시고 무엇보다 '황제께서도 아시듯' 말을 잘 못 타시니 제발 대타를 허락해달라" 빌다. 홍타이지, 허락하다.
- 소현세자, "동생을 보내는 건 가엾다"며 황제에게 애청하고, 기나긴 탄원서까지 썼지만 결국 받아들여지지 않다. 봉림, 대신 떠나다. 두 번씩이나.
- 우애 깊은 봉림대군, 소현세자가 의문의 급사하자 17대 임금 효종으로 즉위하다.

기록에 없는 것

- 블랙박스는 없었다.

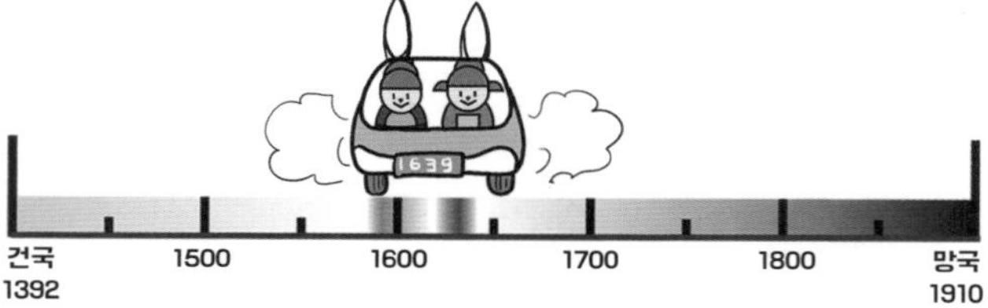

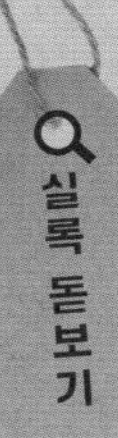

- 열일곱 번째 이야기 -

말에서 떨어졌습니다

옛날, 선비들에겐 기본으로 갖춰야 할 여섯 가지 스킬이 있었는데 이것을 육예六藝라고 했다. 에티켓에 빠삭하고禮 음악도 해야 하고樂 화살도 잘 쏘며射 수레도 잘 몰고御 글씨도 잘 쓰고書 수학에도 능통해야 한다數는 것이 그 내용이었다. 요즘 식으로 말하자면 국영수예체능 다 잘해야 한다는 이야기였다.

그런데 좀 특이한 스킬이 있다. 뜬금없이 수레라니? 육예의 항목은 중국의 주나라 때 정해졌는데 그때는 말이 아니라 수레를 타고 다녔던 탓이다. 시대가 흐르며 조선 양반들은 수레 대신 말을 잘 타는 것을 필수 덕목으로 여기게 되었다. 양반들은 아무리 가난해도 "말은 꼭 있어야 한다"고 주장하며 말을 애지중지했고, 승마는 생활의 기본이었다.

하지만 승마란 그리 만만한 기술이 아니다. 독자들 중 말을 직접 타보거나 가까이에서 본 사람이라면 이해하기가 쉬울 것이다. 말이란 짐승은 덩치가 커서 지상에서 잔등까지의 높이가 꽤 높은 데다가, 흔들리는 말 위에서 고삐를 잡고 몸을 지탱하기 위해서는 상당한 체력이 필요하다. 한 순간의 실수로 말에서 떨어질 수도 있었고, 떨어지면 꽤 오랫동안 통증을 달고 살아야 했으며 최악의 경우 부상을 입거나 죽을 수도 있었다. 많은 조선 사람들이 졸다가 말에서 떨어지고, 술에 취해 말에서 떨어지고, 딴짓을 하다가 떨어지고, 시험 보다가 떨어졌다.

태종이 사냥을 나갔다가 몇 번이고 말에서 떨어져 창피한 나머지 사관들에게 이걸 적지 말아달라고 당부했지만, 청개구리 사관들은 그런 임금의 간곡한 부탁도 무시하고 고스란히 기록했다는 이야기는 이전 『실톡』에서도 다루었다.

조선왕조 건국의 일등공신이었던 정도전도 낙마의 굴욕을 맛본 적이 있었다. 고려 말, 그가 한참 벼슬 없이 방랑하고 있던 즈음의 일이었다. 백수였던 정도전은 별 목적도 없이 아침부터 말을 타고 길을 돌아다니며 껄렁껄렁하게 프리스타일 시를 읊고 있었는데 그러다가 삐끗해서 말에서 뚝 떨어지고 말았다. 그 꼴을 보고 아이들이 모두 손뼉을 치며 웃어댔고, 정도전은 망신살이 제대로 뻗친 것은 물론 열흘이 지나도록 몸이 다 낫지 않아 아픈 곳에 돌 찜질을 하며 지내야 했다. 우리가 이런 사건을 알 수 있는 까닭은 정도전 본인이 이 사연을 당시 친구였던 정몽주, 이숭인, 하륜에게 적어 보내며 셀프 인증했던 덕분이다. 이 글의 제목은 바로 〈낙마음落馬吟〉. 말에서 떨어짐을 읊은 시라는 뜻이다. 대체 이런 시를 뭐하러 지었나 싶다가도 창피한 일을 당하고 그것을 인증 샷으로 찍어 "나 말에서 떨어졌다ㅋㅋ"라며 친구들에게 돌리는 요즘 사람들의 행동을 생각하면 이해가 간다. 요즘의 SNS나 메신저의 역할을 붓과 종이로 쓴 서신이 대신했던 셈이다.

그래도 태종과 정도전은 운이 좋은 편이었다. 말에서 떨어져서 크게 다치거나 심지어 죽는 사람도 많았다. 1395년(태조 4), 홍영통이란 사람이 태조의 생일잔치에서 돌아가다 음주 낙마 사고로 세상을 떠난 이래, 『실록』은 수많은 이들이 낙마로 다치고 세상을 떠났음을 기록하고 있다. 세종대왕의 스승이었던 이수도 술을 마시고 낙마해 유명을 달리했다.

선비들에게 말은 요즘의 자동차 이상, 신발과 같은 존재였기에 낙마는 흔히 발생했으며 흔한 만큼 핑곗거리로도 많이 쓰였다. 임금의 호출에도 벼슬 자리에 앉고 싶지 않았던 선비들의 단골 핑계도 낙마였다. "임금님이 불러주시니 고맙긴 한데, 제가 말에서 떨어져서 좀……"이라고 둘러댄 것이다.

가장 유명한 것은 허종과 허침 형제의 이야기일 것이다. 허종은 성종 때 우의정을 지냈는데, 이때 성종의 비이자 연산군의 어머니인 폐비 윤씨의 사형 문제가 거론되었다. 성종은 있는 대로 화가 나서 이미 윤씨를 죽일 마음을 먹었다. 왕의 명령을 거역할 수는 없지만 그대로 했다간 다음 임금인 연산군 때 어떤 보복을 당할지 모른다. 이럴 수도 없고 저럴 수도 없는 상황에 처한 두 형제는 결국 한날 한시 한분에 함께 말에서 떨어져 개울로 빠진다는, 굉장한 묘기를 선보여 폐비 윤씨의 처형에 관여하지 않았고 덕분에 연산군이 일으킨 갑자사화에서 무사할 수 있었다는 야사가 전한다. 덧붙여 이들이 떨어진 다리는 종로구 내자동에 있는 종침교琮琛橋로 지금 터만 남아 있다.

18 소현세자와 장희빈

	소현세자	엥?;
	장희빈	엥?;;;
	봉림대군	우리가 아는 사이라고;;??

하나요 어린이날

영 생뚱맞아 보이는
이 둘의 인연.

19대 숙종대 인물
(1659생)

16대 인조대 인물
(1612생)

← 47세 차이 →

소현세자가
동생 봉림대군과 함께
인질로 끌려가 있던

청나라에서 시작된다.

소현세자, 통역사 장 현

소현세자

이거는 내가 고른 선물

이거는 세자빈이 고른 선물

통역사 장현

넴

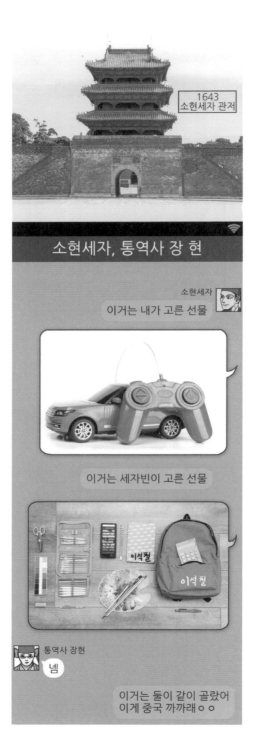

이거는 둘이 같이 골랐어
이게 중국 까까래ㅇㅇ

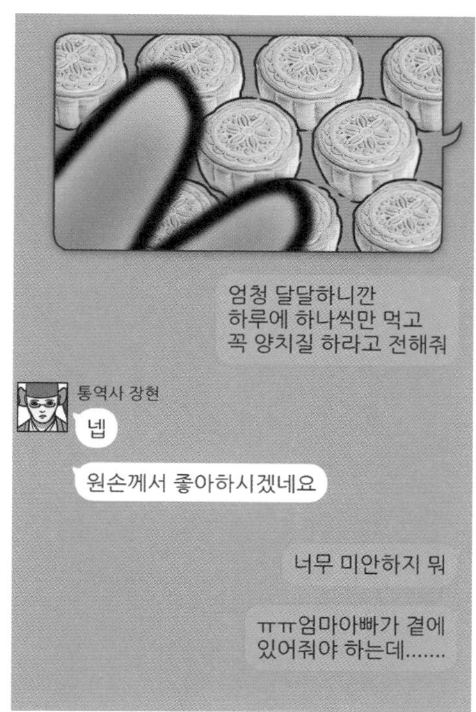
엄청 달달하니깐
하루에 하나씩만 먹고
꼭 양치질 하라고 전해줘
통역사 장현
넵
원손께서 좋아하시겠네요
너무 미안하지 뭐
ㅠㅠ엄마아빠가 곁에
있어줘야 하는데.......

모두 조선에 있는
소현세자의 아들 석철(돌쇠)에게
보낼 선물들이었다.

人數多口來門
※9화 참고
인조님께서 슬퍼하시오!

조선에 두고 올 때만 해도
갓난쟁이였던 아이.
엄마아빠와 떨어진 채 여덟 살이 됐는데.

통역사
'장현(張炫)'

외국에서 살려니,
소현세자 형제에게는 언제나
통역이 필요했다.

그들은 특히
이 젊고 뛰어난 통역사를
총애했는데.

와 근데 어쩜 그렇게
청나라말을 잘해??

막 도익 900점 맞고 그랬어?

통역사 장현

ㅎㅎ990점입니다

저 역과고시 장원급제했어요

ㅋb

대박이다

그런 인재가 어쩌다
이 험한 청나라에 끌려왔어ㅠ?

통역사 장현

와야죠 당연히

세자저하께서 계시는데

셋이요
미래의 조카

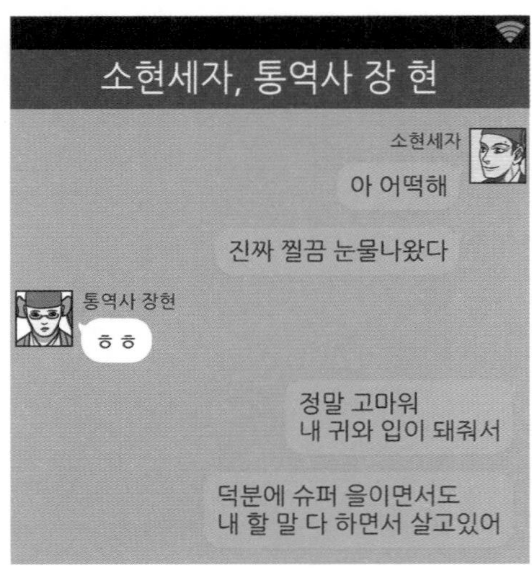
소현세자, 통역사 장 현
소현세자
아 어떡해
진짜 찔끔 눈물나왔다
통역사 장현
ㅎㅎ
정말 고마워
내 귀와 입이 돼줘서
덕분에 슈퍼 을이면서도
내 할 말 다 하면서 살고있어

통역사 장현

ㅎㅎ제 일이 그건데요 뭐

그럼 많이 외롭지 않아?
20대 절반을 외국에서 보냈네

가족들 엄청 보고싶겠다ㅠ

통역사 장현

ㅎㅎ그쵸

사진 꺼내보고 그래요

남동생이에요ㅎㅎ
11살이라 아직 서당다니는데요

얘도 외국어 진짜 잘해요
벌써 원서 읽어요

헛 진짜 신기하네
어린애가 콧대가 완성됐어

크면 한 미모 하겠는데??

통역사 장현

ㅎㅎ네

얘가 아이 낳으면 걔들도
예쁘고 잘생길것 같아요

저 벌써 조카들 이름지어놨습니다

ㅋㅋㅋ급하긴ㅋㅋㅋ
동생 아직 서당인데??

뭐라고 부르게?

통역사 장현

ㅎㅎ조카가 남자애면
장희재구요

여자애면
장옥정으로ㅎㅎ

통역사 장현,

소현세자와 봉림대군(효종)을
청나라에서 보필한 공으로
조선에 돌아와 큰 부귀영화 누리다.

친척동생 장형이 일찍 죽자
11세 조카 장옥정을 거두어 돌보다
궁녀로 궐에 들여보내니,

人數多口來門
♥ 숙종님께서 좋아하시오.
ㄴ tkfka01 : 얼굴형 쩐다ㅠㅠ
ㄴ rhkror : 셀카가 화보네

그녀가 바로 비운의 여인
'희빈 장씨'다.

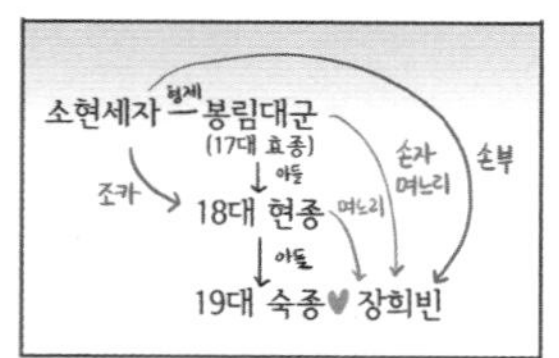

실록에 기록된 것

정사 正史

- 1636년 병자호란 일어나다. 1637년, 소현세자 청나라로 끌려가다. 아들 석철, 조선에 남다.
- 청황제 홍타이지, 담배 엄금하다.
- 역관 장현, 1639년 역과 장원으로 급제하다. 대대로 역관(통역사)을 해 온 집안.
- 장현, 소현세자와 봉림대군의 신뢰를 받다. 조선에 돌아와서는 효종으로 즉위한 봉림대군의 지원으로 거상이 되어 부를 축적하다. 품계가 높이 올라 더 이상 올릴 수 없을 만큼 큰 명예를 누리다.
- 장현의 사촌 남동생 장형, 역관으로 일하다 일찍 죽다. 장형의 딸 장옥정(11세), 오빠 장희재와 함께 생활고 겪다.
- 장현, 그런 조카들을 거두다.
- 장옥정, 자의대비(인조의 두 번째 왕비)를 모시는 궁녀가 되다. 숙종의 눈에 띄어 후궁 희빈이 되고, 이내 중전의 자리에 오르다.

기록에 없는 것

픽션

- 장현이 조카들의 이름을 지었다는 기록은 없다. '장옥정'이라는 이름 역시 실명인지는 분명하지 않다.

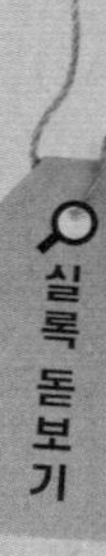

- 열여덟 번째 이야기 -

하우 아 유, 파인 땡큐 앤드 유

형님大哥은 어디서 왔습니까?

나는 고려 왕경에서 왔습니다.

이제 어디로 갑니까?

나는 북경으로 갑니다.

평범한 대화이지만 굉장히 많이 본 듯한 느낌이 들 것이다. 외국어 교재 가장 첫 페이지에 나올 법한 기본 회화 내용 같지 않은가? 실제로 이 대화는 외국어 교재의 일부 내용이다. 특별한 점이 있다면 수백 년 전의 교재라는 것.

"나라 말씀이 중국과 달라." 먼 옛날 세종대왕이 훈민정음을 반포하며 했던 말이다. 사실이 그랬다. 중국과 조선은 말이 달랐고, 또 일본하고도 전혀 달랐다. 말이 다르다 보니 정치 외교적으로 논의가 필요할 때는 통역의 존재가 필수적이었다. 조선시대에는 통역하는 사람들을 역관이라고 했다. 외국어를 공부해 과거의 역과에서 급제를 하면 사역원에 들어가 역관으로서 활약할 수 있었다.

조선시대 역관들은 어떻게 중국어를 배웠을까? 요즘처럼 어학원이나 인터넷 강의는 없었지만 교재는 있었다. 이름하여 『노걸대老乞大』. 수백 년에 걸쳐 조선인의 중국어 교재로 쓰였던 책의 제목이다. 제목의 노老는 늙었다는 뜻이 아니라 사람의 존칭이고, 걸대는 몽골 사람들이 중국인을 일컫는 말이다. 즉 이 책의 제목은 '미스터 차이나'쯤으로 해석할 수 있을 것 같다. 교재의 내용은 생활 밀착형이라 여관방을 잡는 법, 공중목욕탕을 이용하는 법, 돈 빌리는 법, 조선 특산품인 인삼을 소개하는 방법 등 비즈니스 맞춤형 생활회화가 가득하다.

그런데 앞서 회화를 보면 이상한 점을 발견할 수 있는데, 자신을 '고려 왕경(조선시대의 개경)'에서 왔다고 소개하는 점이 그것이다. 이 책이 만들어진 것이 고려시대이기 때문에 나온 말이다. 나중에 시간이 흐르면서 『중간노걸대重刊老乞大』나 『노걸대신석老乞大新釋』, 심지어 언해본(한글판) 등 개정판이 나왔고, 회화의 내용도 고려가 아닌 조선으로 바뀌게 되니 역사와 전통이 깊은 어학 교재라고 하겠다. 『노걸대』가 워낙 유명해 나중에는 몽골어, 만주어 회화도 '노걸대' 시리즈로 나오게 되었는데, 이 책들은 이제 사라진 옛날 언어들을 연구하는 데 필수 자료가 되었다.

일본어 교재 중에도 유명한 책이 있었다. 제목은 『첩해신어捷解新語』. 첩해란 빨리 배운다는 뜻이니 이 책의 제목을 요즘 말로 바꾸면 '단기속성 일본어'였다. 이 책에는 좀 사연이 있는데 조선 사람들이 중국어는 그래도 배우려 들었지만 일본어에는 그다지 관심이 없었다. 그러다가 임진왜란이 터진 뒤 일본에 잡혀갔다가 돌아온 강우성이 이 교재의 뼈대를 완성했다. 일본 글자를 쓰고 한글로 음을 붙인 것도 있는데, 이 책 역시 일본인에게 물건을 사고팔 때, 조선통신사가 일본에 왔을 때 등 다양한 상황에서 이루어지는 조선인과 일본인의 대화를 싣고 있다.

얼마나 많은 사람들이 이 교재에 코를 박고 공부했을까? 그저 외국어가 재미있어 배우고 싶어 하는 사람들도 있었다. 세종 때의 신숙주는 중국어, 일본어, 몽골어, 여진어 등 8개 국어에 능통한 것으로 유명했다. 하지만 대부분의 양반들에게 외국어 공부는 필수가 아니었기에 역관들이 외국어를 전담했다. 역관은 일반적으로 집안 대대로 이어지는 가업이었으며 엄격한 수련 코스를 거쳐야 했다. 역관 집안의 아이들은 다섯 살 즈음부터 외국어를 배우고 열흘마다 한 번씩 시험을 치렀다. 특히 우어청偶語廳이란 곳에 들어가면 하루 종일 외국어로만 말하도록 했으니 요즘의 외국어 교육 저리 가라 할 만큼 열성이었다. 이렇게 공부를 하고 나면 역과 시험을 통과해야만 역관이 될 수 있었고, 한번 붙은 뒤로도 계속 시험을 치러야 했다. 음향 교재나 어학연수도 없었던 시절에 외국어를 공부하는 것은 굉장히 고생스러웠겠지만, 그랬기 때문에 역관은 대단히 귀중한 인재였고 중인이라는 신분임에도 막강한 권한과 부를 소유할 수 있었다. 외국어는 예나 지금이나 골칫거리였고, 또 예나 지금이나 그만큼 중요한 일이었다. 조선왕조실톡

19 명나라 멸망(상)

1645년, 청나라 심양.

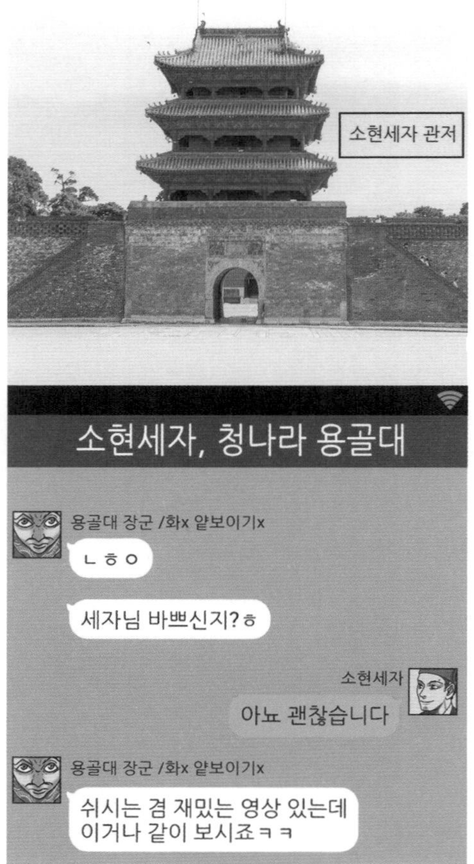

소현세자 관저
소현세자, 청나라 용골대
용골대 장군 /화x 얕보이기x
ㄴㅎㅇ
세자님 바쁘신지? ㅎ
소현세자
아뇨 괜찮습니다
용골대 장군 /화x 얕보이기x
쉬시는 겸 재밌는 영상 있는데
이거나 같이 보시죠ㅋㅋ

[속보] [충격] [사대부 기절조심] 명나라가...!
-_-
또 귀신 나오는 거 아니죠?
용골대 장군 /화x 얕보이기x
에이ㅋㅋㅋㅋㄴㄴ
그런 거 아닙니다
내가 방금 직접 찍었다고요
ㅎㅎ하긴...우리 세자님 보시면
엄청 놀라시긴 하겠네.......
???
용골대 장군 /화x 얕보이기x
선감상 후대답ㅋㅋㅋ
전송

나, 인조대왕의 아들
소현세자가

인질로 청나라에 끌려온 지

9년째 되던
어느 날이었다.

하나요
어버이의 나라

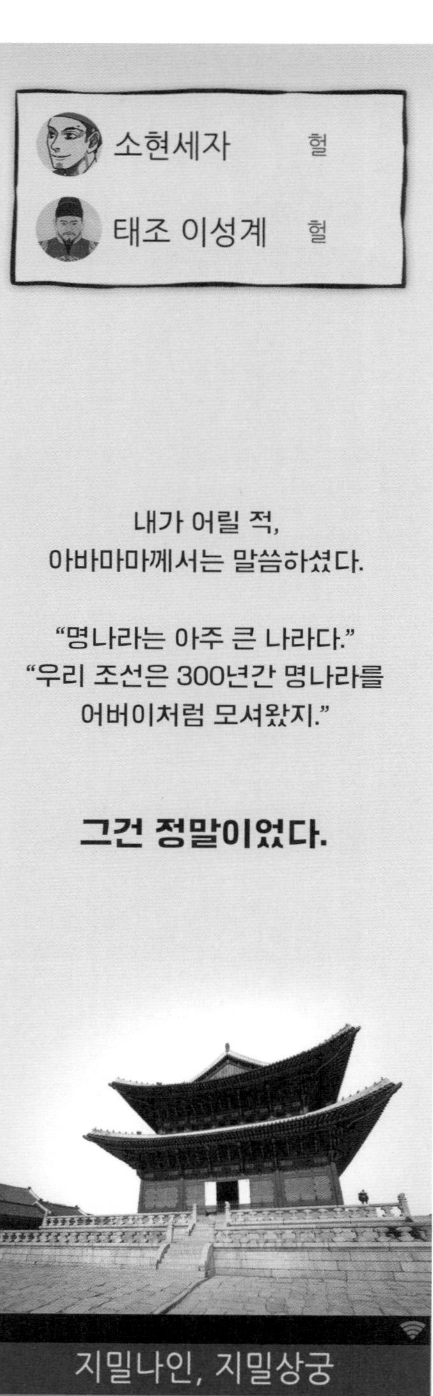
소현세자 헐
태조 이성계 헐
내가 어릴 적,
아바마마께서는 말씀하셨다.
"명나라는 아주 큰 나라다."
"우리 조선은 300년간 명나라를
어버이처럼 모셔왔지."
그건 정말이었다.
지밀나인, 지밀상궁
지밀나인 최꽃님
마마님

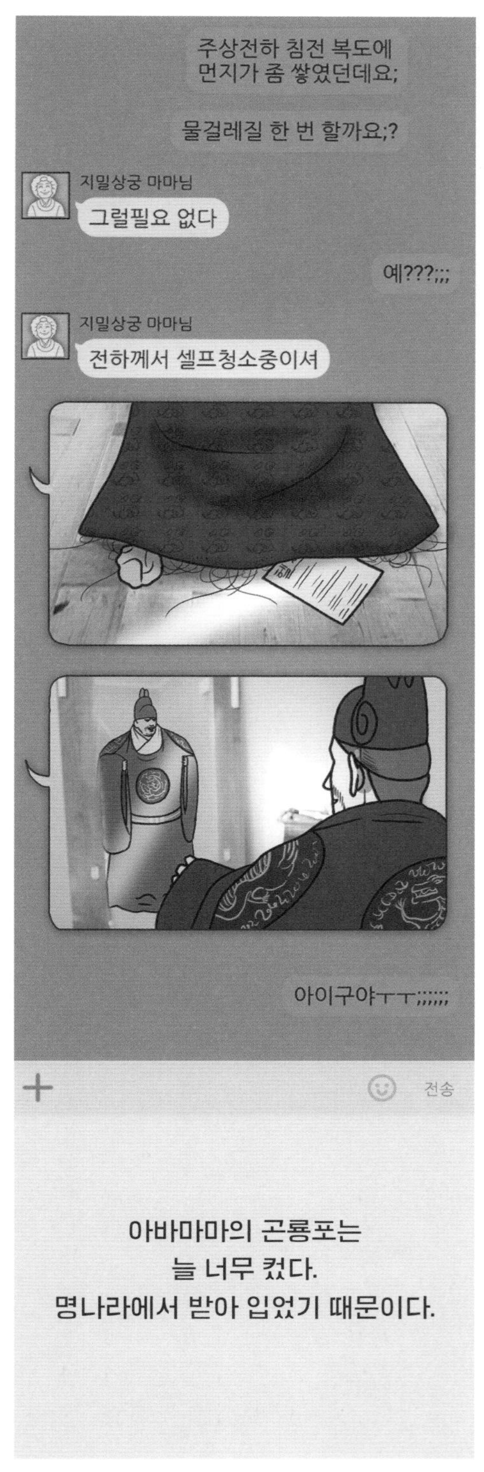
주상전하 침전 복도에
먼지가 좀 쌓였던데요;
물걸레질 한 번 할까요;?
지밀상궁 마마님
그럴필요 없다
예???;;;
지밀상궁 마마님
전하께서 셀프청소중이셔
아이구야ㅜㅜ;;;;;;
전송
아바마마의 곤룡포는
늘 너무 컸다.
명나라에서 받아 입었기 때문이다.

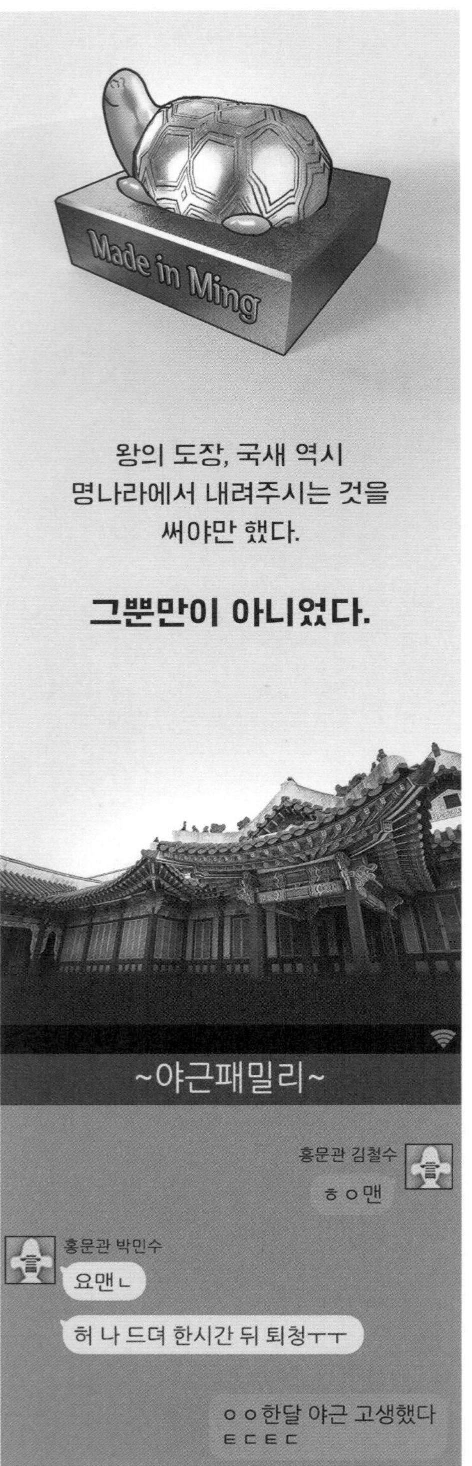
Made in Ming
왕의 도장, 국새 역시
명나라에서 내려주시는 것을
써야만 했다.
그뿐만이 아니었다.
~야근패밀리~
홍문관 김철수
ㅎㅇ맨
홍문관 박민수
요맨ㄴ
허 나 드뎌 한시간 뒤 퇴청ㅜㅜ
ㅇㅇ한달 야근 고생했다
ㅌㄷㅌㄷ

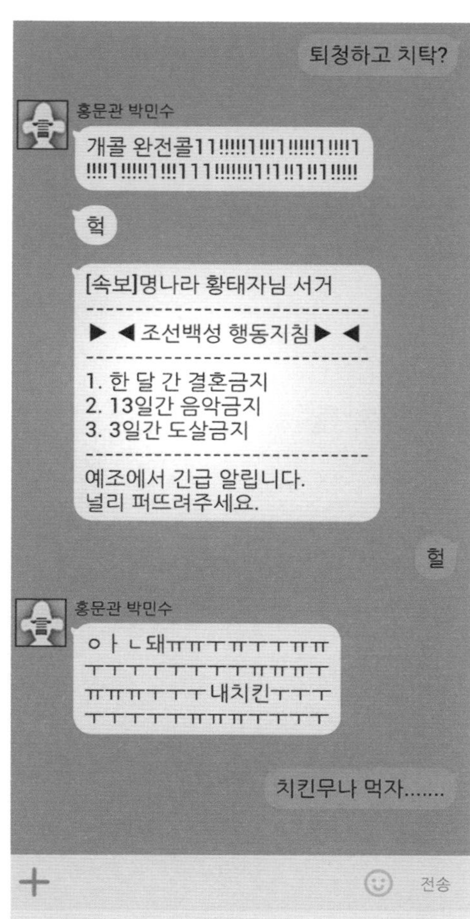

퇴청하고 치탁?
홍문관 박민수
개콜 완전콜ㅋㅋ!!!!!ㅋ!!!ㅋ!!!!!ㅋ!!!!ㅋ!!!!ㅋ!!!!!ㅋ!!!ㅋㅋㅋ!!!!!!!ㅋ!ㅋ!!ㅋ!!ㅋ!!!!!
헉
[속보]명나라 황태자님 서거
▶◀조선백성 행동지침▶◀
1. 한 달 간 결혼금지
2. 13일간 음악금지
3. 3일간 도살금지
예조에서 긴급 알립니다.
널리 퍼뜨려주세요.
헐
홍문관 박민수
ㅇㅏㄴ돼ㅠㅠㅜㅠㅜㅜㅠㅠㅜㅜㅜㅜㅜㅜㅜㅜㅜㅜㅜㅠㅠㅠㅜㅠㅠㅠㅜㅜㅜ내치킨ㅜㅜㅜㅜㅜㅜㅜㅜㅜㅜㅠㅠㅠㅜㅜㅜㅜ
치킨무나 먹자.......
전송

우리 조선의
명나라를 향한 무한존경은,

궁궐 밖에서도
마찬가지였으니.

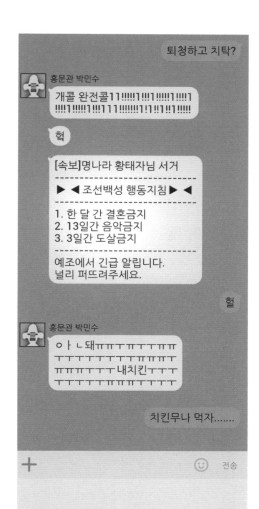

~순수한 커플~
백성 막철❤
><두근두근
내일 우리 혼인이당
행복하게 해주께 애긔><❤
백성 막래❤
><우웅 애긔 첫날밤 무서오
손만 잡구 있자❤?
백성 막철❤
헐 명나라 황태자님 돌아가셨대
[속보]명나라 황태자님 서거
----
1. 한 달 간 결혼금지
2. 13일간 음악금지
3. 3일간 도살금지

한달간 시집장가 금지ㅠㅠ
이런
백성 막철❤
ㅇㅐ긔야ㅇ"ㅁ"ㅇ))))))))));;;;???

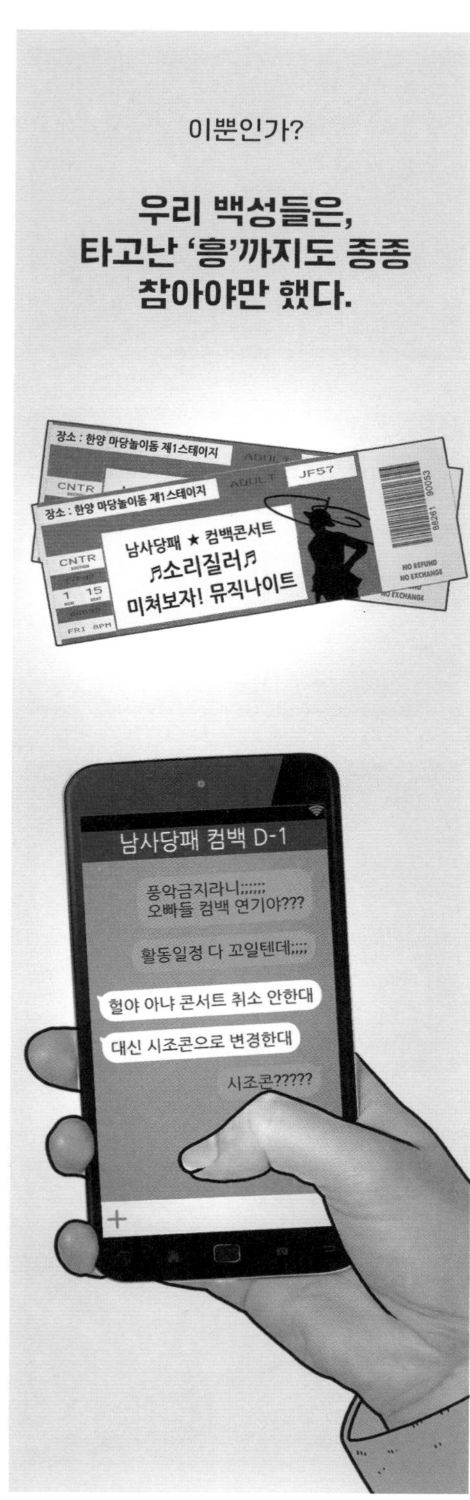
이뿐인가?
우리 백성들은,
타고난 '흥'까지도 종종
참아야만 했다.
장소 : 한양 마당놀이동 제1스테이지
ADULT
JF57
CNTR
남사당패 ★ 컴백콘서트
♬소리질러♬
미쳐보자! 뮤직나이트
1 15
FRI 8PM
88261 90053
NO REFUND
NO EXCHANGE
남사당패 컴백 D-1
풍악금지라니;;;;;;
오빠들 컴백 연기야???
활동일정 다 꼬일텐데;;;;
헐야 아냐 콘서트 취소 안한대
대신 시조콘으로 변경한대
시조콘?????

※근심할憂 눈물淚 흐릿할朧 :
나라를 근심하여 눈물로 앞이 흐릿한 군자의 마음

자존심도 없냐고?
국제적 빵셔틀인 게 자랑이냐고?

우리 조선에게 명나라는
한 나라가 아닌, 커다란 질서였다.
OECD나 UN 같은.

明

UM
UNITED MING FAMILY

그 질서에 속해 있다는 건
정말이지 큰 자랑이었는데.

쉬시는 겸 재있는 영상 있는데
이거나 같이 보시죠ㅋㅋ
소현세자
-_-
또 귀신 나오는 거 아니죠?
에이ㅋㅋㅋㅋㄴㄴ
그런 거 아닙니다
ㅎㅎ하긴...우리 세자님 보시면
엄청 놀라시긴 하겠네.......

그런데
용골대 장군이 보여준 동영상에서,

그런 명나라의 수도 베이징이

불타고 있었다.

- 열아홉 번째 이야기 -

청나라의 부상

한때 대륙을 호령했던 명나라는 쇠퇴했다. 긴 세월 대대로 무능한 황제가 나온 탓도 있고, 환관과 관리들이 정치를 부패하게 하기도 했으며, 백성들은 그들 아래에서 고통을 겪어야 했다. 그러다 중국은 물론 조선마저도 오랑캐라고 비웃던 여진에서 영웅이 나타났다.

청나라 태조 누르하치는 명나라 멸망의 꿈을 이루지 못하고 부상으로 죽었지만, 그 이후로도 뛰어난 인물들이 줄줄이 뒤를 이었다. 정묘호란의 주범(?)으로 우리나라에게는 인식이 좋지 않은 태종 홍타이지는 결단력과 행동력을 갖춘 지도자였으며 술수에도 능해 명나라를 안팎에서 뒤흔들었다. 여기에 몽골도 잘 구슬려 끌어들였으며, 조선과의 교역을 통해 막대한 이익을 얻어 전쟁 준비를 했다. 무모한 전쟁은 벌이지 않았으며 이유 없는 만행도 저지르지 않았다. 비록 나라를 반석 위에 올려놓기 전에 갑작스레 죽었지만 뒤를 이은 그의 동생, 섭정왕 도르곤 역시 걸출한 인물이었다. 그는 제국을 주무르며 정치 싸움에도 능했던, 실질적인 황제로 군림한 지도자였다. 동년배인 소현세자에게도 예의를 차리는 친절한 사람이었지만, 때론 갖은 이유로 조선을 협박할 만큼 교활한 인물이기도 했다. 『실록』을 비롯해 고전 소설 『박씨부인전』 등에서 겁쟁이에다 무능하게 그려지는 용골대는 군사면 군사, 행정이면 행정, 보급이면 보급, 외교면 외교까지 못해내는 것이 없는 만능이었다. 『실록』을 살펴보면 선입견을 가뿐하게 뛰어넘는 상식인이며 매너까지 갖추고 있다.

척박한 땅에서 말달리며 나타나 홀연히 제국을 세운 위대한 임금과 그의 뛰어난 아들들. 그들을 보좌하는 유능한 장수까지. 그들이 이전에 자신들을 업신여겼던 여러 나라들을 차례차례 굴복시키고 마침내 부패했던 거대한 제국까지 정복한다. '영웅 전설'이 따로 없다. 이때 이들에게 정벌된 나라 중에 조선만 없었다면 "우와, 멋지다"란 말이 절로 나올 정도이다.

그에 비해 명나라는 시궁창으로 굴러 들어가고 있었다. 만력제 이후 태창제-천조제-숭정제로 이어지는 라인은 무능과 무식을 기본으로 깔고 요절을 옵션으로 달고 있었다. 숭정제는 그나마 정치에 의욕을 보였지만 의심이 많아 뛰어난 장수를 처형하고, 민중 봉기를 일으킨 이자성에게 수도를 점령당했으며(명나라는 청나라가 멸망시킨 게 아니었다), 같은 나라 사람들끼리 내분을 일으켜 제풀에 청나라에 항복하기도 하는 등 한심한 꼴이었다. 조선도 크게 다를 바 없었다. 그나마 임진왜란 때는 초반의 실책과 패배를 딛고 막강한 인재들이 어떻게든 끝까지 싸워내 조선의 체면을 살릴 수 있었다.

하지만 호란은 어떤가. 왜란은 수백 년간 전쟁 없이 평화로운 시기를 보내 싸움에 익숙치 않았다는 핑계라도 있지만, 호란 때는 수십 년 전 전쟁을 '겪었음에도' 한심한 대처 능력을 보였다. 조선이 최선을 다해 싸웠다 해도 청나라를 상대로 어쩔 수 없었을 수 있다. 나라의 덩치와 인구 수에서 엄청난 차이가 났으니까. 그렇다고 해도 조선의 대처 능력은 두둔이 불가능한 수준이었다. 실력으로는 도저히 청나라를 이길 수 없고, 고개를 숙이자니 자존심이 용납하지 않았다. 그래서 조선은 정신승리를 시전했다.

적이라 해도 훌륭한 점이 있으면 배우고, 내가 못난 점이 있으면 고쳐야 하지 않겠는가. 하지만 조선은 정반대의 길을 택했다. 오랑캐라고 무시하던 여진족이 일어나 다른 이민족들을 통합하고 순식간에 제국까지 세웠는데 조선은 여전히 그들의 과거를 트집 잡아 비웃었으니 보고 배우는 게 있을 리 없었다. 그러다 보니 약소국이라면 더욱 필요한 정보 조사에도 소홀했다. 오히려 청나라가 조선의 사정을 속속들이 알아 핀잔을 줄 정도였다. 적을 알고 나를 알면 싸움에서 이긴다지만 적도 모르고 내 주제도 모르는데 어떻게 이기겠는가? 힘없는 백성들이 노예로 잡혀가며 살려달라 애원해도 어쩔 수 없다고 무시했고, 잡혀간 여인들은 절개를 잃었다며 흉을 보았으니 이는 오만함이 아닌 극도의 찌질함이었다.

그곳에 더 나은 나라를 만들겠다는 의지는 없었다. 자신의 잘못을 돌아볼 생각도 없었다. 그저 자신들이 쥐고 있는 알량한 특권 쪼가리만 무사하면 아무래도 괜찮았던 것이다. 임금은 왕 자리에, 선비들은 유학자라는 명예에 목숨을 걸었고 현실과는 어느새 동떨어지고 있었다. 조선왕조실톡

20 조선왕조실록 명나라 멸망(하)

 소현세자 세상은 넓다

 아담 샬 Hello:)

하나요 충격

1644년,
중국
명나라의 수도
베이징.
[생중계] 세자전하 종군뉴스! 명나라 멸망!!!
LIVE
- 강녕하세요 조선 백성 여러분,
소현세자입니다.
여긴 베이징인데요, 방금 막......
명나라가 청나라 손에 멸망당했습니다.

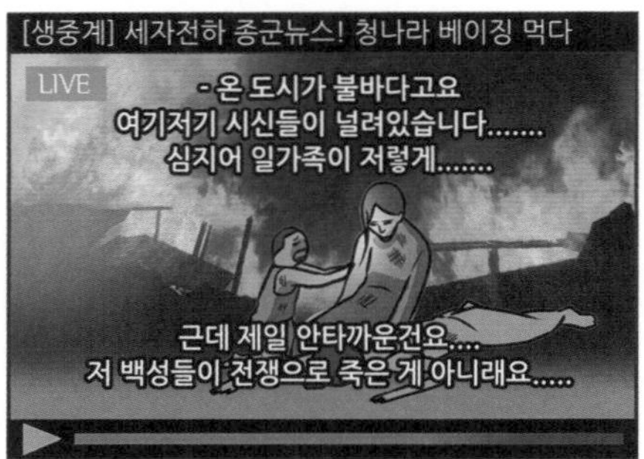

위대한 명나라의 숨통을 끊은 것은
청나라가 아니었다.

바로, 명나라 백성들 자신이었다.

굶주림에 지친 명나라 농민들이
반란을 일으켰다고 한다.

궁궐에 불을 지르고,
부패한 관리들을 죽이고,
자신들의 황제를 끌어내고,

심지어 청나라군이 들이닥치자,
성문을 열어 환영했다고 한다.

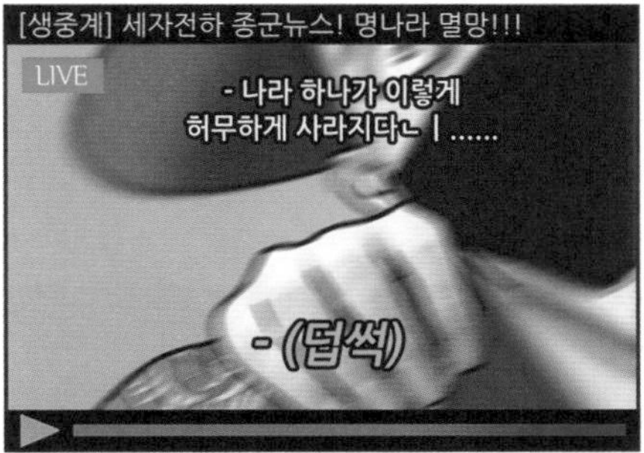

둘이요 탕약망(湯若望)

Johann Adam Schall von Bell
요한 아담 샬 폰 벨.

눈이 파란 외국인이었다.

자신은 선교사&과학자이며,
편히 '탕약망'이라 불러달라고 했다.

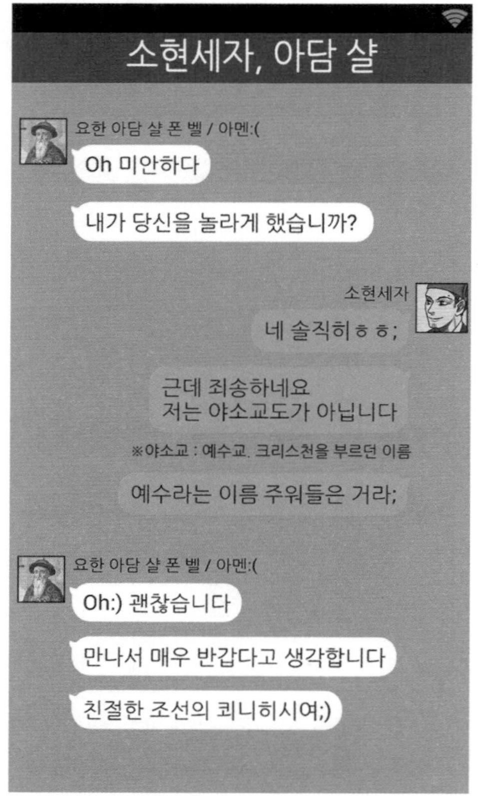

쾨니히;?
클릭

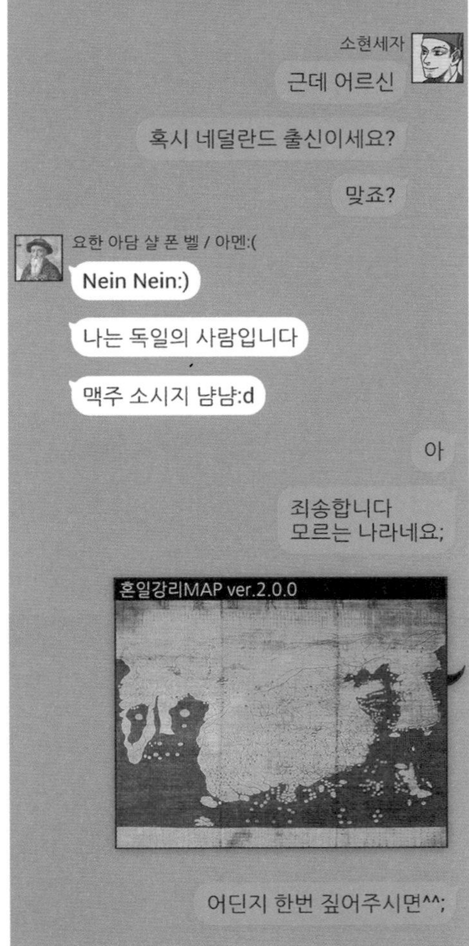

소현세자
근데 어르신
혹시 네덜란드 출신이세요?
맞죠?
요한 아담 샬 폰 벨 / 아멘:(
Nein Nein:)
나는 독일의 사람입니다
맥주 소시지 냠냠:d
아
죄송합니다
모르는 나라네요;
혼일강리MAP ver.2.0.0
어딘지 한번 짚어주시면^^;

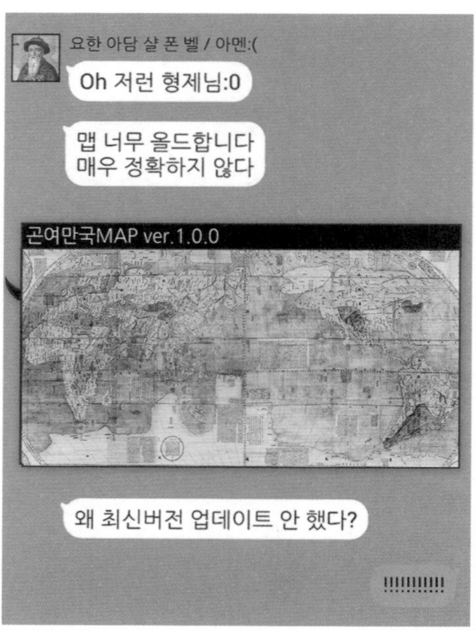

요한 아담 샬 폰 벨 / 아멘:(
Oh 저런 형제님:0
맵 너무 올드합니다
매우 정확하지 않다
곤여만국MAP ver.1.0.0
왜 최신버전 업데이트 안 했다?
!!!!!!!!!!!

셋이요 새로운 세상

나라가 망해도
사람은 남는다더니.

탕약망은 똑똑한 사람이었다.
그가 알려주는 모든 게 새로웠다.

불타버린 명나라에서,
이런 인연을 만나다니!

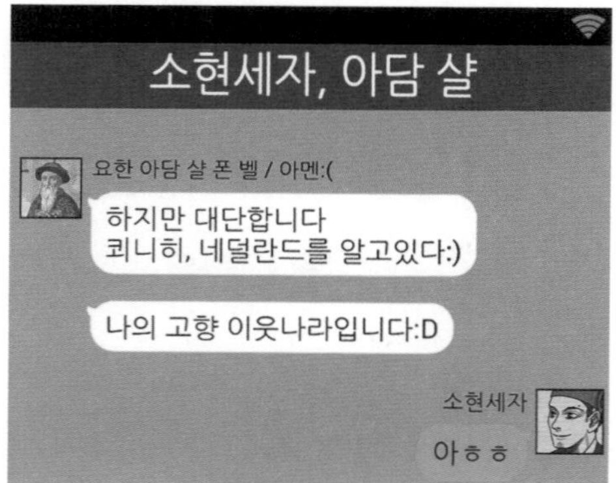

소현세자, 아담 샬
요한 아담 샬 폰 벨 / 아멘:(
하지만 대단합니다
쾨니히, 네덜란드를 알고있다:)
나의 고향 이웃나라입니다:D
소현세자
아ㅎㅎ

사실 조선에 아는 형이 있어요
벨테브레라고ㅎㅎ

※벨테브레, 박연 : 인조대에 조선에 표류해온 네덜란드인.
병자호란에도 참전했다(11화).

천재예요 진짜
총도 잘 쏘고 대포도 잘 알고ㅇㅇ

아바마마가 벼슬까지 줬습니다

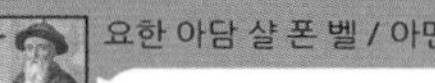
요한 아담 샬 폰 벨 / 아멘:(

Oh 나도 명나라 황제폐하의
벼슬 받았습니다!

하지만 이제 명나라 사라졌다:(
황제폐하 돌아가셨다:(

슬픕니다:(
나의 발명품 완성됐는데:(

아..........

뭐 만드는 일 하셨나봐요ㅜㅜ

요한 아담 샬 폰 벨 / 아멘:(

:'(

어떤건데요?

요한 아담 샬 폰 벨 / 아멘:(

짜잔

소현세자,
베이징에서 아담 샬 만나
여러 이야기를 하다.

아담 샬, 서양의 과학지식을 전하다.

조선,
아담 샬이 만든 새로운 역법
'시헌력'을 받아들이니.

이때부터
'음력(Lunar Calendar)' 쓰이다.

#설날이_두개 #어른들_생신_헛갈림_start

쾨니히는 뭐야?
왕. 끝.
König

※아담 샬은 소현세자가 조선의 왕인 줄 알았다고.

정사 正史

실록에 기록된 것

- 명나라 이자성, 농민반란 일으키다. 수도 베이징까지 점령하다. 명나라 황제 숭정제 자결하다.
- 명나라 장수 오삼계, 청나라에 항복해 청군과 함께 베이징 치다. 이자성, 최후를 맞다.
- 청나라 최고 권력이 된 구왕 도르곤, 동갑내기 소현세자를 굳이 베이징에 데려가다. 명나라의 허무한 최후 보여주다. 소현세자, 착잡해하다.
- 소현세자, 천식, 만성피로 시달리다.
- 소현세자, 선교사 아담 샬과 접촉하다. 아담 샬, 명나라 황제 명령으로 시헌력 만들던 중이었으나 명나라가 망해버리다. 베이징을 떠나야 했으나 청나라, 아담 샬에 관직 내리고 받아들이다.
- 청, 명 멸망하자 소현세자 조선 귀국 허락하다.
- 인조, 탕약망(아담 샬)이 만든 시헌력이 정확하다며 관상감 관료들에게 청나라에 가 배워오도록 하다. 소현세자가 조선에 시헌력을 알린 것으로 보인다.

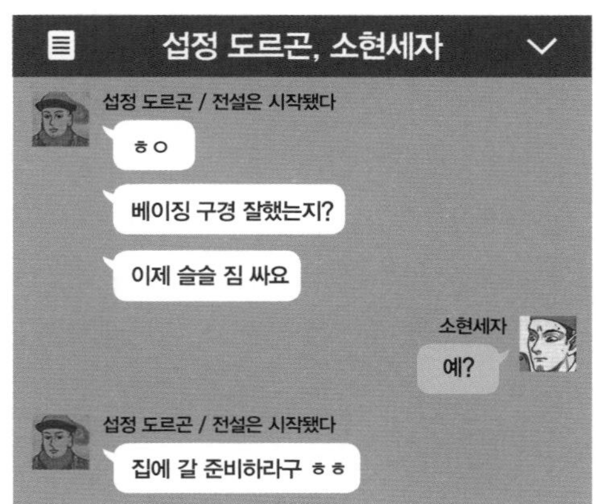
섭정 도르곤, 소현세자
섭정 도르곤 / 전설은 시작됐다
ㅎㅇ
베이징 구경 잘했는지?
이제 슬슬 짐 싸요
소현세자
예?
섭정 도르곤 / 전설은 시작됐다
집에 갈 준비하라구 ㅎㅎ

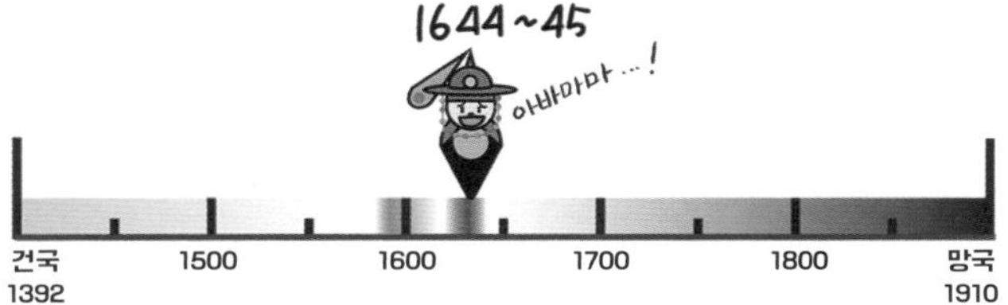
1644~45
아바마마…!
건국 1392
1500
1600
1700
1800
망국 1910

- 스무 번째 이야기 -

오랑캐, 황제가 되다

명나라의 자리를 대신한 것은 청나라였다. 청나라는 한족이 아닌 여진족이 세운 나라였다. 여진女眞이란 어떤 사람들인가? 부족 이름에 여女 자가 들어간 이유는 중국이 얕잡아 보기 위해 일부러 붙인 것이다. 그들은 스스로를 주선이라 불렀고, 이후에 만주족이라고 했다.

조선은 여진을 조선의 아래 등급으로 보고 무시했다. 따지고 본다면 (중국의 기준에서) 오랑캐인 것은 조선이나 여진이나 다를 바 없었지만 그래도 조선은 농업을 기반으로 나라라는 구조를 갖추고 있었고 여진은 유목을 하거나 사냥을 하며 부족을 이루고 살았다. 그 점에서 조선은 우월감을 느꼈다. 여진은 그나마 농사라면 완전히 까막눈인 몽골보다는 좀 나아서, 초보적이나마 농사를 짓고 농장도 경영했다. 그런데 이 여진이 역사의 한 장을 화려하게 장식한 적이 있었다. 요나라를 사뿐히 즈려밟고, 송나라를 쥐고 흔들었던 완안 아골타의 금나라가 바로 여진의 나라였다. 비록 칭기즈 칸의 몽골(원나라)에게 멸망한 뒤 쇠퇴하여 뿔뿔이 흩어져 있었지만 말이다.

우선 여진은 건주여진과 해서여진, 그리고 야인여진으로 나뉘었고 그중 건주여진은 5부로 나뉘어 있었으며, 그중에서도 하나의 갈래인 아이신줘러愛新覺羅 일족의 한 사람이 바로 누르하치 수러 바투르였다. 그는 어머니를 일찍 잃고 계모에게 구박받으며 근근이 살아가던 불우한 처지였다. 그러다가 1583년, 누르하치가 25세 때 할아버지와 아버지가 명나라의 전투에 휘말려 죽자 누르하치의 평생을 건 복수극이 시작되었다. 그러나 갈 길은 멀었다. 무능한 황제와 각종 부정부패로 썩어 문드러졌다고 하나 명나라는 여전히 강대국이었고, 부족 단위로 쪼개져 있는 여진족 중에서 가장 강력한 것은 해서여진이지 건주여진이 아니었다.

누르하치는 기적을 일으키는 정복자가 아니라 교활하고도 끈질긴 수완가였다.

그는 조선과의 교역을 통해 이익을 챙기고 명나라의 요동사령관인 이성량(이여송의 아버지)을 뇌물로 구워삶으면서 야금야금 건주여진을 통합했다. 때마침 벌어진 임진왜란 덕에 명나라가 이 지역에 신경을 쓰지 못한 것도 세력 증강에 큰 도움이 되었다. 1593년, 해서여진이 몽골과 함께 3만 대군으로 누르하치를 공격하기도 했지만 1616년, 누르하치는 여진족들을 통일하여 금金나라를 세우고(아골타의 금나라와 구분하기 위해 후금이라고 부른다) 건주여진의 칸이 된다.

『조선왕조실록』에 누르하치의 존재가 등장할 때쯤, 『실록』은 그를 노예들의 추장이라는 의미로 노추奴酋라고 부르고 있다. 그러나 누르하치는 그렇게 부르는 것이 멋쩍을 만큼 바닥에서부터 구르고 또 구르다가 올라온, 산전수전 정보전까지 통달한 베테랑이었다. 그는 3년 뒤 사르후薩爾滸 전투에서 명나라의 10만(+조선 1만) 대군을 박살내는 기염을 토하게 된다.

누르하치가 죽고 나서 홍타이지가 그 뒤를 이었다. 그는 원래 여덟 번째 아들이고, 네 명의 버일러(왕) 중에서 가장 아래 순위였다. 하지만 누르하치의 아들 중 가장 뛰어난 역량을 가져 조선 및 광해군이 예의 주시할 정도였으며 실제로 후계자가 되었다. 홍타이지는 나라 안의 권력을 정리하는 한편 한인 관료들을 등용하여 국가의 기틀을 세웠으며 1635년에 차하르 몽골을 정벌하고 옥새를 얻었는데 이 옥새는 먼 옛날 원나라의 것이었다. 이는 곧, 칭기즈 칸의 후예 자격을 얻었다는 것을 의미했다. 그는 이 옥새를 찍은 문서를 조선에 보내기도 했다. 정작 조선에서는 "이게 뭔데?"라는 반응이었지만. 이후 1645년, 마침내 만주족의 나라 청清이 세워지게 된다. 명나라는 부정부패와 내분, 민중들의 난 등등으로 무너져 내렸고, 청나라가 명을 대신해 중국이 되었다.

우리 역사는 아직도 청을 그저 후금, 청이라 부르며 앞선 중국 국가들에 비해 소홀히 다루는 경향이 있다. 그러나 청나라는 여진의 통합체이자 금나라의 후손, 몽골의 후계자, 그리고 명의 후속 국가였다. 이런 이해 없이 그저 후금을 오랑캐 국가였던 옛 나라로 여기며 잘 알려 하지 않는다면 그들을 우습게만 보다가 박살이 난 조선과 다를 바 없는 것 아닐까. 조선왕조실록

조선왕조실톡 21

소현세자는 매국노

옛말에 십년이면
강산도 변한다던가?

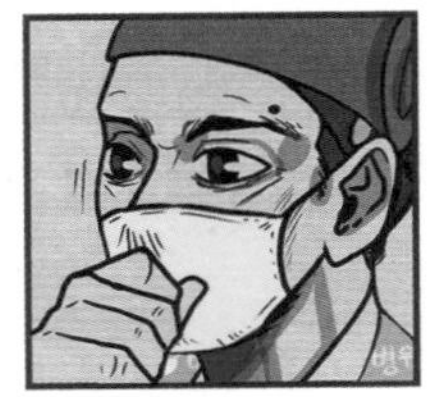

[인조의 아들 소현세자]

내가 청나라에
인질로 끌려온 지,

벌써 9년째.

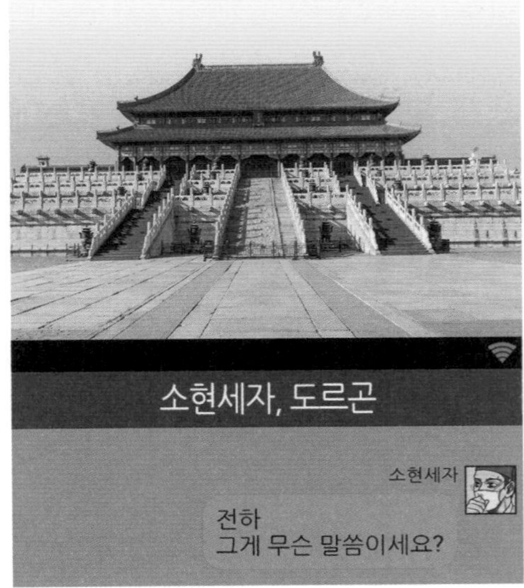
소현세자, 도르곤
소현세자
전하
그게 무슨 말씀이세요?

진짜요?
농담 아니고?
섭정 도르곤 / 전설은 시작됐다
ㅇㅇ
이제 나 인질 필요 없어요
명나라도 망했겠다ㅎ
세상에 무서울 게 없는데ㅎㅎ
조선 더 협박해서 뭐할거야ㅎㅎ
헛
섭정 도르곤 / 전설은 시작됐다
얼른 짐 싸요
집에 보내드림ㅎㅎ
전송

드디어 나,
조선에 돌아간다ㅜ!

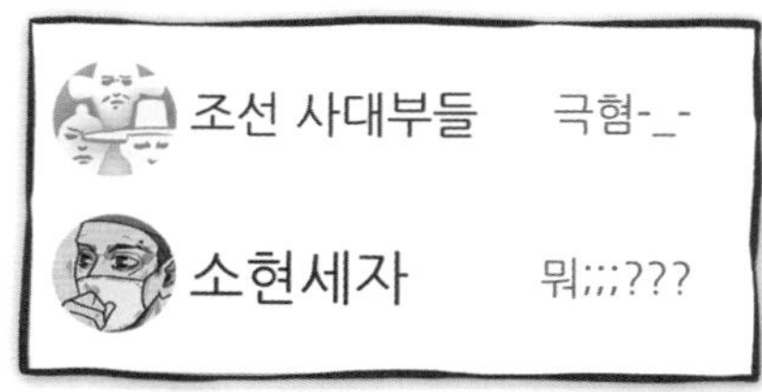
조선 사대부들 극혐-_-
소현세자 뭐;;;???

그로부터 며칠 후,
1645년 새해.

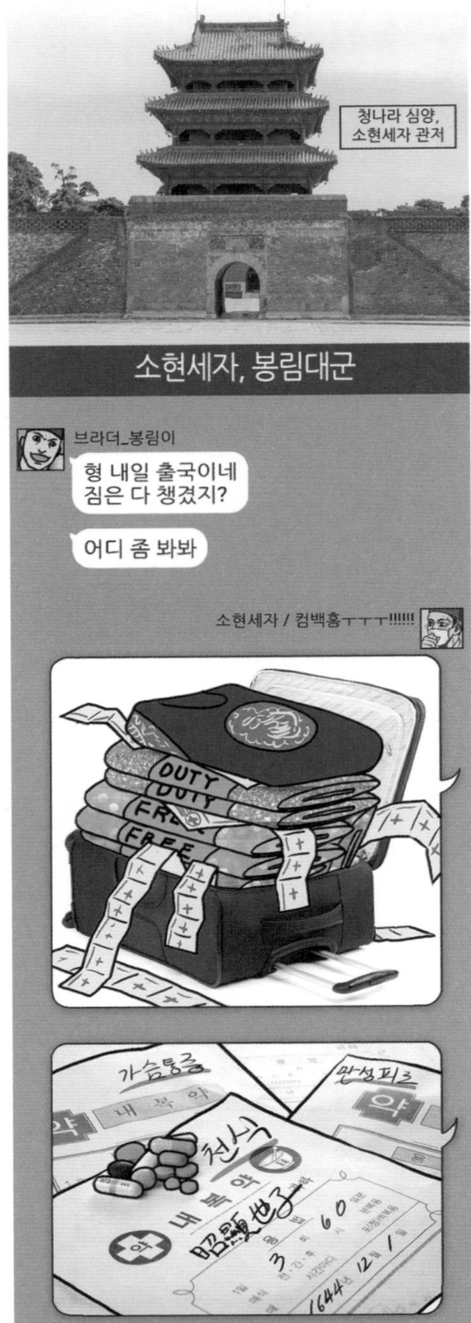

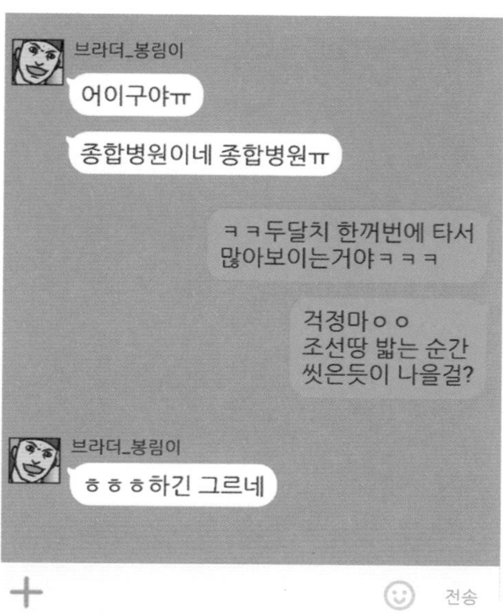

눈칫밥 먹는 스트레스에
내 몸은 엉망진창이 된 지 오래다.

가방에는 온갖 약이 한가득.

그치만 뭐 어때?

왜 쓸데없이 돈썼어
아바마마껜 형이 선물인데
소현세자 / 컴백홈ㅜㅜㅜ!!!!!!
ㅎㅇ
그치?
브라더_봉림이
ㅇㅇㅋㅋ
백성들도 기뻐하겠지만
아바마마는 진짜 방방 뛰실듯
막 형이랑 형수님 끌어안고
통곡하시는 거 아냐ㅜㅜ?
ㅇㅇㅜㅜ
아 진짜 빨리 뵙고싶다ㅜ
전송

조선이여,
내가 간다!

다왔다.

보인다.

보인다!

- 소현세자 : 오 통신사 우리나라거 잡혀요
진짜 신기해ㅜㅜㅜㅜ
- (TV소리) : 시청자 여러분!
저는 지금 한양 광화문에 나와있습니다.

- (TV소리) : 곧 세자저하 부처께서
공항에서 출발해 이곳, 창덕궁으로 오실텐데요.
- 소현세자빈 강씨 : 헐 여보여보 저거 봐요ㅎㅎ

- (TV소리) : 9년만의 극적인 귀국!
환영 소현
세자저하를 맞이하는 백성들의반응
인터뷰해 보겠습니다.

꽃분(양민,16)
아 진짜 눈물나구요
청나라에서 너무 고생 많으셨어요

김 모 진사 (양민, 42)
싸우자
오랑캐ㅗ
청 OUT
솔직히 싫어요.
리포터 : 네;;??? / 세자전하.

최 생원 부부 (양민,62, 65)
사랑해요
청나라에 끌려간 우리 막내딸~
구해주셔서 감사합니다~행~복하세요~

김 모 진사 (양민, 42)
싸우자
청OUT
오랑캐
자그마치 9년이에요 9년.
원수같은 청나라 오랑캐들이랑
같은 밥 먹고 살았다고요, 그 양반.

김 모 진사 (양민, 42)
오랑캐들한테 정 흠뻑 들었을걸??
리포터 : 그건 오버가 아닌지; / 하 참ㅋ

김 모 진사: 소현세자가 친청파 아니라고 기자님이 보장할 수 있어요ㅎ?

말문이 막혔다.
상상도 못한 반응이었다.

1 소현세자 귀국
실시간 급상승 검색어
1 소현세자 귀국 NEW!
2 환영해요 세자저하
3 세자부부 귀국
4 소현세자
5 세자 친청파 논란
6 친청파
7 매국노
8 소현세자빈 강씨
9 세자빈 사치논란
10 청나라 OUT

진심;;;??? 정말???

소현세자빈 강씨

어떡하지여보
나믿기지가않아

어쩜들저래요???

소현세자

우리 정신 바짝 차려요
백성들이 사는 게 힘들었나봐

9년동안 더 억울한 일
많이 겪어봤잖아요

화나서미칠것같아.......

괜찮을거야

상처받지마요

아내를 애써 달랬지만,
사실 나도 어안이 벙벙했다.

목이 꽉 막혀 숨조차 쉬기 힘들다.

빨리 아바마마를 만나고 싶다.
나 진짜 엉엉 울지도 몰라.

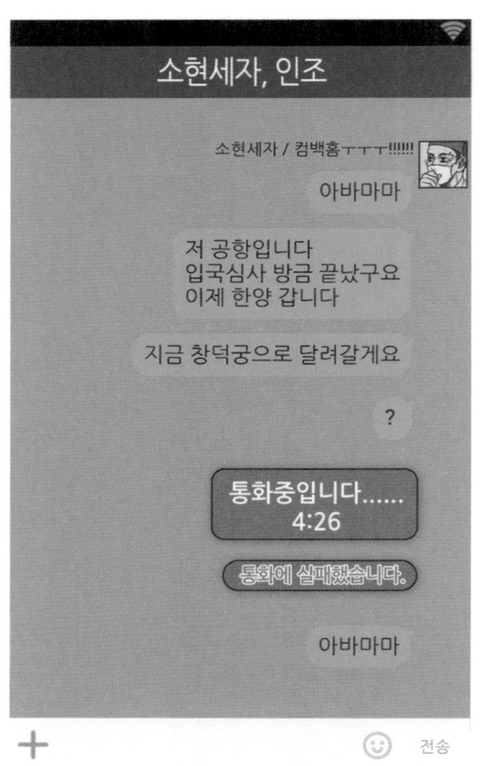
소현세자, 인조
소현세자 / 컴백홈ㅜㅜㅜ!!!!!!
아바마마
저 공항입니다
입국심사 방금 끝났구요
이제 한양 갑니다
지금 창덕궁으로 달려갈게요
?
통화중입니다......
4:26
통화에 실패했습니다.
아바마마
전송

띠롱♪

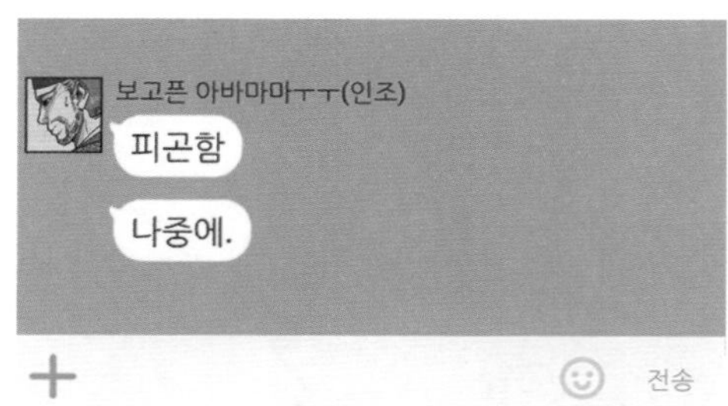
보고픈 아바마마ㅜㅜ(인조)
피곤함
나중에.
전송

정사 正史

실록에 기록된 것

- 소현세자, 1644년 11월 말 영구귀국을 허락받다. 동생 봉림대군을 두고 먼저 조선으로 떠나다.
- 소현세자, 청나라를 떠나던 그때부터 건강 매우 좋지 않다.
- 소현세자, 중국의 비단을 비롯해 다양한 선물을 사오다. 그러나 사대부들, 이것을 비난하다.
- 사대부들, 소현세자 부부가 청나라 사람들과 친하게 어울리며, 천한 장사놀음을 하고, 호화로운 삶을 살았다며 비난하다. 그렇게 번 돈으로 조선인 포로들을 속환한 것은 잊은 것처럼 굴다.
- 심지어 "인조는 나라를 망쳤지만 소현세자는 왕 재목이 아니다"며 다른 종친을 왕으로 세우려는 역모가 발각되다.(단, 김자점의 흉계라는 설 있음)
- 인조, 9년 만에 돌아온 아들 소현세자 얼굴을 보지도 않으려 하다.

픽션

기록에 없는 것

- 비행기는 없었다.

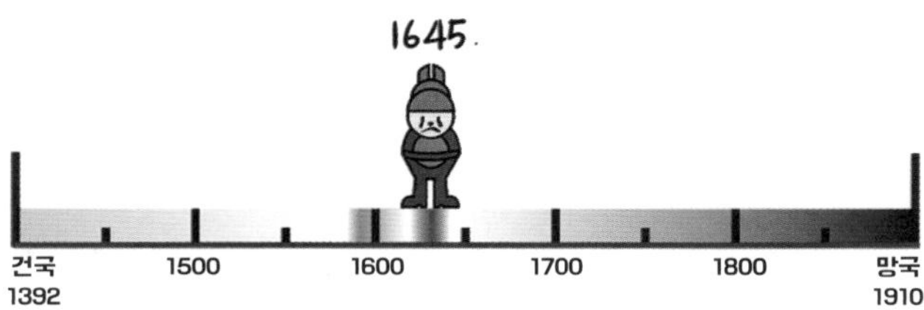

- 스물한 번째 이야기 -

비호감 소현세자

이런 야사가 있다. 소현세자와 봉림대군이 인질 생활을 끝내고 조선으로 돌아올 때 청나라 황제가 무엇이든 소원을 하나씩 들어주겠다고 말했다. 그러자 소현세자는 값비싼 벼루를 원했고, 봉림대군은 잡혀간 조선 백성들을 돌려달라고 말했다. 두 사람이 조선에 돌아왔을 때, 인조는 소현세자의 어리석음에 크게 분노해 벼루를 던져 소현세자는 그 벼루에 맞아 죽고 말았다.

실제 역사와는 전혀 다른 이야기지만, 다르다고 해서 현실을 반영하지 않은 것은 아니다. 이 이야기에서 우리가 알 수 있는 것은 소현세자에게 미운털이 박혔다는 것이다. 백성보다도 사치품을 밝히는 철부지로 말이다. 소현세자는 어쩌다가 이처럼 비호감 이미지를 덮어썼을까?

이야기를 거슬러 병자호란 때로 돌아가보자. 삼전도에서 조선이 항복하기 직전, 인조는 청나라와 끊임없이 줄다리기를 하고 있었다. 그 자세한 내용은 『조선왕조실록』에는 안 적혀 있고 『청태종실록』에만 적혀 있는데, 협상의 골자는 자신이 직접 나가 항복하지 않게 해달라는 것이다. 만약 인조 자신이 직접 성 밖에 나가 항복하면 망신살이 뻗치는 것은 물론 신하와 백성들이 자길 왕으로 받아들여 주지 않으리라는 이유 때문이었다. 실제로 인조가 굴욕적인 항복을 한 이후, 김상헌을 비롯한 많은 신하들이 오랑캐에게 머리를 숙인 왕을 섬길 수 없다며 벼슬을 버리고 떠나갔다. 왕이 다시 불러들여도 말에서 떨어졌다, 병이 들었다 등 갖은 핑계를 대며 조정으로 나오지 않았다.

비슷한 이유에서 조선의 사대부들은 청나라 생활에 너무나 잘 적응한 소현세자를 탐탁지 않게 여겼다. 사대부들의 속이 좁다고 비난만 하기에는 고려 시절의 트라우마가 있었다. 원수 같은 청나라에서 인질 생활을 오래하다가 청나라 편이 되어버린 소현세자가 왕이 된다면? 청나라는 예전 원나라가 고려에게 그랬던 것처럼 철저하게 내정간섭을 하고 조선은 자유를 잃어버릴 수도 있었다. 사대부들은 그것을 우려해 소현세자에게도 반감을 가졌을 것이다.

그럼 조선 왕실은? 인조는 소현세자를 몹시 못마땅해했다. 처음에는 사랑했던 아들이거늘 왜 그렇게 되었을까? 가장 큰 원인은 청나라였다. 청나라는 꾸준히 인조에게 그를 대신해서 소현세자를 왕으로 세우겠다고 협박했다. 청나라는 이미 자국에서 소현세자를 인조와 동급으로 대우하고 있었다. 조선과 청나라 사이에 문제가 생기면 청나라는 인조가 아니라 심양에 있던 소현세자를 소환했던 것이다.

이게 문제였다. 조선의 임금인 인조가 해야 할 일을 소현세자가 해버렸으니 인조 입장에서는 권한을 침범당한 것이었다. 청나라가 불러서 간 것뿐이니 소현세자는 억울했지만, 이미 신하들에게 버림받고 언제 왕위에서 쫓겨날지 모른다는 위협에 속이 새까맣게 찌든 인조에게 소현세자는 더 이상 아들이 아닌 왕좌의 경쟁자였다. 병자호란 이후 인조는 왕좌를 지키기 위해 알아서 기는 적극적인 친청파가 되었고, 이런 왕을 섬기는 것을 거부한 척화파들이 알아서 벼슬을 걷어차고 나간 덕분에 인조의 조정은 김자점을 비롯한 친청파들로 가득했다. 합리주의자였던 최명길은 소현세자와 민회빈 강씨를 옹호했지만 인조는 그의 말을 들어주지 않았다. 결국 조선 안에 소현세자의 편은 없었다.

청나라는 조선에게는 잔인무도한 침략자였다. 여기에 더해 그들은 조선에게 뻗친 영향력을 강화하기 위해 조선의 인조와 심양의 소현세자를 경쟁시키고 서로 견제하게 했다. 물론 이 수작에 홀랑 넘어간 인조가 똑똑한 사람이 못 되는 것은 사실이지만 만약 전쟁이 벌어지지 않았다면, 청나라가 없었다면, 소현세자가 인질로 잡혀가지 않았더라면 이들 부자의 관계가 그렇게까지 뒤틀리지는 않았을 것이다.

이 비극의 가장 큰 원인이 청나라라는 것을 알지만 애석함은 남는다. 청나라가 좋아서 일부러 떠난 것도 아니었고, 척박한 상황에서 어떻게든 잘 살아보려고 애를 쓴 것이 무슨 잘못이기에 조선은 소현세자에게 이렇게 가혹했을까? 인질로 잡혀가서 음식을 거부하고 굶어 죽기라도 했어야 사람들은 소현세자를 받아들여주었을까? 어찌 보면 소현세자나 죄 없이 버림받고 죽어간 환향녀들의 처지나 다를 바 없었다. 설령 소현세자가 무사히 살아 왕이 되었다 한들, 이렇듯 꽉 막힌 사대부들 사이에서는 꿈을 펼치지 못했을 것이라는 점을 위안 아닌 위안으로 삼아야 할까.

22 인조는 복수를 싫어해

싫다.
다 싫다.

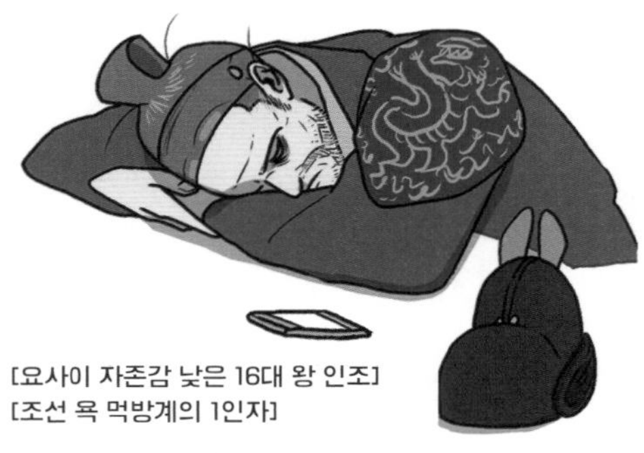

[요사이 자존감 낮은 16대 왕 인조]
[조선 욕 먹방계의 1인자]

요즘 모든 게 짜증난다.

[투표] 탕수육은 부먹 vs 찍먹
VS
소스, 부어먹어야 vs 당연히 바삭하게 찍어먹어야
부먹이 진리다!
찍먹이 옳다!
50% 50%
네티즌 덧글(13921910개)
└꽃*님 : 와 이거는;;;;;;
└꽃*님 : 전쟁하자는 거지요????

별 사소한 게 다 거슬린다.

왜 이런 쓸데없는 걸로
욕질을 하지? 듣기 싫게.

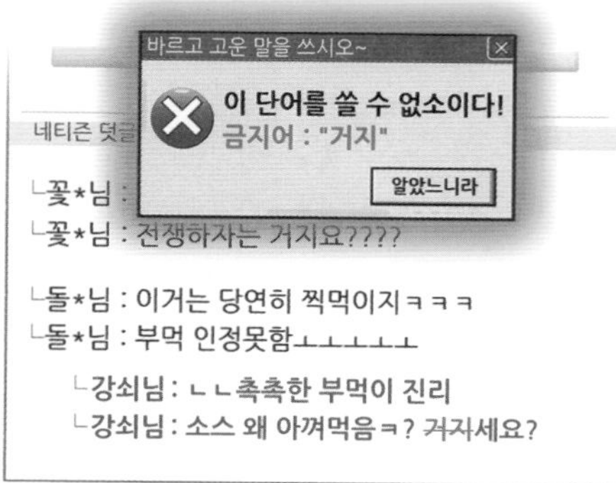

ㄴ강쇠님 : 깡패취급 당하는
부먹파의 설움ㅜㅜㅜ

ㄴ강쇠님: 복수할거야ㅜㅜㅜ

하지만 요즘,
내가 제일 싫어하는 단어는

나 같은 육두문자가 아니다.

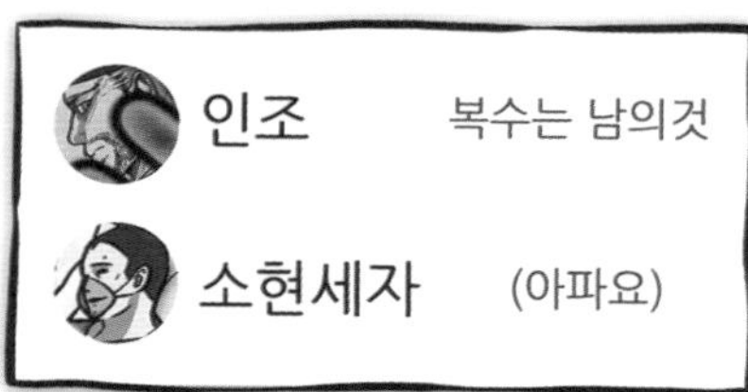

하나요 복수

'복수'

내가 이 흔해빠진
두 글자를 못 쓰게 한 건

대략 8년 전, 1637년.
~우리는 칭쿠칭쿠~
병자호란 석달 뒤, 4월
청나라 장수 용골대 / 독한놈
ㅎㅇ조선왕님 잘 지내시죠?
그러시겠지~전쟁에 졌는데도
나라가 안 망했으니ㅎㅎㅎ
인조
예
성은이 망극합니다
청나라 장수 용골대 / 독한놈
^^

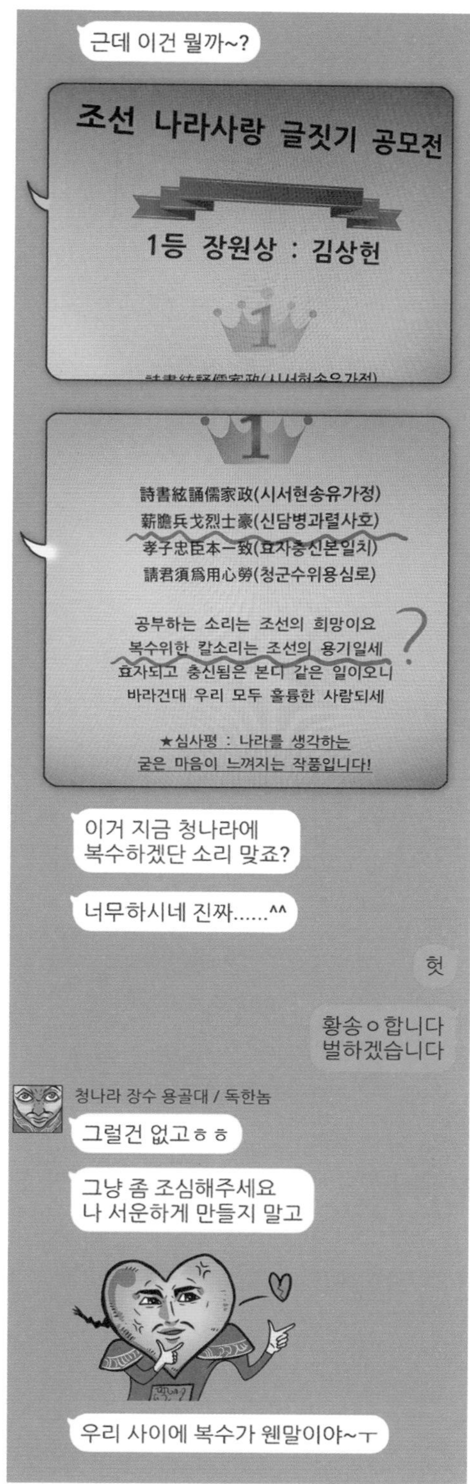
근데 이건 뭘까~?
조선 나라사랑 글짓기 공모전
1등 장원상 : 김상헌
詩書絃誦儒家政(시서현송유가정)
薪膽兵戈烈士豪(신담병과렬사호)
孝子忠臣本一致(효자충신본일치)
請君須爲用心勞(청군수위용심로)
공부하는 소리는 조선의 희망이요
복수위한 칼소리는 조선의 용기일세
효자되고 충신됨은 본디 같은 일이오니
바라건대 우리 모두 훌륭한 사람되세
★심사평 : 나라를 생각하는
굳은 마음이 느껴지는 작품입니다!
이거 지금 청나라에
복수하겠단 소리 맞죠?
너무하시네 진짜......^^
헛
황송ㅇ합니다
벌하겠습니다
청나라 장수 용골대 / 독한놈
그럴건 없고ㅎㅎ
그냥 좀 조심해주세요
나 서운하게 만들지 말고
우리 사이에 복수가 웬말이야~ㅜ

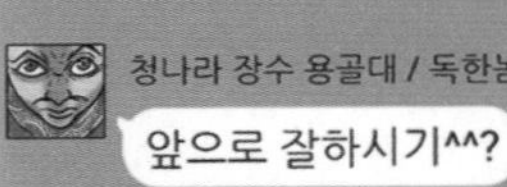
예 죄송합니다
청나라 장수 용골대 / 독한놈
앞으로 잘하시기^^?

둘이요 금지어

용골대의 말엔 두 가지 뜻이 있었다.

“복수 꿈꾸면 가만 안 둔다.”
“늘 감시하고 있다.”

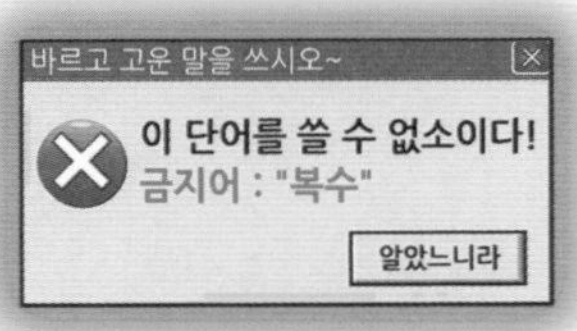
바르고 고운 말을 쓰시오~
이 단어를 쓸 수 없소이다!
금지어 : "복수"
알았느니라

그래서 아예 빌미를 없애려 했건만!

인조, 좌의정
좌의정
전하
음

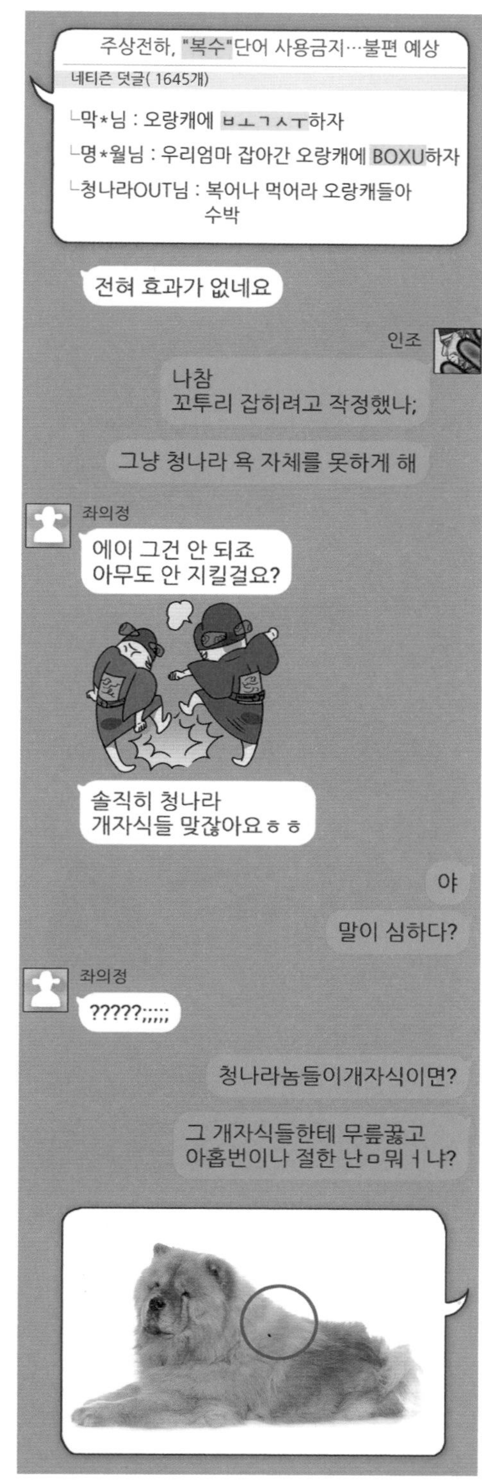

주상전하, "복수"단어 사용금지…불편 예상
네티즌 덧글(1645개)
└막*님 : 오랑캐에 ㅂㅗㄱㅅㅜ하자
└명*월님 : 우리엄마 잡아간 오랑캐에 BOXU하자
└청나라OUT님 : 복어나 먹어라 오랑캐들아 수박
전혀 효과가 없네요
인조
나참
꼬투리 잡히려고 작정했나;
그냥 청나라 욕 자체를 못하게 해
좌의정
에이 그건 안 되죠
아무도 안 지킬걸요?
솔직히 청나라
개자식들 맞잖아요ㅎㅎ
야
말이 심하다?
좌의정
?????;;;;;
청나라놈들이개자식이면?
그 개자식들한테 무릎꿇고
아홉번이나 절한 난ㅁ뭐ㅓ냐?

멍멍이만도 못한 개벼룩이냐?
좌의정
헐

셋이요 빗나간 분노

안다.
괜한 화풀이인 거.

근데 이렇게라도 해야 살겠는데
어쩌냐 그럼.

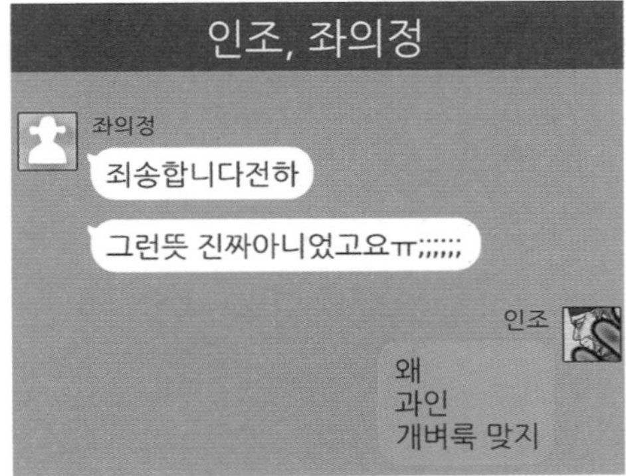

인조, 좌의정
좌의정
죄송합니다전하
그런뜻 진짜아니었고요ㅠ;;;;;;
인조
왜
과인
개벼룩 맞지

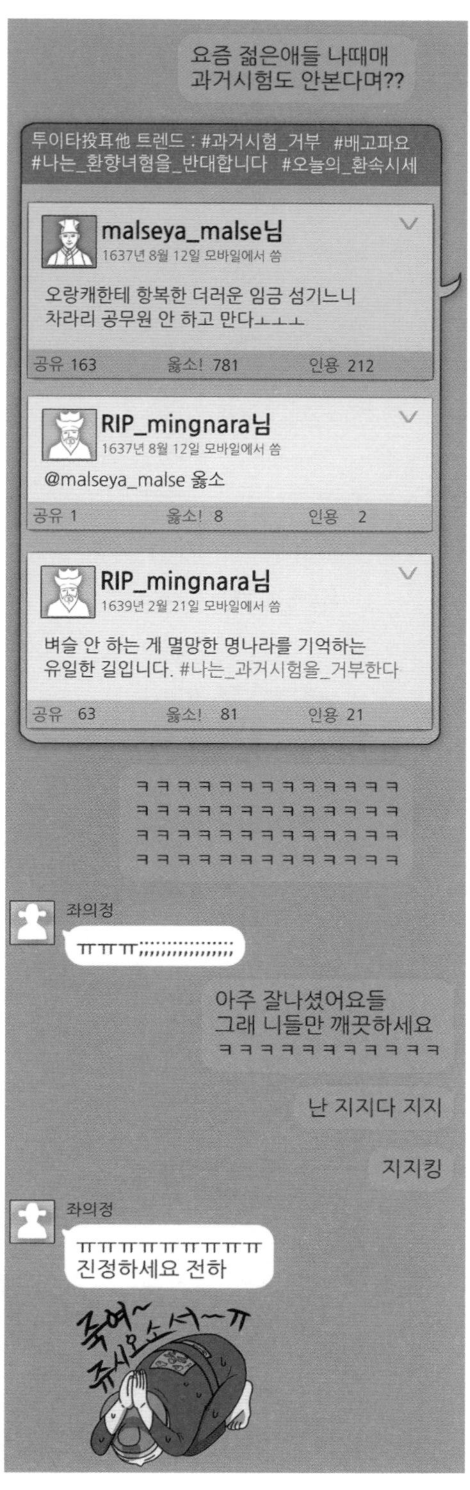
요즘 젊은애들 나때매
과거시험도 안본다며??
투이타投耳他 트렌드 : #과거시험_거부 #배고파요
#나는_환향녀혐을_반대합니다 #오늘의_환속시세
malseya_malse님
1637년 8월 12일 모바일에서 씀
오랑캐한테 항복한 더러운 임금 섬기느니
차라리 공무원 안 하고 만다ㅗㅗㅗ
공유 163 옳소! 781 인용 212
RIP_mingnara님
1637년 8월 12일 모바일에서 씀
@malseya_malse 옳소
공유 1 옳소! 8 인용 2
RIP_mingnara님
1639년 2월 21일 모바일에서 씀
벼슬 안 하는 게 멸망한 명나라를 기억하는
유일한 길입니다. #나는_과거시험을_거부한다
공유 63 옳소! 81 인용 21
ㅋㅋㅋㅋㅋㅋㅋㅋㅋㅋㅋㅋㅋ
ㅋㅋㅋㅋㅋㅋㅋㅋㅋㅋㅋㅋㅋ
ㅋㅋㅋㅋㅋㅋㅋㅋㅋㅋㅋㅋㅋ
ㅋㅋㅋㅋㅋㅋㅋㅋㅋㅋㅋㅋㅋ
좌의정
ㅠㅠㅠ;;;;;;;;;;;;;;;;;;
아주 잘나셨어요들
그래 니들만 깨끗하세요
ㅋㅋㅋㅋㅋㅋㅋㅋㅋㅋㅋ
난 지지다 지지
지지킹
좌의정
ㅠㅠㅠㅠㅠㅠㅠㅠㅠ
진정하세요 전하
죽여~ 쥬시오소서~ㅠ

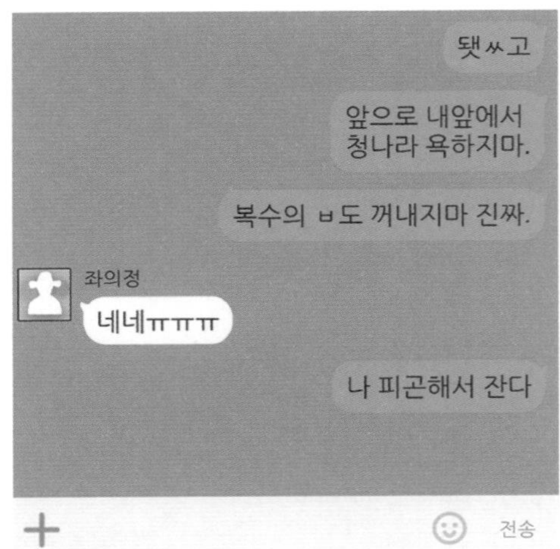
됏ㅆ고
앞으로 내앞에서
청나라 욕하지마.
복수의 ㅂ도 꺼내지마 진짜.
좌의정
네네ㅠㅠㅠ
나 피곤해서 잔다
전송

비참하다…….

부르르르

1645년 4월
오늘의 뉴스배달

[정치]입원중인 소현세자 저하

귀국때부터 몸이 안 좋았던 저하…상태 나빠

9년에 걸친 포로생활로 쇠약…가끔 의식 잃어

?

[속보]청나라의 무한애정?

거만하기로 유명한 장수 "용골대"…존댓말까지

청나라 사신, 일부러 병문안 와…
소현세자가 인사하려 하자 "그대로 누워계시라"
"빨리 나으셔야 할텐데…"걱정까지

네티즌 덧글(1645개)

└매향*님 : 헐 와
└옥매*님 : 웬일이야 그 사나운 오랑캐들이;;;;;

!!!!

└개똥*님 : 진짜 청나라에서 정 엄청 들었나봄
헤어질때 사신들 거의 울었대요;;;;;;;

└개똥*님 : 내년 봄에 꼭 다시 만나자고 했답니다;;;;

└옥매*님 : @개똥*님 캬ㅋㅋㅋㅋㅋ
역시 우리 세자저하♥

└옥매*님 : 매력이 넘치셔♥♥♥♥♥

찌질이 주상보다 서열 높은부분ㅋ?

공감하오! 1645 난 반댈세! 34

정사 正史

실록에 기록된 것

- 인조, '신담薪膽' 두 글자를 문서에 쓰지 못하게 하다. 이는 와신상담(원한을 가슴에 새겨 복수할 날을 기다림)에서 따온 말이다.
- 청, 조선이 성벽을 쌓는 것을 금지하다. 전쟁준비라고 생각했기 때문. 심지어 무너진 성벽마저 그대로 두도록 하다.
- 청, 첩자를 꾸준히 파견하여 조선의 내부 사정을 살피다.
- 청, 인조를 줄기차게 위협하다. "청나라에 붙들려오고 싶나", "여차하면 소현세자를 보내 왕위에 올리겠다." 인조, "나는 화살 맞은 매"라며 신세한탄하다.
- 소현세자, 청에서 돌아오던 때부터 건강 계속 악화되다. 청나라 칙사, 소현세자에게 "일어서서 인사하시는 것이 예의이나, 편찮으신 몸에 나쁜 영향 끼칠까 걱정됩니다. 앉아서 하시지요" 하다.

픽션

기록에 없는 것

- 아직 탕수육은 없었다.

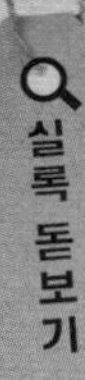

- 스물두 번째 이야기 -

현실주의자 최명길

병자호란 시기 뛰어난 인물로 보통 김상헌과 최명길을 든다. 둘의 관계를 단적으로 말해주는 일례가 있다. 청나라에게 보내는 항복 문서를 김상헌은 찢어버리고 최명길은 다시 이어 붙였다는 것이다. 김상헌이 국서를 찢은 것은 『실록』에도 나와 있는 진실이지만 원본은 따로 있었을 테니 굳이 이어 붙일 필요는 없었을 것이므로, 이 이야기는 둘의 성향을 대조하기 위해 만들어진 것일 가능성이 높다. 아무튼 국서를 작성하고 화의를 주도한 최명길은 당대는 물론 후대에까지 엄청나게 지탄을 받았다. 이유인즉 "명나라의 은혜는 아버지와 같은데 어떻게 오랑캐에게 존댓말을 쓰고 나라를 팔아넘기나요!" 같은 것이었다. 오랑캐를 상대로 우리가 신하라는 말을 못 쓰겠다, 황제의 말 뒤에 '폐하'라는 존칭을 붙이지 못하겠다, 그런 이유로 토를 달았다. 그런데 이 국서가 작성되고 있던 당시는 실시간으로 청나라 군대가 남한산성 바깥에서 대포를 쏘고, 추운 겨울 눈은 펑펑 와 사람이 얼어 죽어가고 있었으며 식량은 떨어진 상황이었다. 결국 열 받은 최명길이 "그럼 너희가 나가 청나라 군대를 물리쳐봐!"라는 지극히 타당한 반박을 했고, "너희가 매번 사소한 데서 꼬투리 잡고 쨍알거리는 바람에 이렇게 치욕을 당하게 되었잖아!"라고 버럭 해서 사람들을 침묵시켰다.

그런데 조선의 굴욕적인 항복 이후 명나라와 남몰래 뒷담 외교를 펼친 것은 척화파들이 아닌 주화파로 낙인찍혀 온갖 욕을 들었던 최명길이었다. 이유야 뻔하다. 최명길도 청나라가 예뻐서 화의를 한 게 아니고, 조선이란 약소국이 살아남기 위해 어쩔 수 없었던 것이다. 더욱이 이런 양다리 외교가 청나라에게 들키자 최명길은 "내가 한 일이다"라고 딱 잘라서 임경업을 비롯한 부하들을 보호하고 본인이 청나라 심양의 감옥에 끌려가 수감당하는 고초까지 감수했다. 정작 임금이었던 인조는 책임을 회피한 것은 물론, 최명길을 의심해서 삭탈관직까지 해버리는 꼴사나운 모습을 보인다.

이야기는 여기서 끝나지 않는다. 전쟁 와중 포로로 잡혀갔다가 조선으로 돌아온 여인들이 절개를 버렸다며 이혼하게 해달라는 요청이 올라오자, 심양을 다녀오며 수많은 조선인들이 포로로 잡혀 있는 모습을 본 최명길은 반대한다. 애초에 잡혀간 사람들은 나라가 잘못해서 잡혀간 것이며 그런 식으로 이혼을 허락하면 아무도 잡혀간 가족들을 데려오려고 하지 않을 텐데 그 사람들을 이국에 남겨둘 수는 없고, 따라서 이혼을 허락할 이유가 되지 않는다고. 하지만 『실록』의 사관들은 "절의를 잃은 부인들이 돌아와 다시 가족이 된다면 이 나라가 오랑캐 나라가 되잖아!"라고 최명길을 비난했다.

어쨌건 정리하자면 최명길은 국제적인 정세를 알아보는 안목과 사소한 체면에 연연하지 않는 실리주의를 갖춘, 부하들의 잘못까지 책임지는 의리 있는 사람이었다. 전쟁 피해자나 약자에 대한 공감 능력도 출중했고 군사적인 지식까지 겸비했다. 인조가 청나라와 전쟁을 벌이겠다고 설레발을 칠 때 압록강이 얼어붙으면 조선은 끝장이라는 현실을 일깨워주었던 사람도 최명길이었다. 최명길이 있었기에 그나마 호란이 저 정도에서 수습되었다는 생각과 동시에 저런 사람이 왜 하필 이 시대에 태어났을까라는 안타까운 마음이 들게 된다.

시대를 너무 앞서간 최명길은 당시에는 이해받지 못했으며, 그래서 『실록』의 졸기卒記에는 안 좋은 평이 가득하다. 권모술수를 부리고 자기 능력에 대한 잘난 척이 심했으며 화평을 주장하여 여론의 미움을 받은 뒤 뒤끝이 쩔어…… 등등. 그러면서도 위급한 상황에서 몸을 피하지 않았고 일 처리는 확실했다고, 어쩔 수 없이 그의 능력을 인정하긴 했다.

현실과 그 한계를 직시하고 실질적으로 문제를 해결하려고 했던 최명길의 노력은 아무에게도 받아들여지지 않았고, 명나라가 멸망하고 청나라가 중국의 패자가 되자 조선은 멘탈 붕괴에 빠진다. 오랑캐가 상국上國이 된 현실을 애써 외면하며 쫄딱 망한 명나라를 여전히 '몰래' 모시며 자신들이야말로 정통이라는 소중화小中華에 목을 매게 되었으니, 조선은 현실을 외면하고 정신승리용 명분에 집착하는 나라가 되어갔다.

어떡해

여보

여보!!!

하나요 서른넷

 세자빈 강씨 가엾어서 어떡해

 인조 (알수없음)

 백성들 소오름;;;;;

1645년 4월,
소현세자가 죽었다.

1 소현세자 사망

실시간 급상승 검색어

1. 소현세자 사망 NEW!
2. 세자 사망
3. 세자 급사
4. 급사가 뭔가요
5. 세자빈
6. 주상전하
7. 사망원인
8. 추모
9. 장례식 일정
10. 소현세자 사망 의혹

너무나 갑작스러운 죽음에
백성들은 얼떨떨했다.

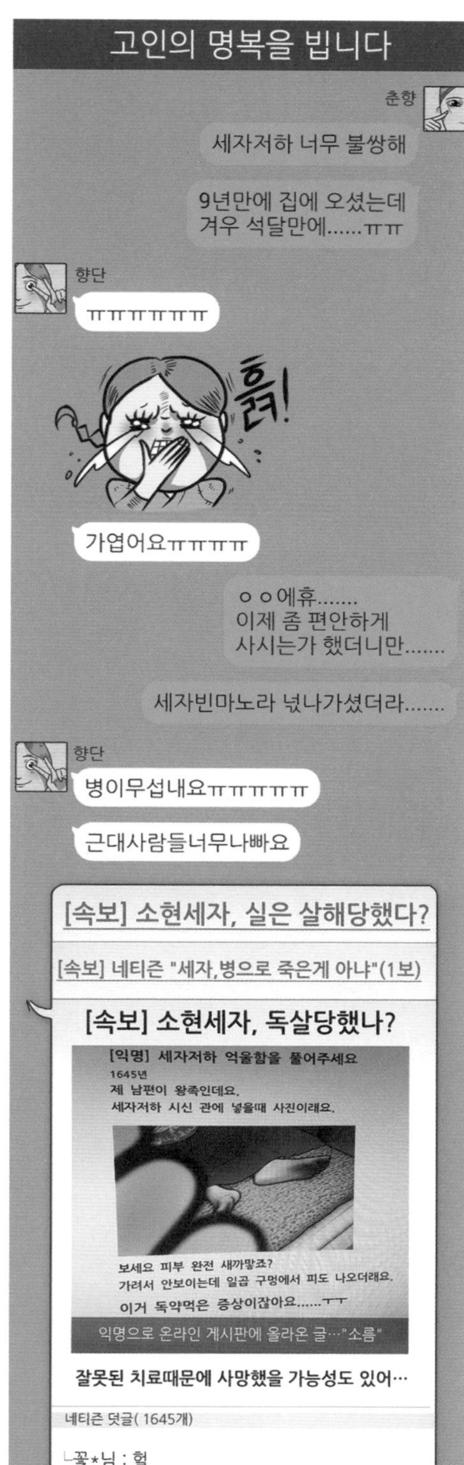

고인의 명복을 빕니다
춘향
세자저하 너무 불쌍해
9년만에 집에 오셨는데
겨우 석달만에......ㅠㅠ
향단
ㅠㅠㅠㅠㅠㅠ
흙!
가엽어요ㅠㅠㅠㅠ
ㅇㅇ에휴.......
이제 좀 편안하게
사시는가 했더니만.......
세자빈마노라 넋나가셨더라.......
향단
병이무섭내요ㅠㅠㅠㅠㅠ
근대사람들너무나빠요
[속보] 소현세자, 실은 살해당했다?
[속보] 네티즌 "세자,병으로 죽은게 아냐"(1보)
[속보] 소현세자, 독살당했나?
[익명] 세자저하 억울함을 풀어주세요
1645년
제 남편이 왕족인데요.
세자저하 시신 관에 넣을때 사진이래요.
보세요 피부 완전 새까맣죠?
가려서 안보이는데 일곱 구멍에서 피도 나오더래요.
이거 독약먹은 증상이잖아요......ㅜㅜ
익명으로 온라인 게시판에 올라온 글…"소름"
잘못된 치료때문에 사망했을 가능성도 있어…
네티즌 덧글(1645개)
ㄴ꽃*님 : 헐

그랬다.
백성들은 세자의 느닷없는 죽음을
의심하고 있었다.

ㄴ꽃*님 : 에이 설마;;; 누가/왜 독을 먹이겠음???

ㄴ익명 : 조심스럽지만....주상 아닐지....
ㄴ익명 : 22
ㄴ익명 : 33333333333
ㄴ익명 : 4444444 왕위 뺏길까봐.......

심지어 범인으로 찍은 건
자신들의 왕이었는데.

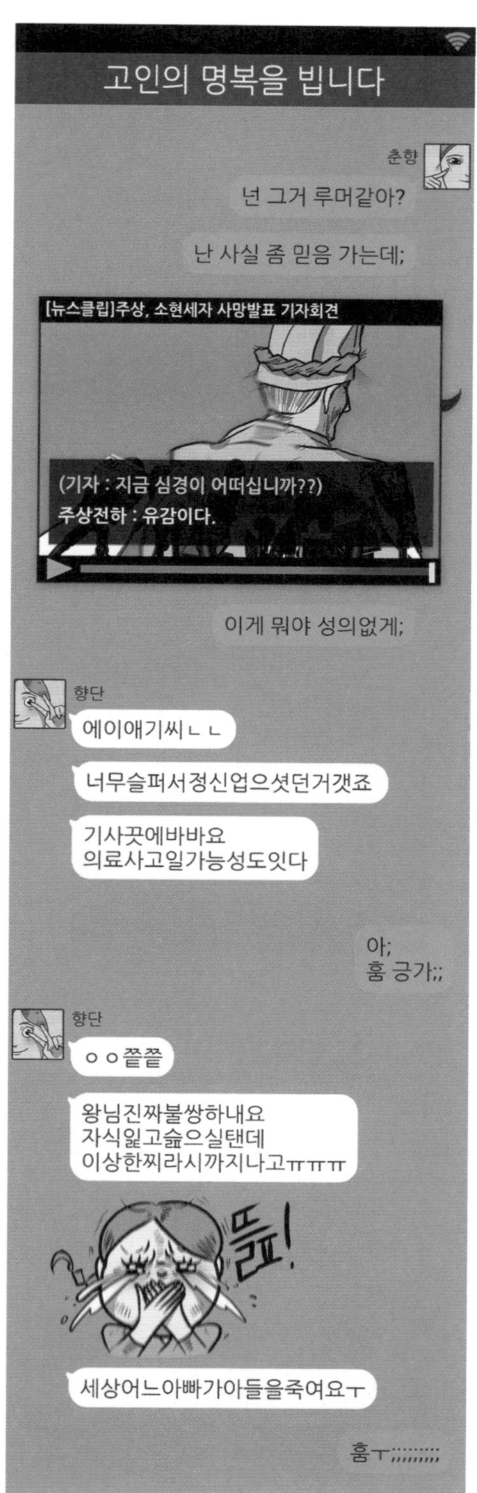
고인의 명복을 빕니다
춘향
넌 그거 루머같아?
난 사실 좀 믿음 가는데;
[뉴스클립]주상, 소현세자 사망발표 기자회견
(기자 : 지금 심경이 어떠십니까??)
주상전하 : 유감이다.
이게 뭐야 성의없게;
향단
에이애기씨ㄴㄴ
너무슬퍼서정신업으셧던거갯죠
기사끗에바바요
의료사고일가능성도잇다
아;
훔 긍가;;
향단
ㅇㅇ쯜쯜
왕님진짜불쌍하내요
자식잃고슲으실탠데
이상한찌라시까지나고ㅠㅠㅠ
뜨릅!
세상어느아빠가아들을죽여요ㅜ
훔ㅜ;;;;;;;;;

그러나, 시간이 지날수록
의혹이 풀리기는커녕

더욱 짙어지기만 했으니.

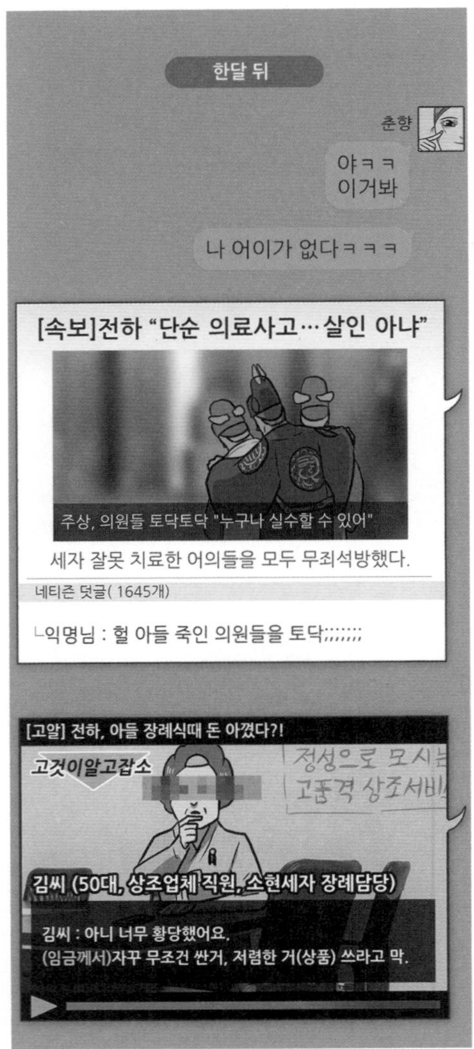

한달 뒤
춘향
야ㅋㅋ
이거봐
나 어이가 없다ㅋㅋㅋ
[속보]전하 "단순 의료사고… 살인 아냐"
주상, 의원들 토닥토닥 "누구나 실수할 수 있어"
세자 잘못 치료한 어의들을 모두 무죄석방했다.
네티즌 덧글(1645개)
ㄴ익명님 : 헐 아들 죽인 의원들을 토닥;;;;;;;
[고알] 전하, 아들 장례식때 돈 아꼈다?!
고것이알고잡소
김씨 (50대, 상조업체 직원, 소현세자 장례담당)
김씨 : 아니 너무 황당했어요.
(임금께서)자꾸 무조건 싼거, 저렴한 거(상품) 쓰라고 막.

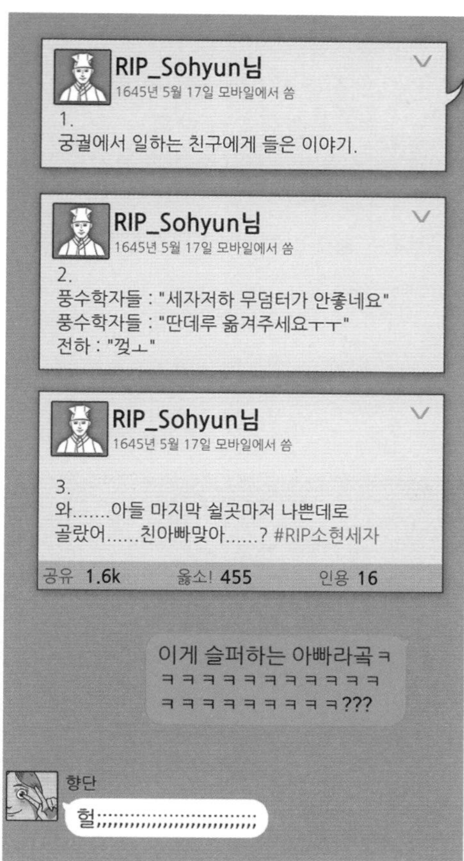
RIP_Sohyun님
1645년 5월 17일 모바일에서 씀
1.
궁궐에서 일하는 친구에게 들은 이야기.
RIP_Sohyun님
1645년 5월 17일 모바일에서 씀
2.
풍수학자들 : "세자저하 무덤터가 안좋네요"
풍수학자들 : "딴데루 옮겨주세요ㅜㅜ"
전하 : "껒ㅗ"
RIP_Sohyun님
1645년 5월 17일 모바일에서 씀
3.
와.......아들 마지막 쉴곳마저 나쁜데로
골랐어......친아빠맞아......? #RIP소현세자
공유 1.6k 옳소! 455 인용 16
이게 슬퍼하는 아빠라곩ㅋ
ㅋㅋㅋㅋㅋㅋㅋㅋㅋㅋㅋㅋㅋ
ㅋㅋㅋㅋㅋㅋㅋㅋㅋㅋ???
향단
헐;;;;;;;;;;;;;;;;;;;;;;;;;;;;;;;;

셋이요 쌀쌀그이상

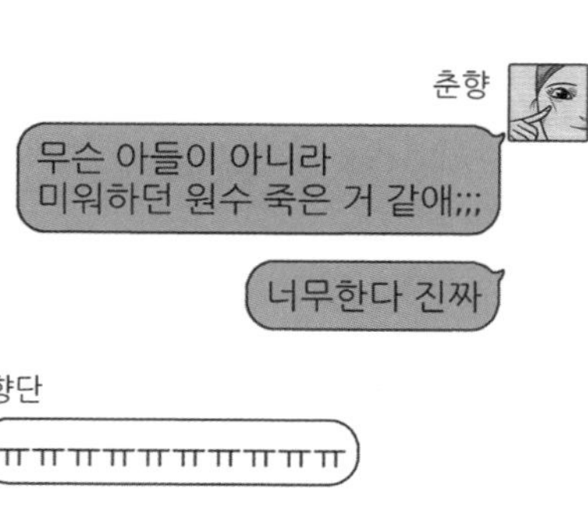
춘향
무슨 아들이 아니라
미워하던 원수 죽은 거 같애;;;
너무한다 진짜
향단
ㅠㅠㅠㅠㅠㅠㅠㅠㅠㅠㅠㅠㅠㅠ
소오름;;;;;;;;;;;;;;

백성들이 이럴 정도인데
소현세자의 반쪽,
세자빈 강씨의 마음은 오죽 아팠으랴.

그녀는 시아버지인 인조에게 따졌다.

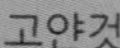

[한양데일리] 쇼핑중독 소현세자빈?!

[사진] 토나오게 비싼 청나라의 비단들

청나라에 세자저하와 함께 잡혀있었던 세자빈!
늘 엄청나게 많은 비단을 사들였다는데.

못된것

왜 악의적 캡쳐하세요?
그 기사 아래에 내용 더 있잖아요.

알아보니, 청나라에 잡힌 조선인 포로들을
돌려받기 위한 몸값용이었다고.

네티즌 덧글(1637개)

└돌*님 : 야이 기레기야-_-

└돌*님 : 제목낚시 재밌냐??ㅗㅗㅗㅗㅗㅗㅗㅗㅗ

슬프시다고
아무 말씀이나
막 하지 마세요.

저희 양심만은 지켰어요.

어디서 말대꾸냐
오랑캐한테 배워온 말버릇이야??

니 나한테 쌓인게 많은가본데
그러다 뭔짓 하겠다???

왜 이 늙은이 어떻게 해버리게??

못된것

아 ㅈㅔ발
아버님

제가 무슨

내가 왜 니 애비야
개만도 못한것이!!!

정사 正史

실록에 기록된 것

- 앓던 소현세자, 의관 이형익의 침을 맞다. 그후 의식불명 되어 사흘 후 사망하다.
- 종친인 진원군 이세완, 소현세자의 염습에 참여하다. 그때 세자의 피부가 검게 변색되었고, 몸의 일곱 구멍에서 피가 흐르는 것을 보고 독살로 여기다(사관은 인조가 이를 몰랐다 함).
- 인조, 극히 검소한 장례를 치르도록 하다. 13세에 죽은 명종의 아들 순회세자의 장례를 참고하도록 하다.
- 인조, "세자를 여기에 묻으시면 세자의 아들인 원손의 장래가 어두울 것"이란 말을 듣고도 장소 바꾸지 않다.
- 인조, 소현세자빈 강씨를 극도로 꺼리다. 그녀가 장사를 즐겼으며(심양에서 조선인 포로 농장 경영), 왕비나 입는 붉은 비단옷을 지어 입었고(근거 없음), 자신의 수라에 독이 든 전복을 넣었다며(근거 없음) 사형을 주장하다. "역적 강씨(역강)"라 부르다. 신하들이 "며느리도 자식이다"라며 말리자, "개의 새끼(狗雛)가 어찌 임금의 자식이냐"며 분노하다.

픽션

기록에 없는 것

- 고것이 알고잡소는 없었다.

- 스물세 번째 이야기 -

싫으니까 싫지

소현세자가 갑작스레 죽은 뒤 후계자가 될 사람은 원칙대로라면 소현세자의 아들, 인조의 손자인 원손 이석철이었다. 적장자 계승은 조선의 원칙이었다. 하지만 인조는 그 원칙을 거부하고 자신의 둘째 아들이던 봉림대군을 세자로 삼으려 했다. 인조는 원손이 머리가 나쁘니 왕으로 삼을 수 없다는 핑계를 댔다. 얼마나 어처구니가 없었던지 원손을 가르치고 있던 김류는 말도 안 되는 소리 하지 말라고 반박할 정도였다. 그 다음 핑계는 원손이 너무 어려서 자신에게 무슨 일이 생기면 나라를 맡길 수 없다는 것이었다. 소현세자가 죽던 당시 원손은 10세. 어린 나이인 것은 맞지만 계승권을 빼앗을 만한 이유는 되지 못했다.

소현세자가 오래 청나라에서 지낸 덕분에 친청파가 되어 사대부들의 반감을 산 것은 사실이지만 소현세자와 강빈이 중국에 인질로 가 있는 동안 세손은 인조의 곁에 남아 자랐고, 중국에는 다섯 살 때 잠깐 다녀왔을 뿐이었다. 아직 어리니 앞으로 조선에서 살아간다면 어린 시절 스쳐 지나간 중국 생활의 영향력은 그리 크지 않을 것이었다. 당연히 많은 반대가 있었지만 말을 들을 생각이 없었던 인조는 자신의 생각을 무작정 밀어붙였고, 특유의 엉망진창 추진력으로 둘째 아들을 세자로 삼았다.

그런 다음으로 며느리 민회빈 강씨에게 자신을 독살하려 하고 저주했다는 죄를 뒤집어씌웠다. 없는 죄를 만들어내려니 당연히 억지가 뒤따랐다. 강씨의 시중을 들던 궁녀들은 처참한 고문을 당하다가 죽었고, 억지로 짜낸 증언과 조작된 증거들이 마련되었다. 그것들을 바탕으로 인조는 민회빈 강씨의 죄를 알리는 글을 내렸는데 이것이 문제였다. 고도의 정치적인 수사와 계략이 버무려졌다면 비정할지언정 우습지는 않았을 텐데 인조의 말은 논리도 이성도 없었으며 임금으로서의 기품마저 쌈 싸 먹은, 미친 사람의 헛소리였다. 글을 요약하면 이렇다.

"나 재 싫어, 죽여, 죽여!"

조정에서 제대로 정신이 박힌 사람들은 모두 민회빈 강씨의 처벌에 반대했다. 이때 인조의 편을 들어준 사람이 김자점이었다. 병자호란 때 도원수이면서도 제 한 몸만 아껴 싸울 생각도 하지 않아 나라를 패망으로 몰아넣은 사람, 그런데도 반정공신이라는 이유로 아무 처벌도 받지 않았던 김자점은 이런 부도덕한 일에도 거리낌 없이 인조의 편을 들었고, 인조는 김자점의 아부가 진짜 여론이고 세상의 뜻인 양 휘둘러댔다.

강씨는 그렇게 억울하게 죽었으며 그의 친정 식구들인 어머니와 오빠 넷, 그리고 조카들까지 모조리 몰살당했다. 인조의 손자이기도 한 소현세자의 아들들은 어린 나이에 제주도로 귀양 보내져 그중 둘이 죽고 말았다. 『실록』의 사관마저 "아무리 그래도 자기 손자를!"이라며 인조를 욕할 정도였다.

인조가 워낙 제정신이 아닌 짓을 벌였기에 어떤 사람들은 인조의 애첩이었던 귀인 조씨가 이 모든 음모를 조종했다는 말을 하기도 하지만 조씨는 소현세자 가족을 몰살시켜서 얻는 게 없었다. 어차피 왕비는 1638년(인조 16)에 새로 맞아들인 20세 연하의 장렬왕후였고, 조씨에게 아들이 둘 있긴 했지만 효종보다 20세나 연하였으니 세자 자리를 노릴 수도 없었다. 결국 이 모든 결과를 원한 사람도, 진행한 사람도 인조였다. 다른 이들은 조연에 불과했다. 도대체 왜 그랬을까? 번듯한 이유라도 있으면 좋겠는데 그가 남긴 말들을 통해 얻을 수 있는 답은 하나뿐이다. "싫어서."

반정을 일으켰을 때, 소현세자의 장례식을 엉망진창으로 치렀을 때, 손자 대신 둘째 아들을 세자로 삼았을 때, 며느리의 가족들을 몰살시켰을 때, 인조는 세상일이 자기 뜻대로 굴러간다고 만족했을지도 모른다. 하지만 막무가내로 밀어붙인 일에는 반드시 후환이 있다. 사람들은 처참하게 죽은 민회빈 강씨와 소현세자의 아들들을 불쌍하게 여겼고, 그리고 사대부들은 소현세자의 아들이야말로 정당한 후계자라고 생각했다. 그리하여 인조가 저지른 무리수들은 결코 사라지지 않고 차곡차곡 쌓여 마침내 조선을 뒤흔드는 대사건으로 터지게 된다. 훗날 예송논쟁으로 말이다. 조선왕조실톡

북벌

3부

효종 1649~1659년 재위

효종
패밀리

24 조선왕조실톡

감기 걸린 봉림대군

1645년, 조선

지식人 - 건강, 의료분야

Bongrim19

Q. 감기 빨리 낫는 법

강녕하세요 27남입니다

제가 감기에 걸렸는데요;;;;;;
빨리 나으려면 어떡해야 하나요;;;;

내공겁니다;;;;;;;;;;

전문가 답변

A. 걱정마세요^^

ZZang-geum

강녕하세요^^
저런, 힘드시죠?

영양을 잘 섭취하시고 푹 쉬세요.
비타민 가득한 귤은 맛도 좋죠.
일주일이면 털고 일어나실 겁니다^^

지식人 - 건강, 의료분야

Bongrim19

Q. 감사한데요;;;;

일주일 안돼요;;;;;;;;;;;;
더 빠른방법 없나요
꼭 하룻밤만에 나아야 돼요;;;;;;

안그럼 저 죽ㄱ어요;;;;;;;;

 인조 일루와^^

 봉림대군 (도망중)

하나요 쿨럭쿨럭

나는 봉림대군.

인조대왕의 둘째 아들이자,
소현세자의 친동생.

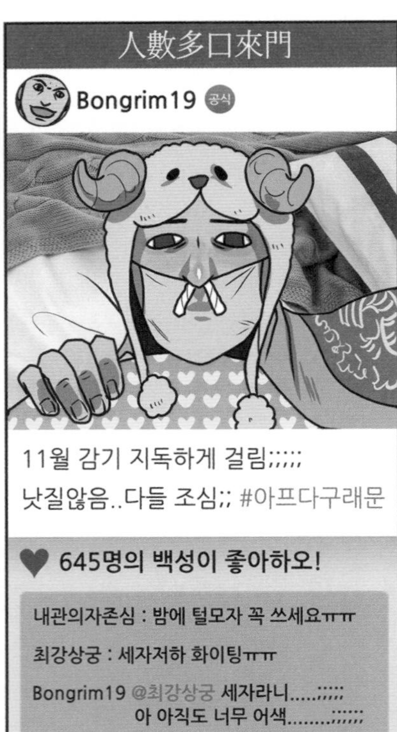

人數多口來門
Bongrim19 공식
11월 감기 지독하게 걸림;;;;;
낫질않음..다들 조심;; #아프다구래문
645명의 백성이 좋아하오!
내관의자존심 : 밤에 털모자 꼭 쓰세요ㅠㅠ
최강상궁 : 세자저하 화이팅ㅠㅠ
Bongrim19 @최강상궁 세자라니.....;;;;;
아 아직도 너무 어색........;;;;;;

그런 내가, 감기에 걸렸다.

세자 봉림, 인조
아바마마(인조)
아들
오늘은 몸 좀 어떠니
봉림대군
괜찮아요
열만 좀 나구요
기침은 많이 줄었어요
아바마마(인조)
아침 많이 남겼다며
밥을 먹어야 힘이 나지
목구멍 쓰려서……
아바마마(인조)
ㅠㅠㅠ
너 이렇게 아파서 어쩌냐ㅠㅠ
아빠 속상해 죽겠다

나도 속상해 죽겠다.
감기 때문만은 아니다.

왜 백성들은,
이런 착한 아바마마를
욕하는 거지?????

둘이요 마음 아파

내가 뉴스를 본 것은 공항에서였다.
9년 만에 청나라에서
돌아왔을 때였다.

소현이 형이, 죽었다고.

[속보] 봉림대군, 새 세자로 책봉

"안돼"…형의 관 끌어안고 오열하는 봉림대군

감기, 학질증상 보이던 소현세자,
어의 이형익에게 침맞고 사망해…

[정석을 거부하는 "프리스타일 침놓기"로 논란]

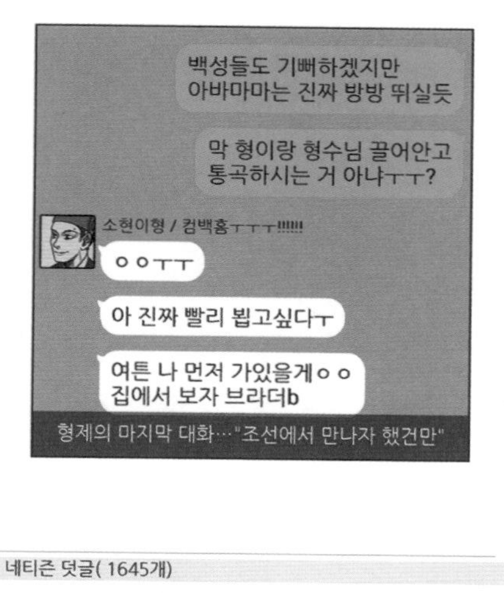
백성들도 기뻐하겠지만
아바마마는 진짜 방방 뛰실듯
막 형이랑 형수님 끌어안고
통곡하시는 거 아냐ㅜㅜ?
소현이형 / 컴백홈ㅜㅜㅜ!!!!!!
ㅇㅇㅜㅜ
아 진짜 빨리 뵙고싶다ㅜ
여튼 나 먼저 가있을게ㅇㅇ
집에서 보자 브라더b
형제의 마지막 대화…"조선에서 만나자 했건만"

네티즌 덧글(1645개)

ㄴ막순*님 : ㅉㅉ불쌍하다 우애 엄청 깊던데ㅠ

ㄴ갑돌*님 : 왕이 어의 시켜서 소현세자 죽인거죠ㅎ

봉림 세자저하…ㅎ
자기 아빠가 자기 형 죽인거 알긴할지?

이게 웬 개소리
?????????

세자 봉림, 인조
아바마마(인조)
니가 청나라에서 얼마나
맘고생을 했으면 이러니ㅠㅠ

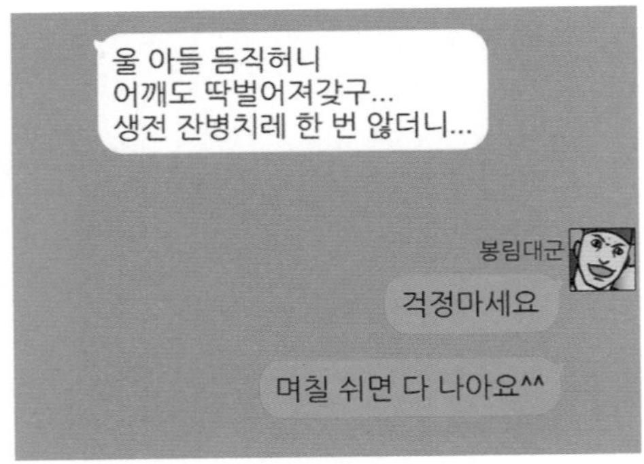

이렇게나 좋은 분인데.
진짜 가족밖에 모르시는데!

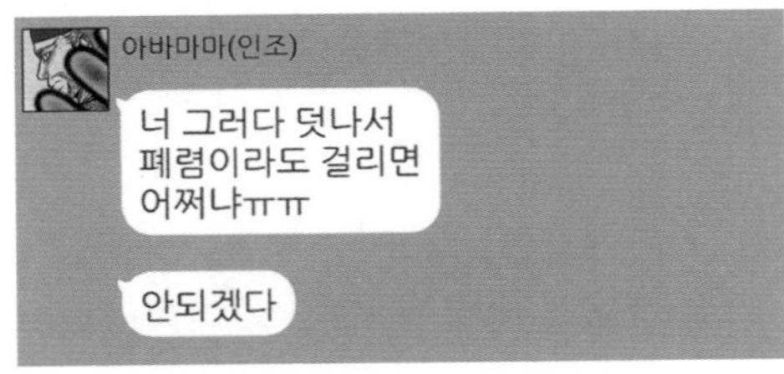

난 무조건 믿어
우리 아바마마!

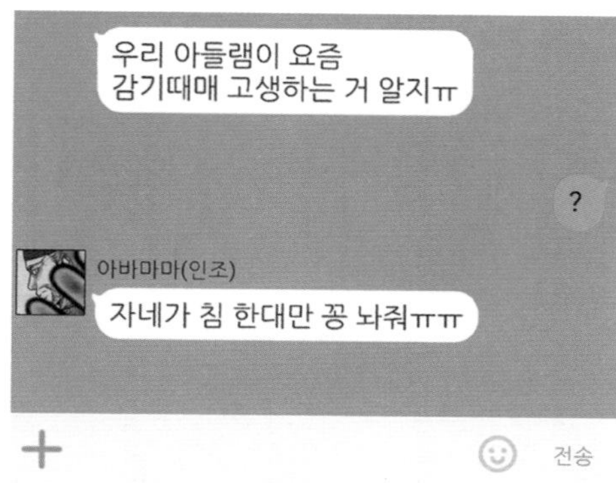

셋이요 돌팔이

잠깐만.
네?
누구요?

이형익?

감기, 학질증상 보이던 소현세자,
어의 이형익에게 침맞고 사망해…

[정석을 거부하는 "프리스타일 침놓기"로 논란]

이형익

"프리스타일 침놓기"

감기

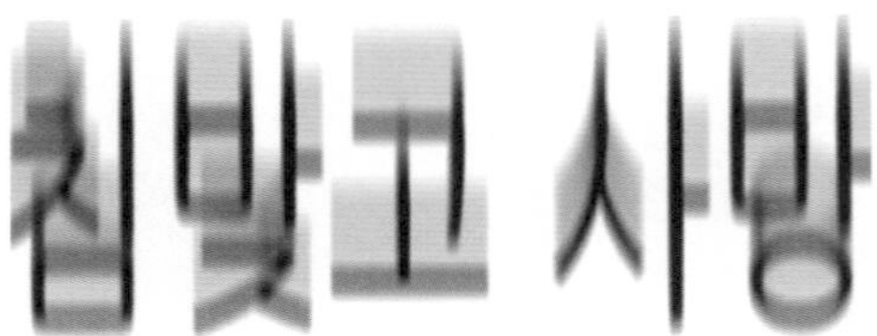
침맞고 사망

;;;;;;???????
???????????

세자 봉림, 인조, 어의 이형익
아바마마(인조)
어때
이선생 실력이면 얘
하루만에 고치지?
조선최고의 명의 / 이형익
ㅇㅇ아그름요~
이거는 감기가 아니라
나쁜 기운이 쌓인그그등~

오로지 침만이 답이다~
봉림대군
아뇨아뇨
저 감기 맞ㅎ는데;;;
아바마마(인조)
어허 아들~
어의선생님이 그렇다면
그렇구나 해야지ㅇㅇ
이선생; 워낙 능력자라
바쁜건 아는데
내일 당장 좀 와주라
울애기가 너무 힘들어해서ㅠ
ㅎㅓㅌㅅ;
아바마마(인조)
? 아들 왜?
아 니네 형때매?
그건 그냥 사고야~
이선생 실력은 아빠가 보장하께^^
전송

소현세자,
어의 이형익에게 침맞고
사흘 뒤 죽다.

인조,
봉림대군이 지독한 감기에 걸리자
이형익에게 침을 맞으라 하다.

봉림대군,
순식간에 감기를 극복하다.

정사 正史

실록에 기록된 것

- 이형익, 괴질을 치료하는 독특한 침술로 유명해지다. 번침(불에 달군 침)으로 인조의 병을 고치다. 인조, 그를 총애하다.
- 앓던 소현세자, 이형익의 침을 맞고 사흘 후 사망하다.
- 대소신료들, 이형익을 벌주라 하다. 그러나 인조, 오히려 이형익을 감싸고 툭하면 몰래 불러다 침을 맞다.
- 봉림대군, 청나라에서 포로 생활을 마치고 소현세자보다 조금 늦게 귀국하던 중 소현세자의 사망 소식을 듣다.
- 인조, 봉림대군을 세자로 임명하다. 소현세자의 큰아들 석철이 이미 10세로 똑똑하고 어질다고 소문이 났지만, 인조, "너무 어리고 멍청하다"며 세자로 삼지 않다. 봉림대군, 세 번 거절했으나 결국 세자가 되다.
- 봉림대군, 괴소문에도 아버지 인조를 믿다.
- 봉림대군, 감기에 걸리다. 자다가 움직이는 바람에 잘 때 쓰는 모자가 벗겨져 감기 더 심해지다.
- 인조, 이형익에게 번침을 맞도록 강력히 권하다.
- 그러나 봉림대군, 한사코 거절하더니 곧 감기 낫다.

픽션

기록에 없는 것

- 봉림대군이 귤을 한 박스 다 먹은 기록은 없다.

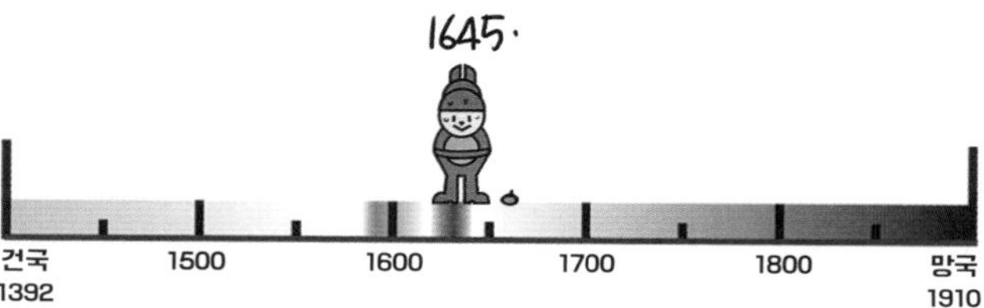

- 스물네 번째 이야기 -

귤들의 전쟁

겨울이면 사람들을 행복하게 해주는 귤. 박스째로 두고 하나둘씩 집어 먹다가 손가락 끝이 노랗게 되기도 하는 귤. 비타민 C가 많아 감기 예방에도 좋다는 귤. 조선시대 사람들 역시 귤을 몹시 사랑했다. 지금과 다른 점이 있다면 없어서 못 먹었다는 것. 요즘은 겨울철 가장 흔한 과일인 감귤이 조선시대에는 아주 귀한 과일이었다.

'귤'이란 이름은 한자 귤橘에서 왔다. 감귤柑橘, 혹은 감자柑子라고도 했다. 감자라고 하면 다른 채소가 생각나겠지만 여기서 말하는 감자는 귤이었다. 볶아 먹고 쪄 먹는 그 감자는 한자로는 감저甘藷라고 적었다.

예전에도 귤은 제주도에서 주로 났다. 조선시대에는 제주도의 귤나무를 가져다가 경상도와 전라도에 심어 귤을 널리 키웠고 어느 정도는 성공을 거두기도 했지만 그래도 역시 귤의 최대 생산지는 제주도였다.

그래서 매년 12월이 되면 제주목사는 제철이 된 귤을 모아 임금에게 바쳤다. 하지만 냉장고도 쾌속선도 없던 옛날, 귤 배송은 힘든 일이었고 중간에 썩는 것도 많았다. 임금에게 바칠 귤을 장만하는 게 보통 중한 일이 아니었기에 제주도 수령들은 동네 귤나무가 몇 그루인지부터 달려 있는 열매의 개수까지 치밀하게 장부에 적어두었다가 익으면 따서 서울로 보냈다. 그 와중 귤이 하나라도 없어지면 귤나무 주변에 사는 사람들은 도둑으로 몰려 고초를 겪어야 했기에 백성들의 고생이 이루 말할 수 없을 정도였다. 제주도 사람들의 이런 고생을 딛고 귤들이 서울에 도착하면 궁에서는 그야말로 행복한 귤 잔치가 벌어졌다.

당연히 임금은 귤을 마음껏 먹을 수 있었다. 귤을 신하들에게 나눠주는 것은 임금의 특권이었다. 태종은 폐세자된 양녕대군에게 귤을 선물로 보냈고, 문종은 세자 시절에 집현전에서 뼈를 깎으며 밤을 불태우는 사육신들에게 야근 사례로 귤 한 바구니를 보내주기도 했다. 1632년(인조 10), 인조는 신하들에게 귤을 나눠주

다가 여든 살이 넘은 아버지를 둔 이경석에게는 특별히 귤 열 개를 더 주었다. 귤을 받은 이경석의 아버지는 기쁨에 겨운 나머지 임금님께 "가족들이랑 맛있게 먹었습니다"라고 감사의 글을 올리기도 했다.

하지만 진정한 귤 잔치는 성균관에서 벌어졌다. 귤이 제주도에서 올라오면 성균관에서는 유생들을 모아놓고 황감제黃柑祭라는 특별한 시험을 치렀다. 해석하자면 귤 시험. 귤을 상품으로 건 시험이었다. 언뜻 임금이 귀한 귤을 내려주고, 젊은 학생들이 임금의 은혜에 감복하며 글 솜씨를 자랑하는 우아한 장면이 떠오른다. 그러나 예나 지금이나 이상과 현실은 다른 것. 귀한 과일 앞에서 사람들 눈은 뒤집혔고, 황감제가 시작되면 하나라도 귤을 더 얻어내겠다는 사람들로 인해 시험은 뒷전이고 귤을 쟁탈하려는 몸싸움이 벌어졌다. 그래도 양반 체면이 있다 보니 선비들이 직접 몸싸움을 하기보단 주로 하인들이 나섰고, 여기에 성균관에서 일하는 천민인 재직들도 끼어들었다. 귤을 나눠주는 사람들도 어떻게 분배해야 할지 난감해서 한 사람당 몇 개씩 차근차근 나눠주는 대신 사방팔방으로 귤을 던져댔다고 한다. 정조 때 성균관에서 공부를 했던 윤기라는 사람이 이 참상을 기록했다. 이런 상황 때문에 황감제에 아예 얼씬도 하지 않는 사람들도 있었다고 한다.

이 무작스러운 전통은 쉽게 고쳐지지 않고 이어져 1817년(순조 17)에 벌어진 황감제에서는 손에 귤을 꼭 움켜쥔 사람들이 계단에서 단체 귤 싸움을 벌였다. 보다 못한 신하가 "이게 시험장의 꼬락서니냐!"라는 상소를 올릴 정도였다 한다. 그만큼 귤이란 과일은 오래전부터 여러 사람들의 입맛을 사로잡아왔다. 조선왕조실톡

조선왕조실록 25
인조의 어이없는 최후

뭐야

말도 안 돼

아바마마!!!

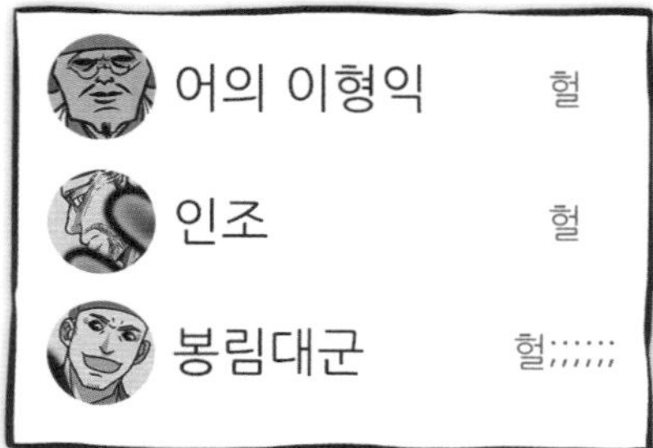

하나요 감기

정말 기가 막힌다.
진짜 별거 아니었다.

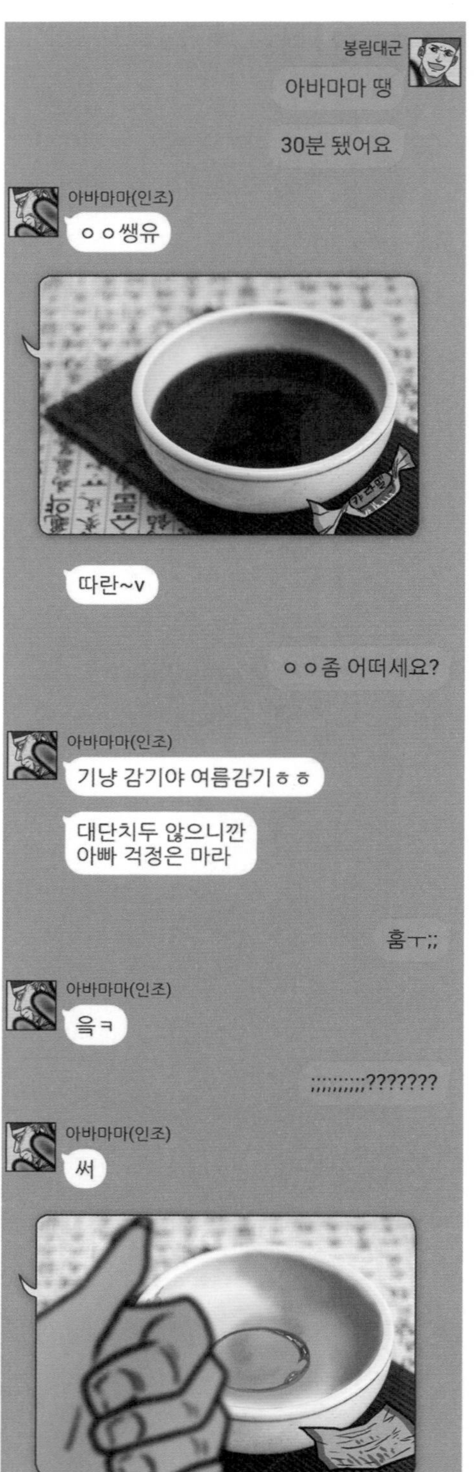
봉림대군
아바마마 땡
30분 됐어요
아바마마(인조)
ㅇㅇ쌩유
따란~v
ㅇㅇ좀 어떠세요?
아바마마(인조)
기냥 감기야 여름감기ㅎㅎ
대단치두 않으니깐
아빠 걱정은 마라
흙ㅜ;;
아바마마(인조)
읔ㅋ
;;;;;;;;;;???????
아바마마(인조)
써

ㅋㅋㅋ

아 진짜ㅋㅋㅋㅋ;

그래,
솔직히 방심했었다.
감기가 뭐야?

할바마마
사랑해요
감기

인조의 손주들이자
세자 봉림대군의 아이들
[세손, 숙명군주, 숙안군주]

조퇴도 못하는
잔병이잖아ㅜㅜ??

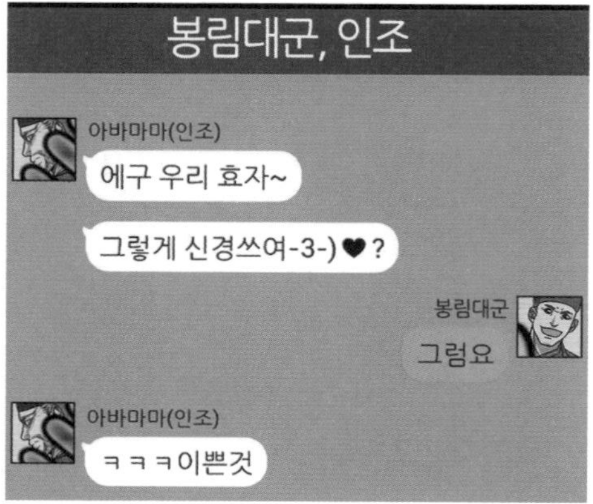
봉림대군, 인조
아바마마(인조)
에구 우리 효자~
그렇게 신경쓰여-3-)♥?
봉림대군
그럼요
아바마마(인조)
ㅋㅋㅋ이쁜것

아빠가 아들램 위해서
감기 하루라도 빨리
털어내야겠당
아플땐 모다?
인조님이 이형익님을 초대하셨습니다.
헛
아바마마(인조)
ㅎㅇ
어의 이형익
ㅎㅇ
ㅊ?
아바마마(인조)
ㅇㅇ
어의 이형익
ㅋㅋㅋㅋㅋㅋㅋㅇㅋ

그치만 몰랐지.
아무리 작은 불씨도 기름을 만나면

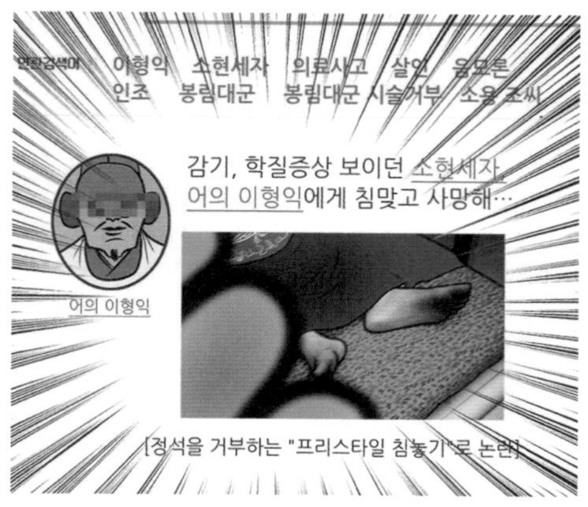

산을 싸그리 태워버리는
재앙이 된단 걸ㅜㅜ!

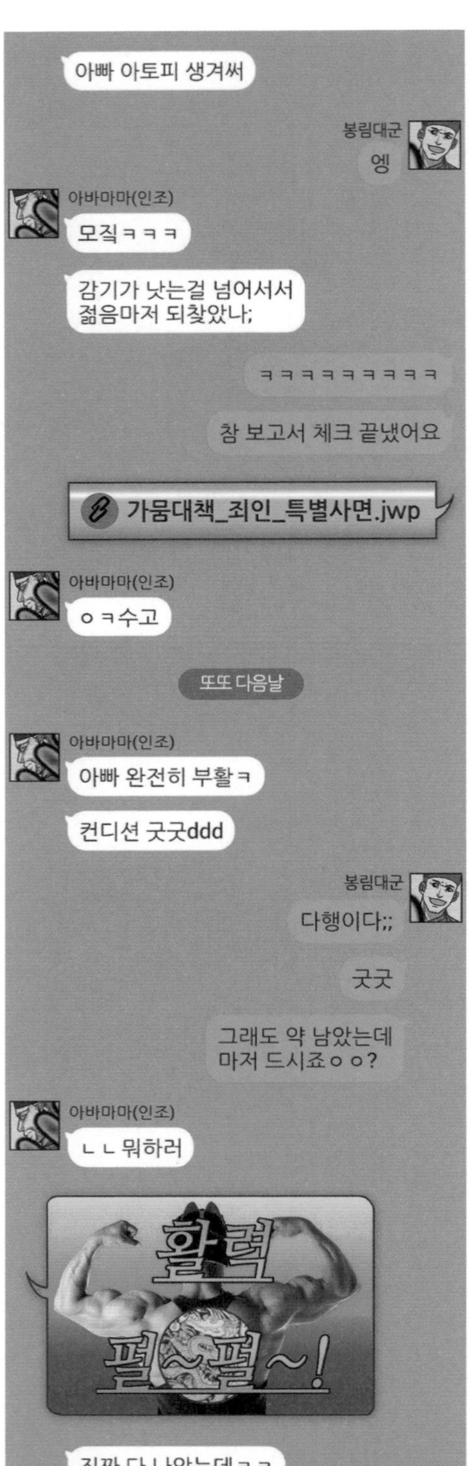
아빠 아토피 생겨써
봉림대군
엥
아바마마(인조)
모직ㅋㅋㅋ
감기가 낫는걸 넘어서서
젊음마저 되찾았나;
ㅋㅋㅋㅋㅋㅋㅋㅋㅋ
참 보고서 체크 끝냈어요
가뭄대책_죄인_특별사면.jwp
아바마마(인조)
ㅇㅋ수고
또또 다음날
아바마마(인조)
아빠 완전히 부활ㅋ
컨디션 굿굿ddd
봉림대군
다행이다;;
굿굿
그래도 약 남았는데
마저 드시죠ㅇㅇ?
아바마마(인조)
ㄴㄴ뭐하러
활력
펄~펄~!
진짜 다 나았는데ㅋㅋ

셋이요 5일

나도, 어의들도,
다른 신하들도 모두 속았다.

그렇게 다 나으신 줄 알았다.

그런데,
정확히 5일 뒤.

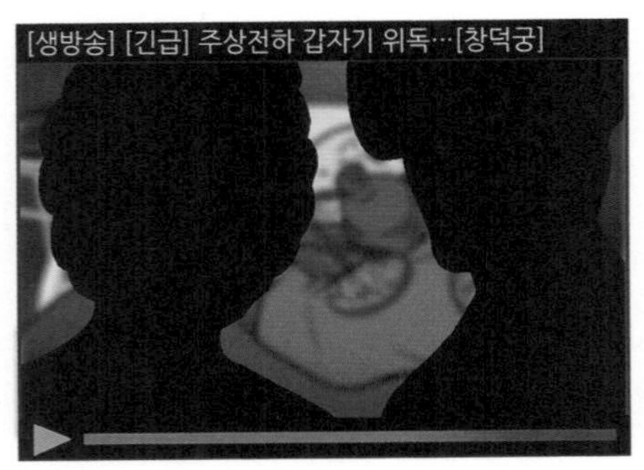
[생방송] [긴급] 주상전하 갑자기 위독…[창덕궁]

[생방송] [긴급] 주상전하 갑자기 위독…[창덕궁]

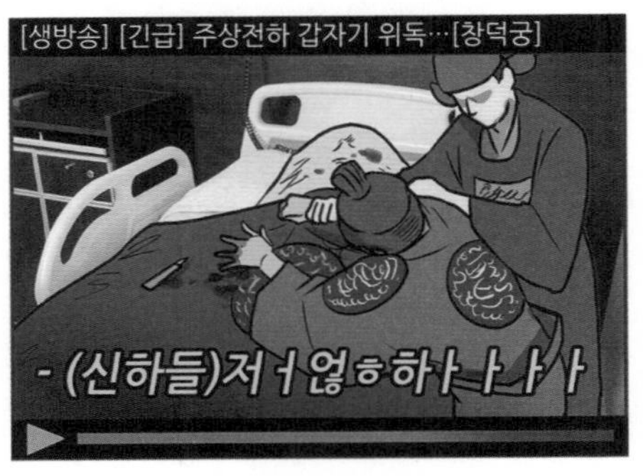
[생방송] [긴급] 주상전하 갑자기 위독…[창덕궁]
- (신하들)저ㅓ언ㅎ하ㅏㅏㅏ

?

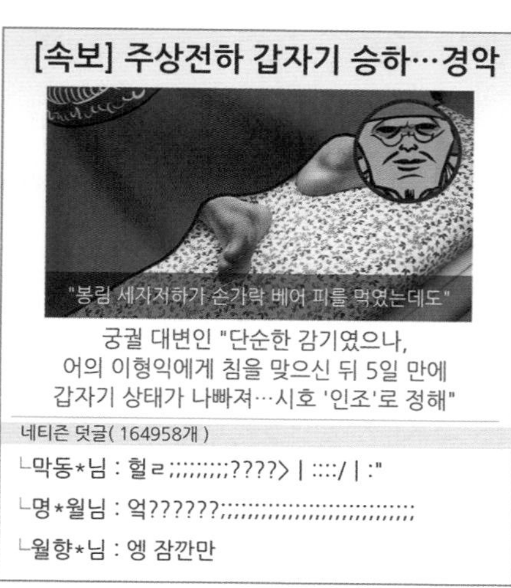

[속보] 주상전하 갑자기 승하…경악
"봉림 세자저하가 손가락 베어 피를 먹였는데도"
궁궐 대변인 "단순한 감기였으나,
어의 이형익에게 침을 맞으신 뒤 5일 만에
갑자기 상태가 나빠져…시호 '인조'로 정해"
네티즌 덧글(164958개)
└막동*님 : 헐ㄹ;;;;;;;;;;????> | ::::/ | :"
└명*월님 : 억???????;;;;;;;;;;;;;;;;;;;;;;;;;;;;;;
└월향*님 : 엥 잠깐만

??

so_climb님
1649년 5월 8일 모바일에서 씀
와 진짜 이상하다;.
이거는 진짜진짜 이상하다.
공유 1649 옳소! 58 인용 13

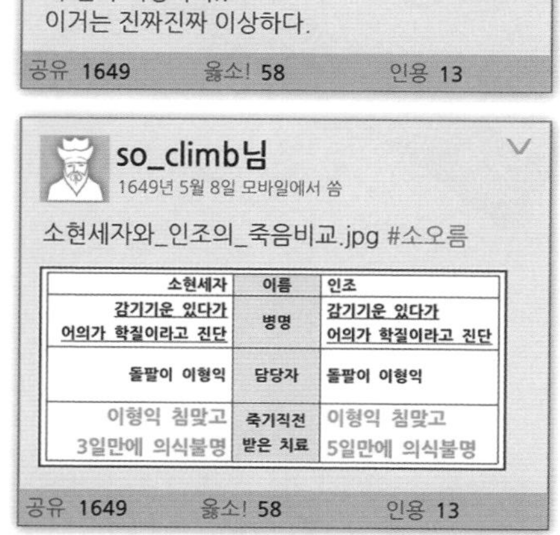

소현세자	이름	인조
감기기운 있다가 어의가 학질이라고 진단	병명	감기기운 있다가 어의가 학질이라고 진단
돌팔이 이형익	담당자	돌팔이 이형익
이형익 침맞고 3일만에 의식불명	죽기직전 받은 치료	이형익 침맞고 5일만에 의식불명

so_climb님
1649년 5월 8일 모바일에서 씀

아들 소현세자 죽었을 때 혼자
이형익 용서하자고 박박 우기더니;;;
우연인지 뭔지 걔한테 침맞고 가셨어

공유 1649 옳소! 58 인용 13

이거 천벌이냐ㅎ?
#비웃

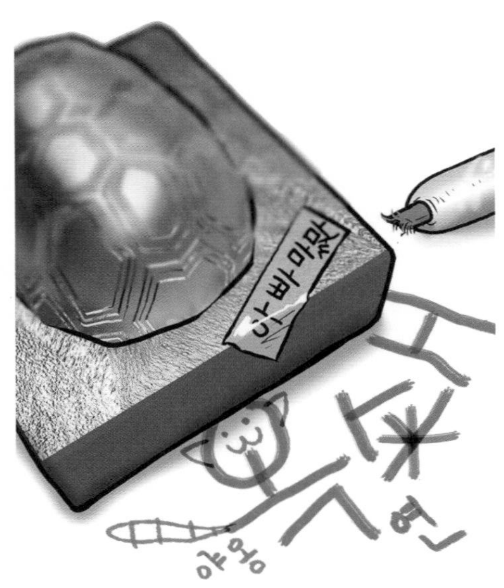

16대 왕 인조,
아들 소현세자를 잃다.

그로부터 4년 뒤 인조,
'우연히' 비슷한 병으로 사망하다.

그 뒤를 이어
인조의 둘째아들 봉림대군이
왕위에 오르니,

이가 곧 17대 왕 효종이다.

#북벌킹

정사 正史

실록에 기록된 것

- 왕의 약을 체크하는 것이 세자의 일. 어의들과 처방을 정하거나, 왕이 먹기 전 약을 맛보는 등 역할을 해야 했다.
- 1649년 5월 3일, 인조, 감기로 진찰받다. "별것 아니다"라며 약만 지어 올리라 하다.
- 이틀 후, 의관 이형익의 주장으로 학질을 다스리는 침을 맞다.
- 그 이후 침을 또 맞다.
- 1649년 5월 7일, 인조의 몸에 두드러기가 나다. 인조의 열이 떨어지다. 인조, 시약청을 만들자는 요청을 거절하다.
- 그 다음날, 갑자기 위독해지다. 세자 봉림, 왼손가락을 잘라 피를 먹이다. 동생인 대군이 막아 뼈는 잘리지 않다.
- 인조, 5월 8일 사망하다. '인조'라는 시호 받다.
- 세자 봉림, 왕위에 오르다. 이형익을 유배 보냈으나, 인조의 뜻을 따라 죽이지는 않다.

픽션

기록에 없는 것

- 땅콩맛 캐러멜은 없었다.

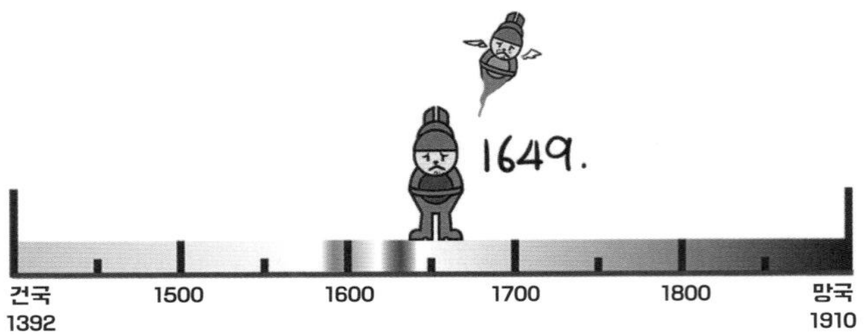

실록 돋보기

- 스물다섯 번째 이야기 -

사람 잡는 불로불사의 꿈

사람은 태어나면 언젠가 죽고, 의술에는 늘 한계가 있다. 하지만 역사상 이형익만큼 대놓고 돌팔이였던 의사도 참 드물다. 그는 1632년(인조 10) 신비한 의술인 번침술燔鍼術을 써서 사악한 기운을 몰아낼 수 있다는, 누가 봐도 사기성이 농후한 소문과 함께 혜성같이 등장했다. 처음에는 인조도 이형익을 사기꾼이라 의심했지만 직접 만난 뒤에는 그에게 홀랑 넘어가 그를 어의로 임명하고 10년 넘게 총애했다. 『조선왕조실록』와 『승정원일기』를 보면 인조는 자주 몸이 안 좋아 하루가 멀다 하고 침을 맞았는데 거의 대부분 이형익이 침을 놓았다. 왕의 총애를 받으니 온갖 부귀영화를 누렸고, 그러다가 기고만장해 나랏일에까지 참견하려다 최명길에게 "네가 뭔데?"라는 말을 들으며 혼쭐이 나기도 했다. 인조의 후궁인 소용 조씨와 스캔들까지 돌아 많은 신하들은 이형익을 쫓아내라고 간청했다.

그럼에도 인조는 굳건하고도 변치 않는 애정으로 이형익을 싸고돌았다. 이형익이 엉뚱한 곳에 침을 놓은 것을 알고도 봐주기까지 했을 정도로. 그러다가 결국 자신의 죽음까지 초래했으니 제 무덤을 팠다고 해야 할까. 이렇게만 보면 인조가 참 어리석게 느껴지지만 이런 사람이 한둘도 아니다. 건강에 좋다는 이유로 갖가지 이상한 일을 하다가 단숨에 인생을 망친 사람들의 이야기로만 책 한 권을 만들 수 있을 정도이다.

그 대표적인 헛짓이 단약丹藥이다. 아주 먼 옛날부터 중국의 황제들은 죽지 않고 오래 사는 신선이 되려고 단약을 먹었다. 몸이 가벼워지며 하늘도 날아다니고 불로장생한다는 약이었다. 그런데 단약의 원료는 대체로 수은이었다. 현대의 과학 상식으로는 한 입 먹는 것만으로도 몸 안의 중금속이 톡톡 터질 것 같은 약을 열심히 먹은 덕분에, 많은 황제들은 그들이 원하던 것과는 좀 다른 방향으로 신선이 되어버리곤 했다.

이런 단약들은 자기 명만 재촉할 뿐 남에게 피해는 덜 주는 예이다. 하지만 명나라의 11대 황제인 가정제는 영생을 추구하는 과정에서 대단한 해악을 끼친다. 그는 원래 몸이 허약해 평생에 걸쳐 불로불사의 약을 찾았다. 마침내 찾아낸 재료는 끔찍하게도 젊은 여자들의 피였다. 그래서 열 살 남짓한 어린 여자들을 궁녀로 삼아 억지로 피를 짜내고, 그 피로 약을 만들어 먹었다고 한다. 궁녀들은 사람이 아닌 약 재료 취급을 받아 하나 둘 쇠약해져서 처참하게 죽어나갔는데 명나라는 이런 황제의 미친 짓을 막기는커녕 끊임없이 수백 명의 어린 여자들을 '재료'로 궁에 들였다. 이것만 해도 얼마나 명나라가 막장이었는지를 알 수 있다.

그러던 와중 궁녀들이 함께 힘을 합쳐 노끈으로 잠든 황제의 목을 조르는 사건이 벌어졌다. 하지만 어떻게 해야 사람을 죽일 수 있는지도 모르는 어린 소녀들이었던지라 황제를 확실히 죽이지 못했고, 결국 가정제는 살아났으며 열여섯 명의 궁녀들은 대역죄인이 되어 처참하게 처형당한다. 워낙 충격적인 사건이었기에 조선에까지 그 소식이 전해졌다고 한다. 비록 사건의 내막이 제대로 알려지지는 않았지만 궁녀들이 황제를 죽이려 했다는 소식을 들은 중종은 "황제가 평소에 나쁜 짓을 많이 했으니 그런 일이 벌어졌겠지"라며 사건의 핵심을 꿰뚫는 말을 하기도 했다. 오래 살겠다며 이처럼 무참한 짓을 하던 가정제는 결국 단약을 먹다 죽고 말았다.

이런 살벌한 이야기를 듣고 나면 조선의 임금들은 몸보신을 위해 무엇을 먹었을지 궁금해진다. 조선의 왕들은 요즘은 상품으로 판매되는 경옥고 정도를 먹었을 뿐이다. 이 약은 『동의보감』에도 실려 있는데 생지황, 인삼, 백복령, 꿀로 만들며, 먹으면 흰머리 대신 검은머리가 나고 빠진 이가 새로 나며 배도 고프지 않고 목도 마르지 않는 '대단한' 효능이 있다고 한다. 물론 요즘 사람들은 경옥고 등을 건강식품이라 생각하며 먹을 뿐, 저런 효능을 믿는 사람들은 없다. 그러나 오래, 건강히 살고 싶다는 사람들의 열망은 조선시대보다 평균 수명이 훨씬 길어진 오늘날에도 여전하다. 아직도 많은 사람들이 사기와 미신이나 다름없는 여러 건강 관련 거짓말에 휘둘리고 있는 것을 보면 "옛날 사람들이란"이라며 비웃기만 할 수도 없을 것 같다. 조선왕조실톡

26 효종과 송데렐라

조선의 17대 왕 효종은
다정한 아빠였다.

바빠도 아이들과
함께하려고 애썼는데.

[일상] 파파효종의 육아일기.mp4
- 세자 : 귀엽다
- 효종 : 하하하 아들
이게 귀여워?

이거
직접 당해보면
犬빡쳐·······。

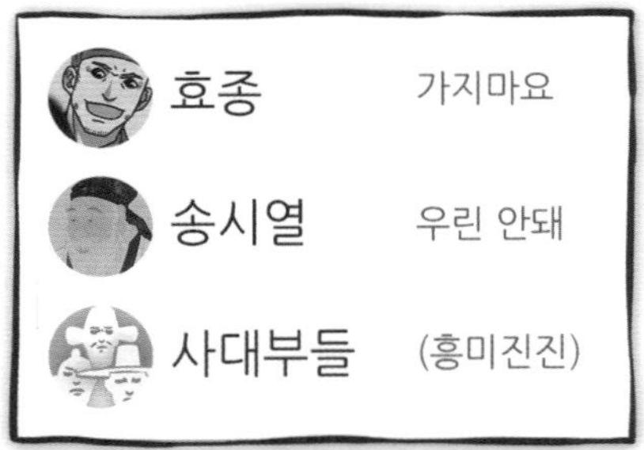

효종 가지마요
송시열 우린 안돼
사대부들 (홍미진진)

하나요 효종 즉위

옛날 옛적
조선 나라에,

봉림대군이라는 왕자가
살고 있었어요.

동화구현 : 효종(31세, 왕)

인조의 아들, 소현세자 동생.
전 봉림대군.

그러던 어느 날 갑자기
임금님이 병으로 돌아가셔서,

봉림대군이 아버지 뒤를 이어
왕위에 올랐죠.

▶ 유투부 有投富

[뉴스영상] 새 임금님 즉위식 현장

Published on May 13, 1649

봉림대군, 17대 왕 효종으로 즉위

효종 "부족하지만 열심히
…백성들을 위해서 살겠다 약속"

관련동영상

[개그] 인조, 삼전도의 굴욕 무한재생

[미스터리] 소현세자 죽음의 진실

[먹방] 한류간식 홍시 1000개 흡입 [1000 Hongsi]

[사회] 사대부들 과거시험 기피…
"오랑캐에 항복한 조국 부끄러워"

하지만 악플만
주렁주렁 달렸어요.

덧글 1649

사대부의 제왕
어인아ㅋ 1일전

리얼_사대부
어인아22222 23시간전

im사대부
어인아333 23시간전

친청파만_보면_토하는_사대부
어인아4444444 23시간전

★remember명나라★사대부
어인아5 23시간전

♥순수사대부♥
어인아66666666 23시간전

•
•
•

라스트_사대부
어인아∞∞∞∞∞∞∞∞∞∞∞ 방금

"어차피 인조 아들ㅋ"

돌아가신 임금님 인조를
별로 안 좋아했던 선비들은,
새 왕 효종도 그닥이라고 생각했어요.

효종은 슬펐어요.

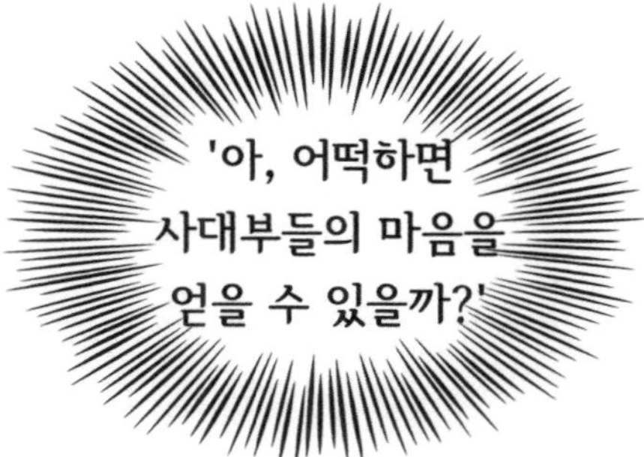

그런데 그때였어요.

효종의 머릿속에 떠오른
한 사람!

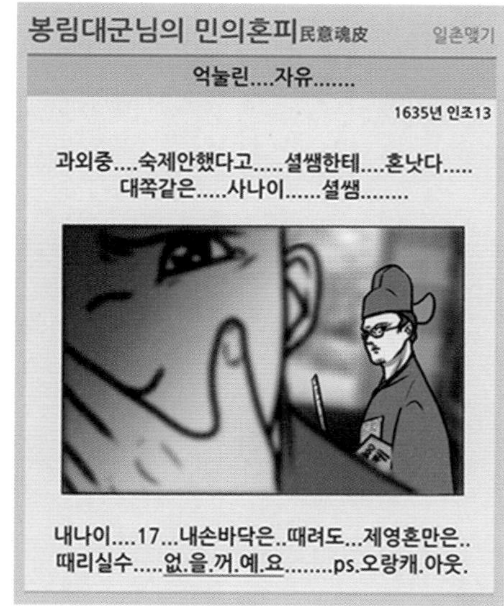

봉림대군님의 민의혼피民意魂皮
일촌맺기
억눌린....자유.......
1635년 인조13
과외중....숙제안했다고.....셤쌤한테....혼낫다.....
대쪽같은.....사나이......셤쌤........
내나이....17...내손바닥은..때려도...제영혼만은..
때리실수.....없.을.꺼.예.요........ps.오랑캐.아웃.

#화질구지

우암 송시열!

그분은 조선 사대부들의
No.1 아이돌이었어요.

지금은 벼슬을 때려치고
시골에서 조용히 살고 계시죠.

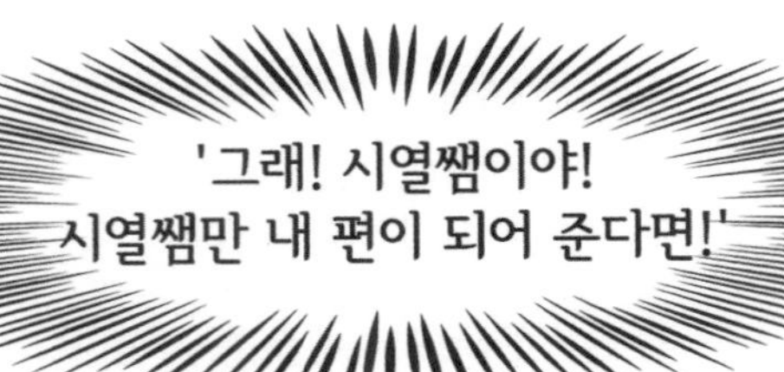
'그래! 시열쌤이야!
시열쌤만 내 편이 되어 준다면!'

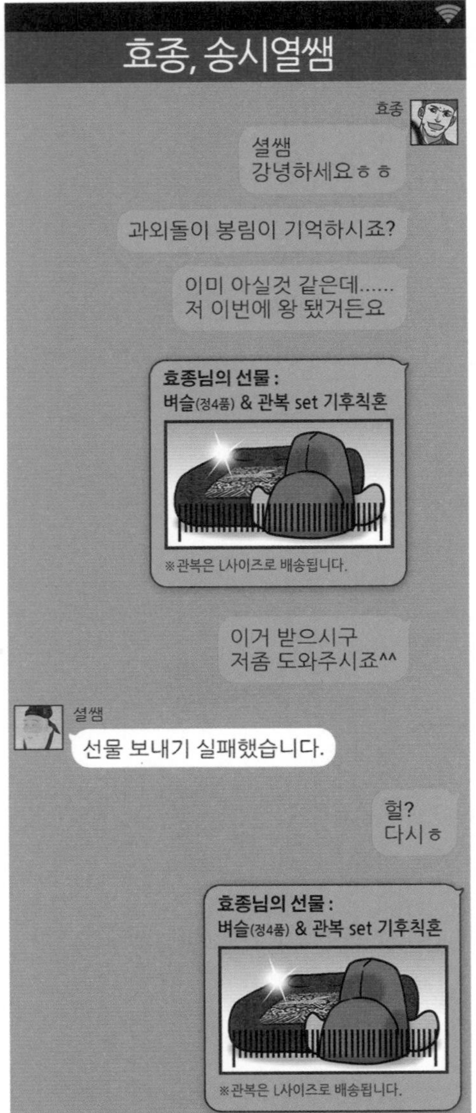
효종, 송시열쌤
효종
셜쌤
강녕하세요ㅎㅎ
과외돌이 봉림이 기억하시죠?
이미 아실것 같은데......
저 이번에 왕 됐거든요
효종님의 선물 :
벼슬(정4품) & 관복 set 기후칙혼
※관복은 L사이즈로 배송됩니다.
이거 받으시구
저좀 도와주시죠^^
셜쌤
선물 보내기 실패했습니다.
헐?
다시ㅎ
효종님의 선물 :
벼슬(정4품) & 관복 set 기후칙혼
※관복은 L사이즈로 배송됩니다.

설쌤
선물 보내기 실패했습니다.
엥 쌤 죄송해요
왜이러지ㅎㅎ
다시 보내드릴게요ㅇㅇ
설쌤
하지마세요.
제가 수신거부했습니다.
헛ㅌ?????
송시열님께서 퇴장하셨습니다.
전송

?????

그래요.
너무 얕본 거예요.

조선 최강의 철벽남을
겨우 벼슬 따위로 낚으려 하다니ㅋ

하……ㅋ

천만명이 달려들어도
나를 막을 수 없다.
그것이 의로운 길이라면!
우암 송시열님
벼슬거절 / 청나라 섬기며 월급받느니
굶어죽겠다 / 잊지말자 명나라은혜

나는, 아니 효종은
작전을 바꾸기로 했어요.

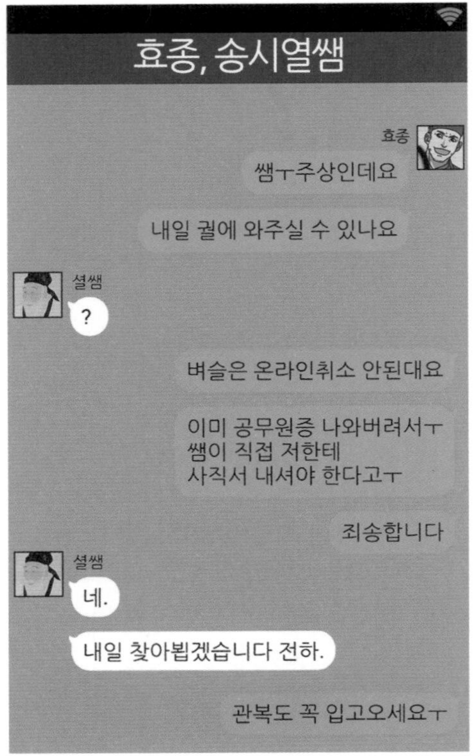

쌤ㅜ주상인데요
내일 궐에 와주실 수 있나요

벼슬은 온라인취소 안된대요
이미 공무원증 나와버려서ㅜ
쌤이 직접 저한테
사직서 내셔야 한다고ㅜ

내일 찾아뵙겠습니다 전하.
관복도 꼭 입고오세요ㅜ

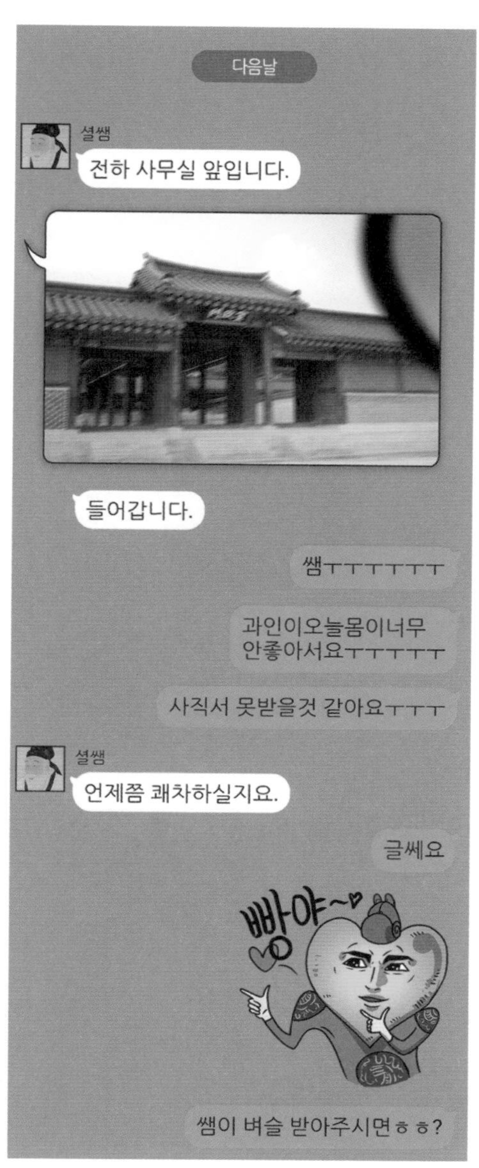
다음날
설쌤
전하 사무실 앞입니다.
들어갑니다.
쌤ㅜㅜㅜㅜㅜㅜㅜ
과인이오늘몸이너무
안좋아서요ㅜㅜㅜㅜㅜㅜ
사직서 못받을것 같아요ㅜㅜㅜ
설쌤
언제쯤 쾌차하실지요.
글쎄요
빵야~
쌤이 버슬 받아주시면ㅎㅎ?

ㅋ ㅋ ㅋ ㅋ ㅋ

설쌤

....

송시열, 옷 벗어두고 가버리다.
효종, 그래도 송시열을 열심히 부르다.

결국 송시열,
9년 만에 겨우 마음 열다.

#올것이_왔군

실록에 기록된 것 정사 正史

- 1635년, 29세 송시열, 왕자 봉림대군 가르치다.
- 봉림대군, 인조의 뒤를 이어 즉위해 효종 되다.
- 효종, "사대부들이 과거시험을 보지 않고 벼슬을 거부한다"며 "내 덕이 없어 그렇다" 안타까워하다.
- 대신들, 송시열, 송준길, 김집 등 이름난 선비들을 부르라 청하다.
- 효종, 송시열에게 벼슬 내리다. 송시열, 인사만 한번 하고는 어머니가 편찮으시다며 고향 내려가다.
- 효종, 귀한 음식과 약을 송시열에게 보내다. 송시열, 사양하다.
- 송시열, 관복을 입고 사직서를 내기 위해 효종을 찾아오다. 효종, 병을 핑계로 만나주지 않다. 송시열, 관복을 문 앞에 벗어두고는 사직하고 떠나다.
- 사대부들, "송시열 선생님이 좀 심했다" "역시 송시열 선생님이다" 하며 평가하다. 그러나 효종, 화를 억누르고 정성으로 비위 맞추다. 시골에 있던 산당 사대부들, 정계에 진출하다.

기록에 없는 것 픽션

- 충무늬 트렁크팬츠가 있었다는 기록은 없다.

- 스물여섯 번째 이야기 -

산림의 등장, 송시열

이 시기에는 산림山林, 곧 재야의 학자들이 활약한다. 이들은 높은 벼슬을 하는 대신 시골에 머무르면서 학문에 힘썼으며 변함없는 성리학의 원리원칙을 주장했다. 이런 산림들은 선비들 사이의 여론을 형성하는 것은 물론 정치 현안에까지도 막강한 영향력을 행사하는, 시대의 스승이자 정신적인 지주였다. 그렇다 보니 오히려 왕이 그들의 눈치를 보기도 했다.

이런 산림들이 갑자기 툭 튀어나온 것은 아니었다. 이미 선조 때의 성혼, 정인홍 등이 산림이라고 불리고 있었으니까. 은둔학자 같은 산림들이 점점 강력해진 이유는 무엇일까? 당시의 왕들이 차례대로 삽질을 한 덕분이었다. 선조는 백성을 버리고 달아난 덕분에 임금의 체면에 먹칠을 했고, 그 뒤를 이은 광해군은 어머니 인목대비를 폐하고 동생 영창대군을 죽이는 패륜을 저질렀다.

반정을 통해 왕이 된 인조는 자신의 즉위 정당성을 입증하기 위해 유학자인 산림들을 도성으로 불러 극진하게 대접했다. 광해군과 달리 성리학의 가르침과 원칙에 따라 정치를 한다고 선전을 하기 위한 것이었다. 정묘·병자호란만 벌어지지 않았더라면 나름대로 잘 굴러갈 뻔했다.

전쟁의 패배와 삼전도에서의 항복은 조선에게 엄청난 충격을 주었다. 왜란 때는 그나마 쟁쟁한 장수들이 있었고 때로는 승리도 있었지만 호란은 순식간에 완벽한 패배를 당했으니까. 게다가 조선은 원래부터 만주족들을 오랑캐니 짐승이니 하며 몹시 업신여기고 있었다. 그래서 청나라 태조의 만주어 이름인 누르하치를 한자로 옮겨 적을 때 굳이 노예 노奴자를 넣어 노을가적奴乙可赤, 노아합적奴兒哈赤이라고 썼을 정도인데 그 누르하치의 아들 홍타이지에게 무릎 꿇고 항복을 하게 되었으니 굴욕감은 몇 배나 컸다.

그래서 남한산성에서 인조가 항복한 이후, 김상헌을 비롯한 많은 관리들이 벼슬을 버리고 떠나갔다. 오랑캐에게 굴욕적으로 항복한 임금을 도저히 섬길 수 없

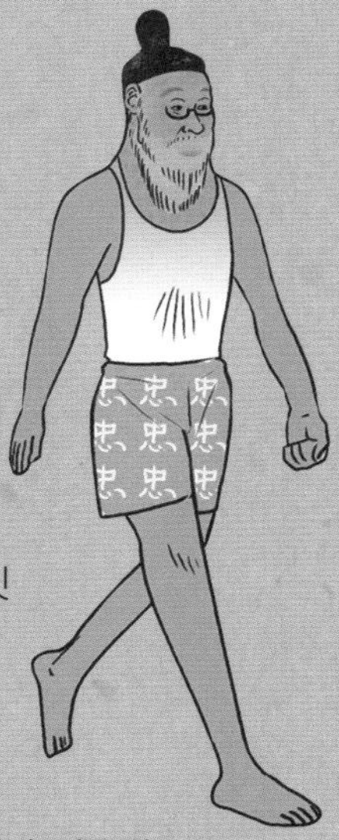

다는 이유에서였다. 게다가 다음 왕이 된 것은 차남이었던 효종이었다. 원래 적장자인 소현세자의 아들들이 두 눈 시퍼렇게 뜨고 살아 있건만 부적절한 왕위 계승이 벌어진 것이다.

이러니 조선 사람들이 더 이상 왕을 섬기는 눈으로 볼 수 없는 것은 당연한 일 아니었을까. 그랬기에 임금들은 더더욱 산림에게 고개를 숙일 수밖에 없었다. 이이와 이황의 학맥을 잇고 세상의 원리원칙을 말하며, 왕보다도 더 강력한 영향력을 가지게 된 시대의 스승들의 영향력을 빌리기 위해서 말이다.

대표적인 산림은 김집, 송준길 등이 있었는데 그중에서도 유독 특별한 사람이 있다. 그는 『조선왕조실록』에 무려 3천 번이나 거론된, 조선 왕조에서도 손꼽히는 천재 유학자이며 탁월한 학술적 능력과 빈틈없고 견고한 논리, 철통같이 원칙을 지키는 성미, 한 번 아닌 건 일백 번을 죽어도 아닌 티타늄 강철 고집으로 유명한 우암 송시열이었다. 훗날 정조는 송시열을 몹시 존경하며 송자宋子로 높여 부르기까지 했는데, 실제로도 그의 학술 견해와 남긴 글은 몹시 뛰어난 수준이다.

시대는 송시열에게 학자로서의 명망뿐 아니라 정치적인 영향력까지 부여했다. 다만 송시열은 몹시도 완고한 사람이었다. 그에게 가장 중요한 것은 원리원칙으로, 옳은 것은 옳았고 그른 것은 글렀다. 아무리 친하게 지내던 사람이라 해도 잘못을 저지르면 절대로 봐주지 않았다. 그러다 보니 친구나 제자들과 싸우고 원수가 되어버리기도 했다. 송시열 본인도 자신의 고집스러운 점을 잘 알아 고민하기도 했지만 죽는 날까지 고치지 못했다. 이처럼 타협을 모르는 천재가 정치판에 나서며 커다란 태풍이 조선에 불어닥치게 된다. 바로 예송논쟁이었다.

27 효종의 벚나무 엔딩

인선왕후 그대여♥

효종 그대여♥

하나요 봄봄봄

봄바람이 불기 시작하면
가슴이 뜁니다.

요 작은 꽃망울이 언제 터질지,
모두가 귀를 기울이는데요.

하지만 조선시대에
벚꽃이란,

쉽사리 보기
힘든 것이었습니다.

효종비 인선왕후, 김상궁
상궁
중전마마
이거 보세요
人數多口來門
oh_nobu_kawaii : 응. 오늘. 친구들과
벚꽃보기 나온^-^ 다들 웃겨www
좋은 165
人數多口來門
oh_nobu_kawaii : 도시락 대단한ww
좋은 72
효종비 인선왕후
어머 이게 뭐니?
왜 흙바닥에서 밥을 먹어?
가난한 백성들이야ㅠㅠㅠ?
상궁
ㅋㅋㅋㅋㅋㅋㅋ
아 마마 그게 아니고요

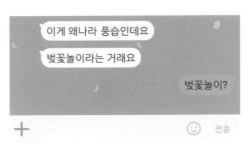

이게 왜나라 풍습인데요

벚꽃놀이라는 거래요

벚꽃놀이?

전송

낯설었습니다.
벚꽃을 구경한다니요?

절개를 상징하는
매화, 국화라면 모를까?

효종비 인선왕후, 김상궁
효종비 인선왕후
신기하네
벚꽃으로도 꽃놀이를 하는구나
땔감으로 쓰는 건 봤는데^^
상궁
진짜 로맨틱하죠ㅠㅠㅠ♥
봄바람 살랑살랑 불 때
벚나무 아래에서 서로
머리에 붙은 꽃잎 떼어주면

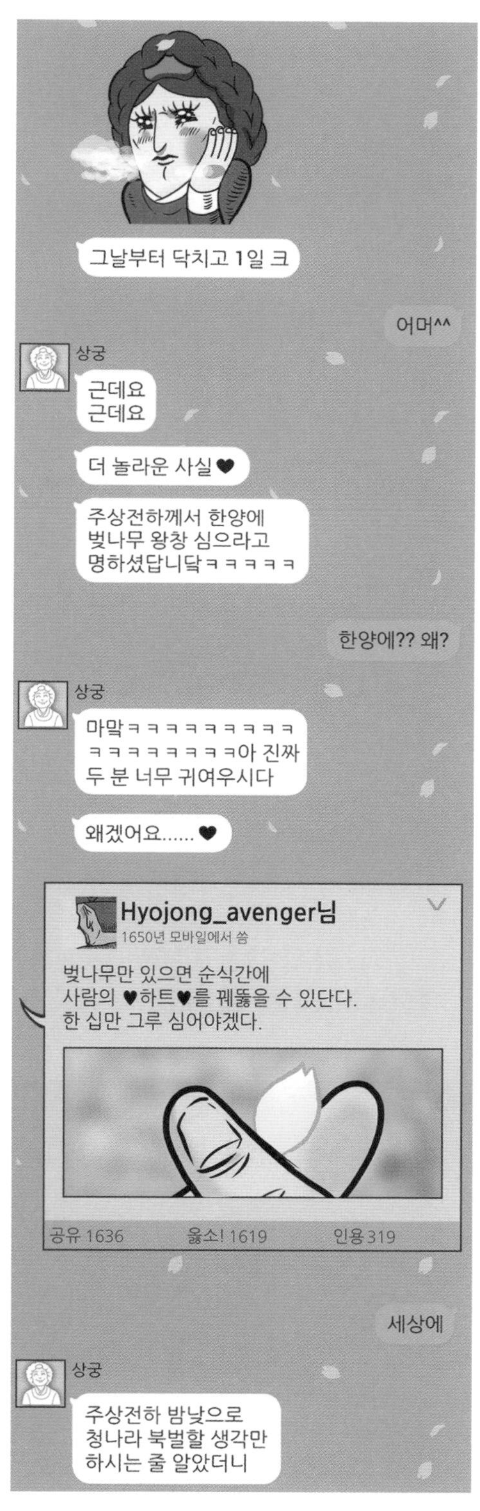
그날부터 닥치고 1일 크
어머^^
상궁
근데요
근데요
더 놀라운 사실♥
주상전하께서 한양에
벚나무 왕창 심으라고
명하셨답니닼ㅋㅋㅋㅋㅋ
한양에?? 왜?
상궁
마맠ㅋㅋㅋㅋㅋㅋㅋㅋㅋ
ㅋㅋㅋㅋㅋㅋㅋㅋㅋ아 진짜
두 분 너무 귀여우시다
왜겠어요......♥
Hyojong_avenger님
1650년 모바일에서 씀
벚나무만 있으면 순식간에
사람의 ♥하트♥를 꿰뚫을 수 있단다.
한 십만 그루 심어야겠다.
공유 1636
옳소! 1619
인용 319
세상에
상궁
주상전하 밤낮으로
청나라 북벌할 생각만
하시는 줄 알았더니

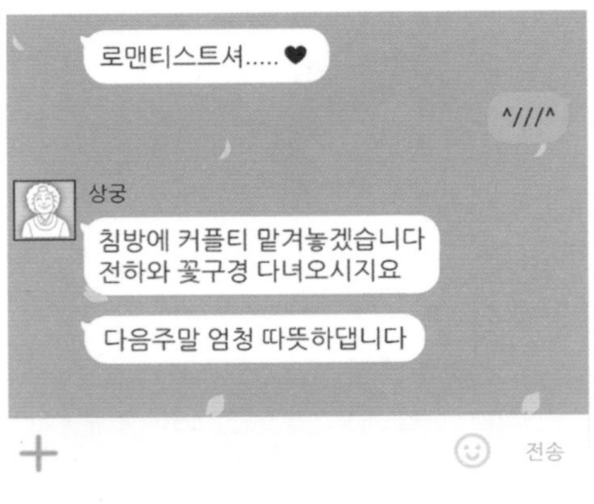

로맨티스트셔.....❤
^///^
상궁
침방에 커플티 맡겨놓겠습니다
전하와 꽃구경 다녀오시지요
다음주말 엄청 따뜻하댑니다
전송

전하와 닭털 제대로 날리시오소서❤

셋이요 심멎사

나는 기뻤습니다.

20년 전 병자호란 때
청나라에 인질로 끌려간 이후,
여보의 마음은 내내 겨울이었습니다.

하지만 드디어
봄이 오려는 걸까요……^^

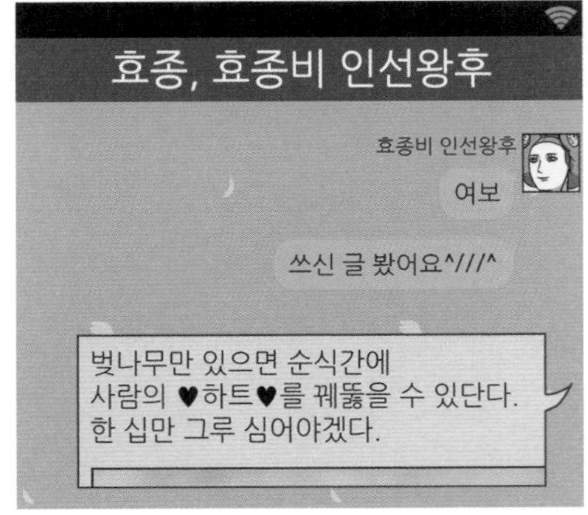

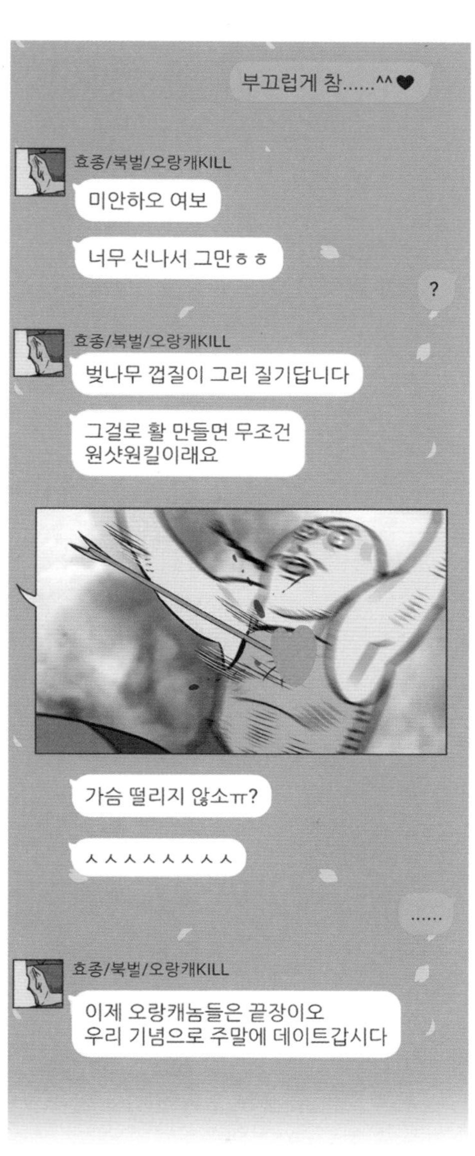
부끄럽게 참......^^♥
효종/북벌/오랑캐KILL
미안하오 여보
너무 신나서 그만ㅎㅎ
?
효종/북벌/오랑캐KILL
벚나무 껍질이 그리 질기답니다
그걸로 활 만들면 무조건
원샷원킬이래요
가슴 떨리지 않소ㅠ?
ㅅㅅㅅㅅㅅㅅㅅㅅ
......
효종/북벌/오랑캐KILL
이제 오랑캐놈들은 끝장이오
우리 기념으로 주말에 데이트갑시다

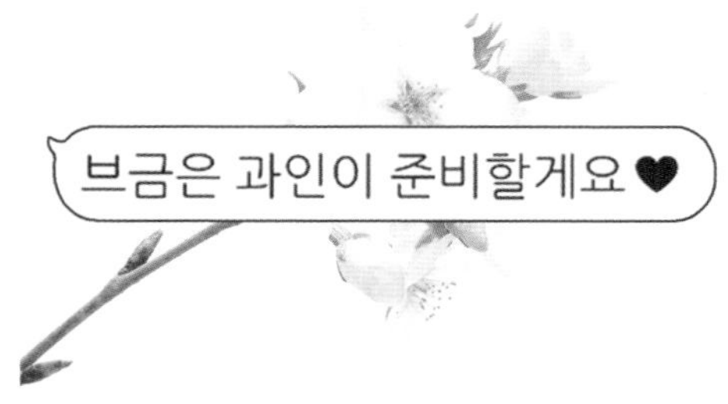
브금은 과인이 준비할게요♥

효종,
왕자 시절 형 소현세자와 함께
청나라에 인질로 끌려가다.

돌아와서 왕이 된 이후,
벚나무를 심고 군대를 육성하여
청 정복하려는 북벌 준비하니

**왕비 인선왕후,
평생 그의
든든한 동반자가 되어주다.**

필死
북벌
피보라_휘날리며
흩날리는_오랑캐들
이역만리_북벌길을
둘이_걸으소

#군가

실록에 기록된 것 / 정사 正史

- 벚나무 껍질은 '화피'라고 하여, 조선에서는 활을 만드는 군수물자로 취급되다.
- 벚꽃, 북쪽에서만 전략적으로 키우다. 민간의 거래를 금하다.
- 임진왜란 때 왜에 포로로 끌려갔던 이가 "왜에서는 벚꽃을 매우 아끼며 즐겨 감상한다" 전하다.
- 봉림대군(후의 효종), 아내와 함께 청나라에 끌려가 수모 겪다.
- 효종, 북벌을 준비하다.
- 국방력을 키우는 데 집중했으나 결국 북벌을 하지는 못하고 죽다.

기록에 없는 것 / 픽션

- 효종 생전에 미처 벚나무를 다 심지 못했다고 한다.

- 스물일곱 번째 이야기 -

조선의 사수는 세계 제일!

4년마다 찾아오는 올림픽. 전 세계에서 몰려든 선수들이 자신의 빼어난 실력을 자랑한다. 이런 세계 대화합의 장소에서 우리나라가 금메달을 싹쓸이하는 종목이 양궁이다. 사격에서도 자주 좋은 성적을 내곤 한다. 그래서 역시 한국은 명궁의 나라라는 자화자찬이 나오기도 하는데, 이는 역사적으로도 근거가 없는 말은 아니다.

임진왜란 즈음 서양 선교사 및 상인들을 통해 동아시아에는 조총과 서양식 대포가 전래되었다. 이들의 위력이 얼마나 엄청났는지는 이미 임진왜란이 증명했으며 청나라가 명나라를 멸망시키는 데도 홍이포라는 서양식 대포가 혁혁한 기여를 했다. 그러나 아무리 좋은 총과 대포가 있다 한들 맞지 않으면 쓸모없는 법. 그에 걸맞은 좋은 사수가 있어야만 진정한 성능을 발휘할 수 있었다.

조선 사수의 놀라운 솜씨는 이미 중국에서도 잘 알려져 있었다. 광해군 시절인 1619년, 사르후 전투에서였다. 명나라는 청나라(당시는 후금)와 맞서 싸우기 위해 10만 대군을 일으켰고, 여기에 더해 조선군의 파병을 요구했다. 광해군은 강홍립을 도원수로 1만 5천 명의 원군을 보냈는데, 이때 명나라 장군 유정은 사수들을 빨리 보내라고 재촉했다. 전쟁은 청나라가 이기게 되지만 조선인 사수의 실력을 알게 된 청나라 역시 후에 이들을 적극적으로 활용했다.

병자호란 이후, 청나라는 명나라를 공격하면서 어서 사수를 보내라고 조선을 갈궜다. 남의 나라 전쟁인 데다가 먼 길을 가야 하니 굳이 지원병으로 가고 싶어 하는 사람들이 없어 사수를 모으는 데 시간이 걸리자 홍타이지는 대놓고 소현세자를 닦달했고, 결국 가엾은 소현세자는 여기저기 나서서 사태를 수습해야 했다. 우여곡절 끝에 조선인 사수들이 명나라의 금주, 탑산 공략전에 참여하게 되었는데, 명나라 장수들은 만주족 병사보다 조선인 병사를 잡는 데 더 많은 상금을 걸 정도였다. 조선 사람들은 "우리 사수들이 쓰지 말아야 할 곳에 쓰이는구나!" 하고

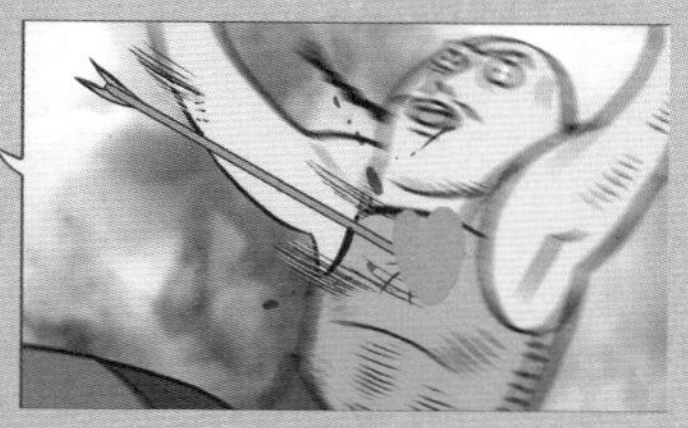

한탄했다 한다. 그러나 한번 재미를 본 청나라는 나중에 러시아와 충돌이 벌어지자 또 조선 사수들을 보내달라고 요청했고 이번에도 조선 사수들은 큰 활약을 했으니 이 싸움이 나선정벌이었다. 효종도 조선 사수들의 우수함을 잘 알았고, 그래서 그의 시대에는 사수들을 양성하는 어영청御營廳이 크게 발전해 무려 2만 명이 넘는 포수들이 있을 정도였다.

그런데 궁금한 점이 생긴다. 이때쯤 벌써 총과 대포가 전쟁의 주 무기가 되었는데 왜 벚나무가 여전히 전쟁 물자로 관리되었을까? 하는 점이다.

총과 대포를 쏘려면 꼭 필요한 재료가 있다. 바로 화약이다. 지금이야 불꽃놀이에도 흔하게 쓰이는 화약이지만 예전엔 그렇지 않았다. 화약 재료 중 가장 중요하고 구하기 힘든 재료는 염초焰硝, gunpowder라고 한다. 효종은 염초의 국내 생산을 원활히 하려 했지만 워낙 고된 일이라 반발이 심했고, 그러다 1657년(효종 8) 효종의 동생 인평대군 일행이 중국에서 염초를 사오다가 검문에 걸린다. 화약은 군수품목이었기 때문에 청나라 사신이 따지러 오는 큰 소동이 벌어졌고, 조선은 "개인의 잘못이다"라며 필사적으로 잡아뗀다.

이처럼 화약의 보급이 쉽지 않았기에 여전히 활과 화살은 중요한 무기로 남을 수밖에 없었다. 더군다나 조선의 조총은 임진왜란 이후로 큰 발전이 없었다. 나선정벌 때, 그리고 하멜을 통해 유럽제 신식 소총이 조선에 들어와 그것을 모델로 여러 정을 생산해보려고도 했다. 그러나 막상 만들어보니 성능은 시원찮고 비용은 많이 들어서 포기하고 말았다. 이즈음만 해도 무기의 위력을 따지면 총>활이었던 것이다. 나중에 개량에 개량을 거듭하면서 총>>>>활이 되고 마는 것을 생각하면 안타까운 일이지만, 그래도 조선의 호랑이 사수의 명성은 일제시대까지도 쟁쟁히 퍼질 정도였고, 그 실력이 지금까지도 이어져 내려오는 것 아닐까. 조선왕조실록

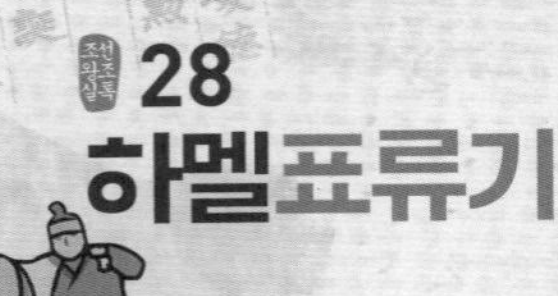

28 하멜표류기

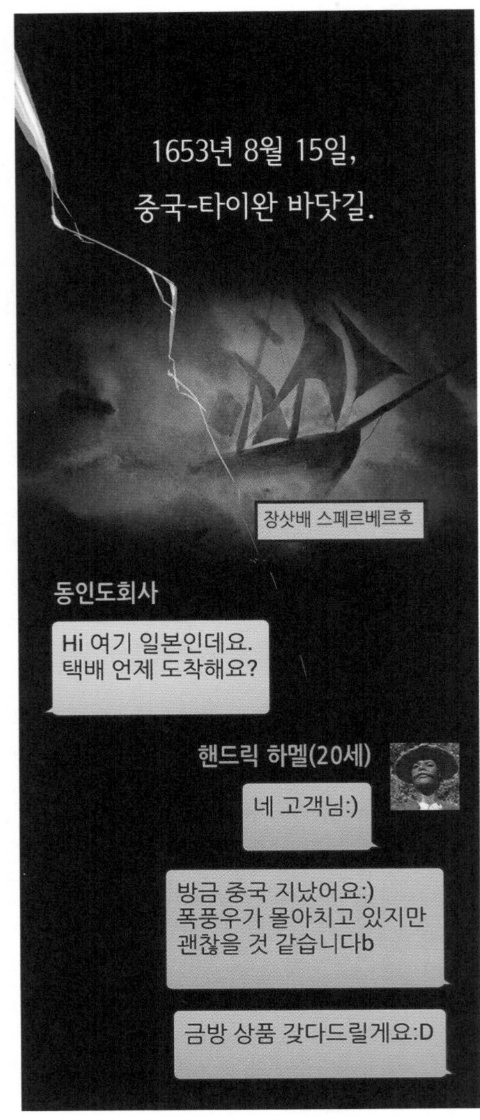
1653년 8월 15일,
중국-타이완 바닷길.
장삿배 스페르베르호
동인도회사
Hi 여기 일본인데요.
택배 언제 도착해요?
핸드릭 하멜(20세)
네 고객님:)
방금 중국 지났어요:)
폭풍우가 몰아치고 있지만
괜찮을 것 같습니다b
금방 상품 갖다드릴게요:D

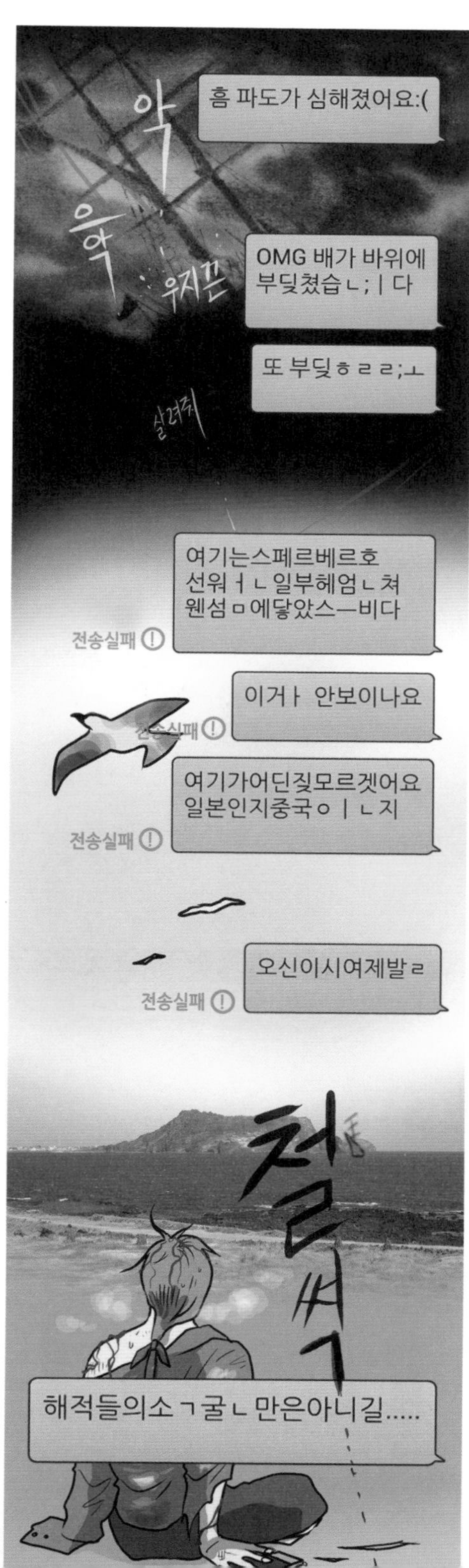
흠 파도가 심해졌어요:(
악
으악
우지끈
OMG 배가 바위에
부딪쳤습ㄴ;ㅣ다
또 부딪ㅎㄹㄹ;ㅗ
살려줘
여기는스페르베르호
선워ㅓㄴ일부헤엄ㄴ쳐
웬섬ㅁ에닿았스ㅡ비다
전송실패
이거ㅏ 안보이나요
전송실패
여기가어딘짖모르겟어요
일본인지중국ㅇㅣㄴ지
전송실패
오신이시여제발ㄹ
전송실패
철썩
해적들의소ㄱ굴ㄴ만은아니길.....

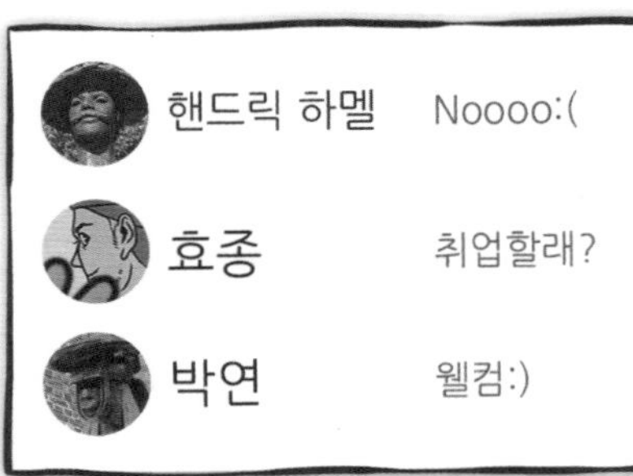
핸드릭 하멜 Noooo:(
효종 취업할래?
박연 웰컴:)

며칠 후,
조선 한양 창덕궁.

효종, 제주목사 이원진
제주목사 이원진
전하
감귤성애자님
1653년 8월 15일 제주도에서 씀
응아악 뭐야 이것들;;;;;;;;;;;;;;;
머리가 노래;;;;; 눈이 파래;;;;@수중생물인가
공유 16.5K
옳소! 3K
인용 815

보셨죠
효종/북벌/오랑캐KILL
ㅇㅇ
웬일이래
제주목사 이원진
그러게요
저희도 놀라서;;;;
흠;;;
일단 살아있는 애들 붙잡아다
옷입히고 죽먹이고 했는데요
잘했네
제주목사 이원진
ㅜㅜㅜ
근데
어디서 왔느냐?
who are you?
what?
어째서 왔느냐?
what ????
정체가 무어냐?
진짜 뭐라는ㅈ ㅣ
1도 모르겠는 부분ㅜㅜㅜ
전송

당시만 해도,
조선은 서양과 교류하지 않았다.

그 탓에 제주도 백성들과
하멜 일행은 서로를
무서워했는데.

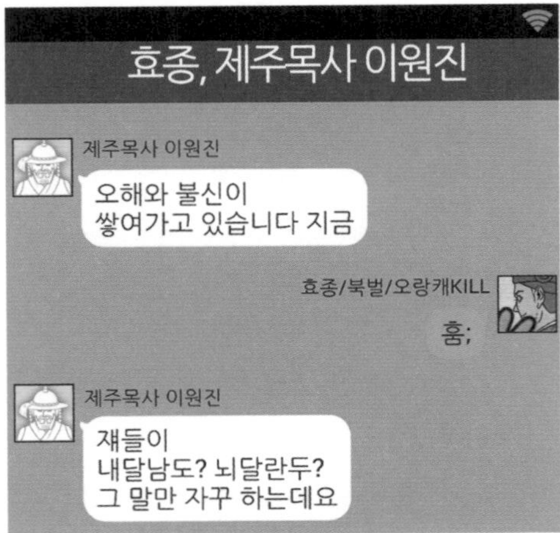

대체 그게 뭔지ㅜㅜ
혹시 쌍욕은 아닌지ㅜㅜ
헛?
ㅈㅓ 오랑캐들이
내달남도 내달남도 그런다고?
잠깐만
효종님께서 박연님을 초대하셨습니다
ㅇㅇ
박대장
근무시간에 미안한데
나 뭐 하나만 묻자ㅇㅇ
자네 고향이 어디랬지?
훈련도감 대장 박연
저요? :)
네덜란드ㅎㅎ
제주목사 이원진
ㅎㅓㅌ
;;;;;;??????
ㅇㅋ
그럼
이 사진좀 봐줘
애 어느나라 사람같아??
훈련도감 대장 박연
허

맙소사:0

네ㅐ덜란드 사람;;;;;;;;;;;;;;;;

셋이요 조선사람 박연

얀 야너스 벨테브레.
[박연]

※11화 벨테브레의 불대포 참조

25년 전, 인조대에
제주도에 표류한 그는
조선에 정착해 살고 있었다.
효종에게 벼슬도 받았다.

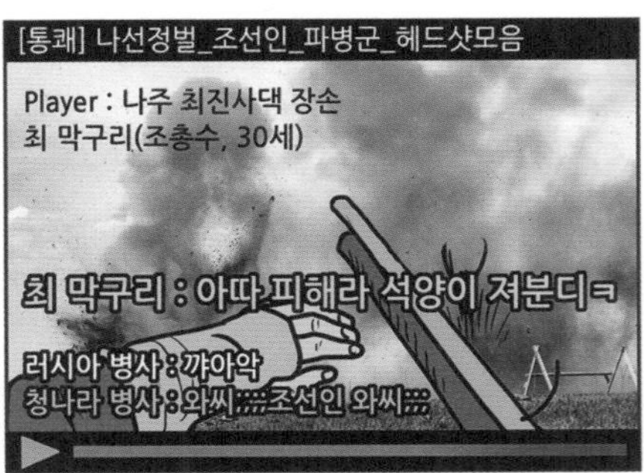

당시 이미 전쟁무기로
조총이 널리 쓰이고 있었는데,

벨테브레는
총과 대포를 만드는
재주가 있었던 것.

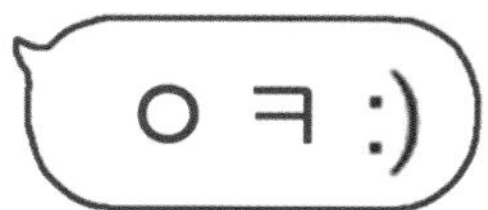

하지만 너무나도 그리운 고향.
그리고 동포.

박연은 기꺼이,
하멜의 통역을 맡는데.

어린 청년 하멜은,
박연이 구명줄이라도 되는 듯

애타게 매달렸는데.

Hendrik Hamel
pls help me
i wanna go home:(
와씨
얘 뭐래는거지;;;;;
Hendrik Hamel
?
와씨 어떡해
네덜란드말 하나도 기억안나;;;;
Hendrik Hamel
sorry???
what?????
허ㅜㅜ

한글패치 오지고요ㅜ

벨테브레,
반가운 고향사람 하멜을 만나다.
그러나 네덜란드어를 까먹어 버벅대니

곁에 있던 조선사람, 벨테브레를
"역시 조선인이다"라며
칭찬하다.

/ 정사 正史

실록에 기록된 것

- 제주목사(濟州牧使) 이원진(李元鎭)이 치계(馳啓)하기를, "배 한 척이 고을 남쪽에서 깨져 해안에 닿았기에 군사를 거느리고 가서 보게 하였더니, 어느 나라 사람인지 모르겠으나 배가 바다 가운데에서 뒤집혀 살아 남은 자는 38인이며 말이 통하지 않고 문자도 다릅니다."
- 전에 온 남만인(南蠻人) 박연(朴燕)이라는 자가 보고 '과연 만인(蠻人)이다' 하였으므로 드디어 근왕군에 편입하였는데, 대개 그 사람들은 화포를 잘 다루기 때문이었다.
- 벨테브레, 하멜 일행을 만났으나 네덜란드어를 매우 더듬다. 그러나 며칠 지나 다시금 제법 유창하게 되다. 서로 껴안고 울다. 하멜 일행, 몰래 배를 타고 조선 탈출해 일본 가다. –『하멜표류기』 중에서

/ 픽션

기록에 없는 것

- 최 막구리라는 군사의 기록은 없다.

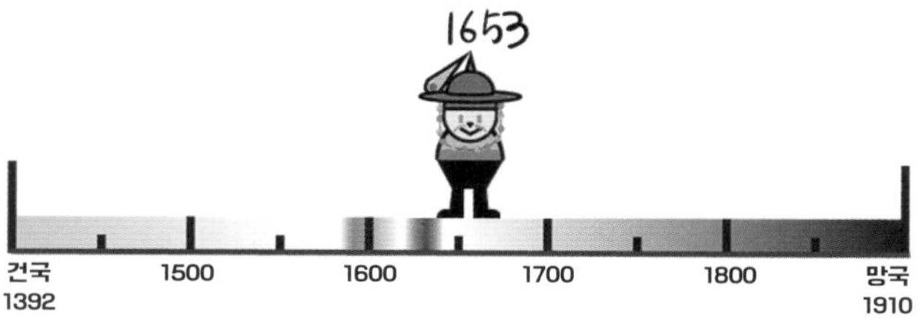

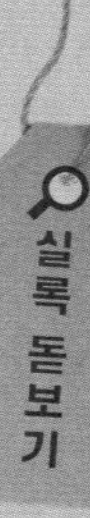

- 스물여덟 번째 이야기 -

그래, 지구는 둥글지. 그래서 뭐?

조선 사람들은 세계의 형태를 어떻게 생각했을까? 과학이 발달하지 않았던 시절이니 지구가 둥근지도 모르고 살았을 것만 같다. 하지만 그렇지 않다. 기원전 그리스 철학자인 아리스토텔레스는 월식이 일어날 때 달 표면에 비친 지구 그림자를 관찰하다가 지구가 둥글다는 것을 깨달았다고 한다. 중국 후한시대 과학자 왕충은 하늘이 땅을 달걀 껍데기처럼 둥글게 둘러싸고 있다는 혼천설渾天說을 주장했다. 이 주장은 한반도에 들어와 조선시대 세종 때의 이순지는 한양의 위도를 제대로 계산해냈고, 계속 발전해 나중에 정약용은 그의 글 〈갑을론〉에서 "땅은 둥글고 바다는 통해 있으므로 일본인이 배를 타고 서쪽으로 가면 대진국(로마)에 도착할 수 있다. 반대로 대진국 사람들도 일본에 올 수 있다"라고 말했다. 그러니까 조선 사람들도 지구가 둥글다는 것은 알고 있었다.

그런데 왜 정약용은 하필 로마를 거론했을까? 조선시대에 로마는 이미 멸망한 지 오래였는데 말이다. 대진국大秦國은 고려시대부터 서쪽 끝의 나라로 일컬어졌다. 후한 즈음인 166년, 대진국의 사신이 안돈왕安敦王의 명령으로 찾아왔는데, 안돈왕이란 로마 황제 마르쿠스 아우렐리우스 안토니누스로 추정되고 있다. 그로부터 2천 년 동안 대진국은 '서쪽 제일 끝에 있는 어떤 나라'의 대명사가 되었다. 앞서 정약용이 "서쪽으로 가면 로마로 통한다!"라는 시간이 맞지 않는 이야기를 한 것은 그 때문이다.

이웃 나라인 중국과 일본과는 여러 교류를 했다. 일본의 남쪽에 있던 유구국과도 사신을 주고 받았다. 유구국은 지금의 오키나와이다. 안남국(베트남)도 빼놓을 수 없다. 그 외에도 조와국(자바) 등 동남아 근방의 나라들과도 드물게 사신을 주고받았다. 친밀하지는 않아도 그런 나라가 있다는 것쯤은 알고는 있었다. 그 외에 안식국安息國, 파르티아이나 파사국波斯國, 페르시아 등도 단편적으로 조선에 알려졌다.

유럽을 대서국大西國이나 구라파歐羅巴라고 부르며 존재를 인식은 했지만 분명한

지식도 없었고 잘 알고자 노력하지도 않았다. 조선이 게을렀기 때문이 아니라 접촉이 워낙 뜸하다 보니 관심을 가질 기회도 없었고 필요성을 느낄 겨를도 없었다. 중국이야 워낙 덩치도 크고 유명하다 보니 아주 먼 옛날부터 수많은 외국인들이 뻔질나게 드나들었고, 그러다 보니 탕약망(아담 샬) 같은 인물도 나왔다.

일본도 스페인 출신 예수회 신부 프란체스코 하비에르가 첫발을 딛은 이래 수많은 외국인 선교사들이 찾아왔고, 임진왜란 때는 포르투갈 출신 신부 세스페데스가 종군을 했다. 선교사 외에 상인들도 드나들었으며, 이런 서양인들은 중국과 일본에 여러 가지 서양 문물들을 전해주었으니 대표적인 것이 동아시아 전쟁의 흐름을 뒤바꾸었던 조총, 명나라 멸망에 크게 기여했던 홍이포, 그리고 사람들의 정신세계에 거대한 지각변동을 일으킨 종교와 철학이었다. 곤여만국지도나 자명종, 망원경 등이 전해진 것도 이들을 통해서였다.

그에 비하면 조선은 난파한 사람 몇몇을 만난 것이 전부였다. 1832년(순조 32), 영길리국英吉利國, 영국의 배가 찾아와 그들이 이야기해준 유럽의 정세를 자세한 기록으로 남겨놓기는 했지만 조선은 그들에게 어떤 호기심도 가지지 않았다. 그렇다고 해서 조선과 서양인들의 접촉이 전혀 없었던 것은 아니었다. 청나라 시절의 북경에는 천주당天主堂, 곧 성당이 있었다. 그곳에는 앞서 말한 예수회 선교사들이 있었는데 조선 사신 일행의 필수 관광 코스 중의 하나였다. 조선 사람들이 여기 방문한 이유는 외국 문물에 관심이 있어서였다. 정확히는 그들이 나눠주는 카스텔라와 와인에. 덧붙여 생소하게 생긴 서양인을 구경할 수 있다는 장점도 있었다. 때문에 천주당 사람들은 조선 사람들을 그닥 좋아하지 않았는데, 조선 사람들은 종교의 전파를 위해 세운 천주당에 와서 먹을 것만 털어갈 뿐 종교에는 관심을 보이지 않았기 때문이다. 하지만 1784년(정조 8) 이승훈이 천주당을 찾아가면서 그 흐름도 달라지게 된다.

이처럼 서양의 문물은 신기한 구경거리일 뿐, 그 이상은 되지 않았다. 당시 조선의 세계에 대한 인식은 다음과 같다. "그래, 지구는 둥글지. 서쪽 끝에도 이런저런 나라들이 있어. 그래서 그게 뭐 어쨌다는 거야?"

조선왕조실톡 29

효종 vs 스승의 은혜

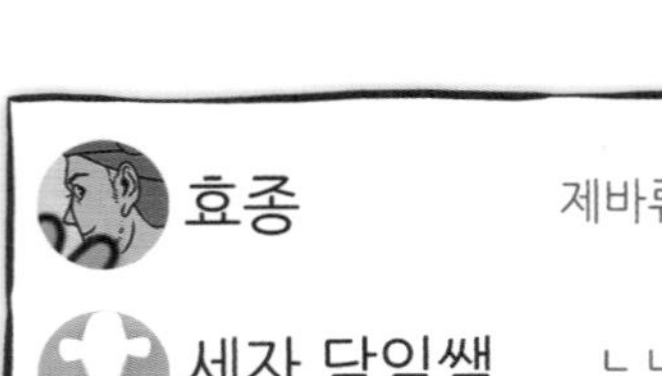

하나요 파파 효종

자식을 사랑하는 어버이의 마음은,
예나 지금이나 똑같다.

효종, 세자 담임쌤
1652년 효종 3년
효종/북벌/오랑캐KILL
아이고
선생님 강녕하세요~
저 세자 애비 되는 사람입니다~^^
시강원 관료 / 세자 담임쌤
아 네^^
강녕하세요 전하~
어쩐 일이세요?
※시강원 : 조선의 세자 교육기관.
아유 수업중이셨구나
황송합니다^^
우리 애기 수업
잘 받고 있습니까?
시강원 관료 / 세자 담임쌤
세자저하요?
그럼요~^^
아이구 내 새끼
엎드려서 책읽네 아이구
시강원 관료 / 세자 담임쌤
^^;?
전하 수업 마치고
문자 드려도 될지요
한창 진도 빼던 중이라^^;
아 예
그럼요

놀라운 일인데,
조선시대에 세자들은
책상 없이 바닥에서 수업을 받았다.

스승을 존경하는 뜻에서였다.

하지만 효종은,
자식(훗날의 현종)이 불편해하는 꼴을
두고 볼 수 없었는데.

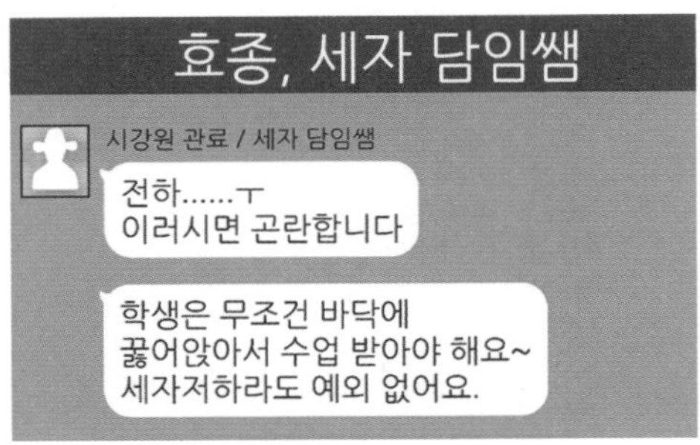

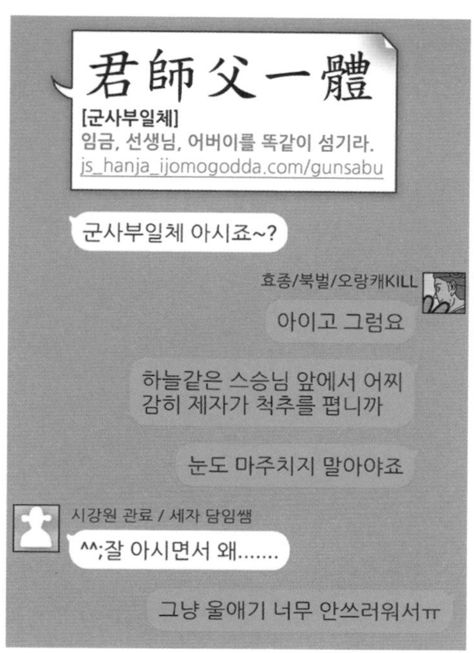

君師父一體
[군사부일체]
임금, 선생님, 어버이를 똑같이 섬기라.
js_hanja_ijomogodda.com/gunsabu
군사부일체 아시죠~?
효종/북벌/오랑캐KILL
아이고 그럼요
하늘같은 스승님 앞에서 어찌
감히 제자가 척추를 펍니까
눈도 마주치지 말아야죠
시강원 관료 / 세자 담임쌤
^^;잘 아시면서 왜.......
그냥 울애기 너무 안쓰러워서ㅠ

조선에서도 소문난 패밀리맨,
효종.

시집 간 딸들에게 꼬박꼬박
한글편지를 쓸 만큼 자식사랑이 대단했다.

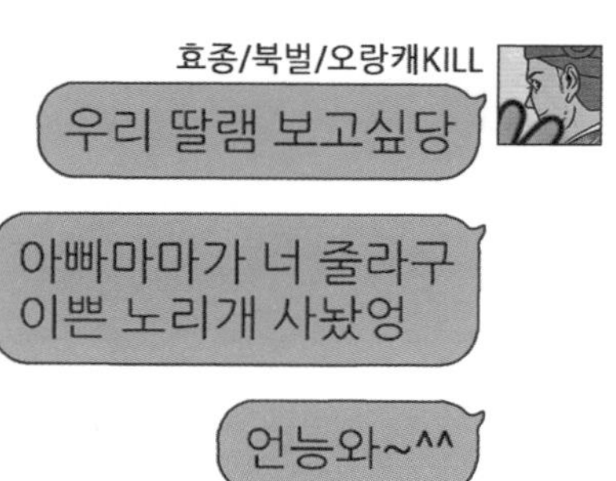

효종/북벌/오랑캐KILL
우리 딸램 보고싶당
아빠마마가 너 줄라구
이쁜 노리개 사놨엉
언능와~^^

하지만 세자의 스승들은
'조선★최강★선비'들.

효종의 애원에도 꿈쩍하지 않았으니.

효종, 세자 담임쌤

시강원 관료 / 세자 담임쌤

여튼 책상 못 들입니다.
세자저하라 더더욱 안돼요.

백성들에게 모범 보이셔야죠

효종/북벌/오랑캐KILL

아 암요암요ㅇㅇ

근데 선생님……

제가 책상을……울 아들램때매
쓰시라는 게 아닙니다……^^

시강원 관료 / 세자 담임쌤

?

애기가 지금 읽는 책요

세자저하요?
그럼요~^^
아이구 내 새끼
엎드려서 책읽네 아이구

필독
도서
베스트
셀러
유교의 정석
<논어>
몸과 마음을 바로잡는
전설적인 교과서!
공자 저

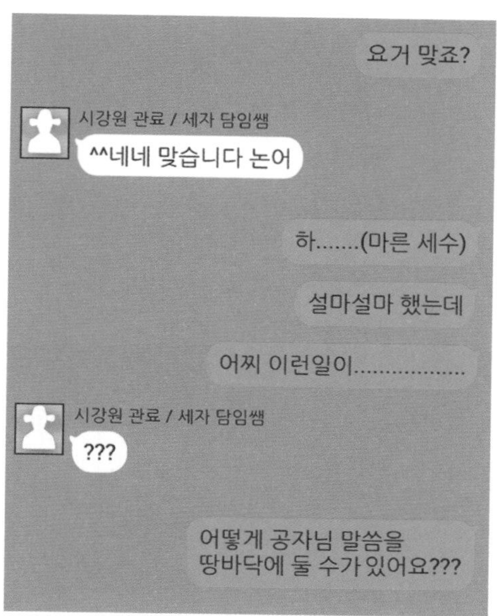

요거 맞죠?
시강원 관료 / 세자 담임쌤
^^네네 맞습니다 논어
하.......(마른 세수)
설마설마 했는데
어찌 이런일이..................
시강원 관료 / 세자 담임쌤
???
어떻게 공자님 말씀을
땅바닥에 둘 수가 있어요???

셋이요 아아아 고마워라

눈에는 눈, 이에는 이,
선비에는 선비.

효종의 강한 한 방이었다.

Teacher
스승의 은혜는
하늘 같아서
VS
Father
나실제 괴로움
다 잊으시고

선비들에게 경전(책)이
목숨처럼 소중하다는 것을 알고,
일부러 도발한 것이다.

효종, 세자 담임쌤
효종/북벌/오랑캐KILL
나 진짜 울뻔했습니다
공자님이 누구십니까?
민족의 위대한 스승
아니십니까ㅠㅠㅠ
시강원 관료 / 세자 담임쌤
그죠
근데 그런 귀한 분을
바닥에 막 굴리다뇨???
아빠가 아니라!!!
임금이 아니라ㅏ!!!!!!
한 사람의 선비로서 도저히
참을수가 없습니다 나는ㄴ!!!!!!!!
시강원 관료 / 세자 담임쌤
네
그니까
쌤
받아주시지요

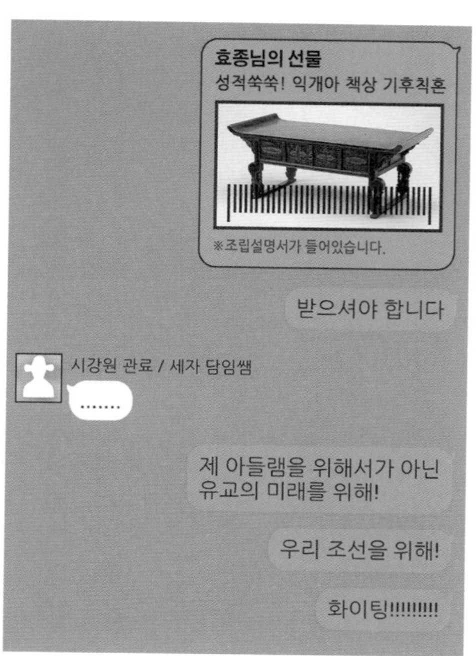
효종님의 선물
성적쑥쑥! 익개아 책상 기후칙혼
※조립설명서가 들어있습니다.
받으셔야 합니다
시강원 관료 / 세자 담임쌤
....
제 아들램을 위해서가 아닌
유교의 미래를 위해!
우리 조선을 위해!
화이팅!!!!!!!!!

효종,
세자가 책상을 쓸 수 있도록

힘써 여러 이유를 들어가며
관료들 설득하다.

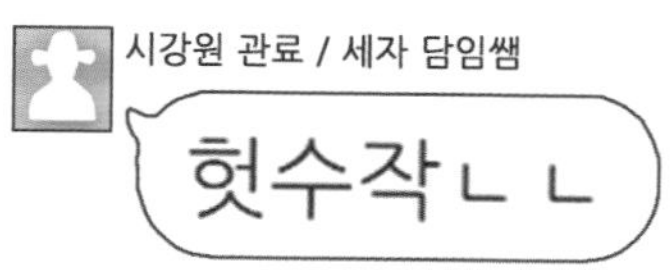
시강원 관료 / 세자 담임쌤
헛수작ㄴㄴ

세자 담임쌤께서 퇴장하셨습니다.

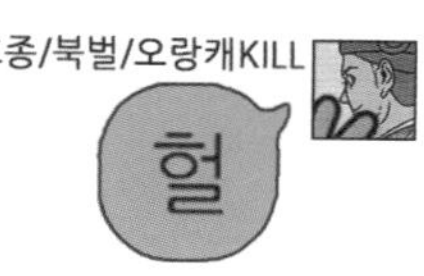
효종/북벌/오랑캐KILL
헐

씹히다.

정사 正史

실록에 기록된 것

- 조선의 세자들, 8세 전후로 성균관 입학례를 치르다. 검소한 학생복을 입고, 수많은 호위들을 뒤로하고 혼자 학당에 들어가 스승님께 절을 하고 수업을 들었다.
- 세자들, 돗자리를 깔고 그 위에 엎드려 교육을 받다.
- 효종, 아들 세자(훗날의 현종)가 "입학할 때 책상을 설치하지 않아 머리를 숙이고 허리를 굽혀 글을 읽는 불편함이 있다. 백성들도 멀쩡히 책상을 쓴다. 더군다나 경전은 책상 위에 두어 받들어야 하는 것이다. 제자가 자신을 낮추기 위해 도리어 경전을 땅에 놓다니, 말도 안 된다"며 예조에 건의하다.
- 그러나 예조, 딱 잘라 "돗자리에 엎드려 수업받는 게 스승과 제자의 예이므로 별도로 책상 설치할 거 없습니다" 대답하다.

픽션

기록에 없는 것

- 왕이라도 자식의 선생님에겐 함부로 대하지 못했지만, 꼬박꼬박 극존칭을 쓰지는 않았다.

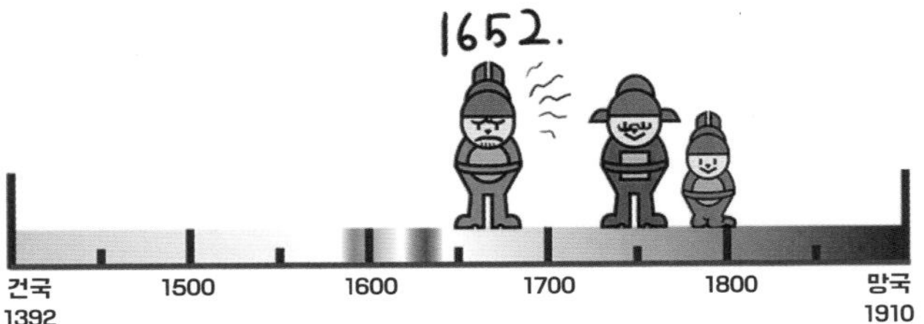

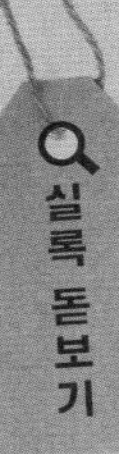

- 스물아홉 번째 이야기 -

당판의 금지

책을 읽을 때 어떤 자세를 선호하는가? 앉아서 보는 사람, 누워서 보는 사람, 엎드려서 보는 사람 등 다양할 것이다. 요즘은 태블릿 PC나 스마트폰으로 독서를 즐기는 사람도 많으니 자세의 자유도는 더욱 높아졌다.

조선시대에는 천만의 말씀이다. 조선시대 사람들은 책상 앞에 반듯이 앉아서 책을 읽어야 했다. 첫 번째 이유는 책이 컸기 때문이다. 그림을 그리는 스케치북만 한 책도 있고 작더라도 노트북만 했다. 이렇게 책이 큰 까닭은 옛날에는 직접 손으로 쓴 책이 많았기 때문이다. 복잡한 획수의 한자를 쓰려면 아무래도 작게 쓰기 힘들었고 두꺼운 표지를 입힌 양장 제본도 불가능했으니 책을 세워두기도 어려웠다. 책상 앞에 바른 자세로 앉아서 책을 놓고 읽는 것 말곤 편히 읽을 방법이 없었다. 책의 내용이 존경스러운 옛 성인들의 말씀이라면 더욱 그러했다. 유교의 나라답게 공자, 맹자 등 위대한 성현의 말씀에는 그만한 존경을 표해야 했고 책도 곱게 다루어야 했다.

하지만 이런 흐름과 반대되는 움직임이 나타나게 된다. 당판唐板이 등장했기 때문이다. 당판이라고도 하고, 당책, 당서라고도 했다. 뜻을 풀이하자면 '당나라의 책'인데, 실제 당나라가 아니라 중국을 뜻하는 말로 '중국에서 들어온 책'을 일컫는 명칭이었다. 중국에서는 명나라 시절부터 기존의 책보다 작고 가벼운 판본의 책들이 만들어지기 시작했다.

우리나라는 주로 닥나무로 종이를 만들었고 여기에 물기에 잘 젖지 않게 코팅 처리까지 했다. 튼튼하고 오래갔지만 그 대신 무거웠다. 그에 비해 중국의 종이는 대나무가 주 원료였고 별다른 처리를 하지 않아 훨씬 가벼웠다. 또 우리나라의 활자에 비해 중국의 활자는 크기가 아주 작아서 얇은 종이에 빽빽히 글자를 박아 책을 만들 수 있었다. 그래서 중국에서는 오늘로 따지면 문고판과 같은 책이 만들어졌으니 이것이 당서였다.

이런 책들은 중국을 오가는 연행사들을 통해 대거 조선으로 수입되었고 당연히 많은 인기를 끌었다. 무게도 가볍고 손안에 쏙 들어오는 크기의 책이다 보니 단정히 앉아서 한 장 한 장 넘기는 대신 마룻바닥에 벌렁 드러누워 이리저리 뒹굴대며 책을 읽는 새로운 독서 자세가 창출되었다.

이 사실에 경악하고 분노한 사람이 있었다. 꼰대킹 정조였다. 성리학을 몹시 사랑했으며, 옛 성현들의 글을 읽으면 한밤중에도 눈이 말똥말똥해지던 내추럴 본 유교맨 정조는 1792년(정조 16) 당판의 수입을 엄히 금지한다. 때는 마침 서학이란 이름의 생소한 종교와 학문이 물밀듯이 들어오던 시기였고, 유교의 나라에는 이단이었던 이 학문의 수입을 막기 위한 방법을 의논하던 중 정조가 당판 수입 금지도 슬쩍 끼워 넣은 것이다. 신하들은 "그럴 것까지야?"라는 입장이었지만 정조는 아주 고집불통이었다.

"우리나라 책은 종이가 질겨서 오랫동안 볼 수 있고 글씨도 커서 보기에 편한데 왜 종이도 얇고 글씨도 쪼끄만 당판으로 볼까? 이건 책을 누워서 보려는 거다!" 라고 화를 내며 말이다. 그렇게 당판은 수입이 금지되고, 국경에서 들어오는 사신 일행의 짐은 엄격하게 검사되었다.

하지만 당판 금지령은 그리 오래가지는 않았던 듯하다. 이미 편안함을 알아버린 사람들은 그 이전으로 돌아가기 어려운 법. 이미 수입된 당판들은 완전히 소멸되지 않은 채 지금까지도 많이 남아 있다. 사실 책을 바로 앉아서 읽든 거꾸로 물구나무를 서서 읽든 무슨 상관일까. 책의 내용만 제대로 보면 될 일이다. 다른 이유도 아니라 성현들의 말씀이기에 책을 바른 자세로만 봐야 한다고 주장하는 완고한 마음이야말로 조선이 고리타분하고 늙은 나라가 되었음을 보여주는 단적인 예가 아닐까. 물론 바른 자세는 건강에 좋고, 책 역시 바른 자세로 읽는 것이 몸에는 더 좋을 테지만 말이다. 조선왕조실톡

30 숙명공주와 고양이 유배

하나요 고양이

[17대 효종]

인조의 아들. 병자호란 때 청나라에
소현세자와 함께 볼모로 끌려갔다.

실수다.
내가 큰 실수를 하고 말았다.

JS 조선 체크카드

[JS조선체크카드]
효종님
03/21 08:09
39,800 원
고양이사료 - 캣극락닷컴

[JS조선체크카드]
효종님
03/21 09:17
19,800 원
쥐꼬치장난감 - 캣극락닷컴

[JS조선체크카드]
효종님
03/22 10:23
8,900 원
수제간식 - 캣극락닷컴

[JS조선체크카드]
효종님
03/23 17:05
104,000 원
고양이모래(프랑스산) - 캣극락닷컴

[JS조선체크카드]
효종님
03/23 18:07
198,000 원
고급캣타워 - 캣극락닷컴

[JS조선체크카드]

[캣극락닷컴]
최우수고객이 되셨습니다.

등급변경 : VVIP -> VVVIP
이번달 구매액 : 5,089,900원

늘 이용해주셔서 감사합니다^^

5,089,900원

고 기지배에게……

카드를 주는 게
아니었는데!

[숙명공주]

열세 살, 효종의 셋째딸

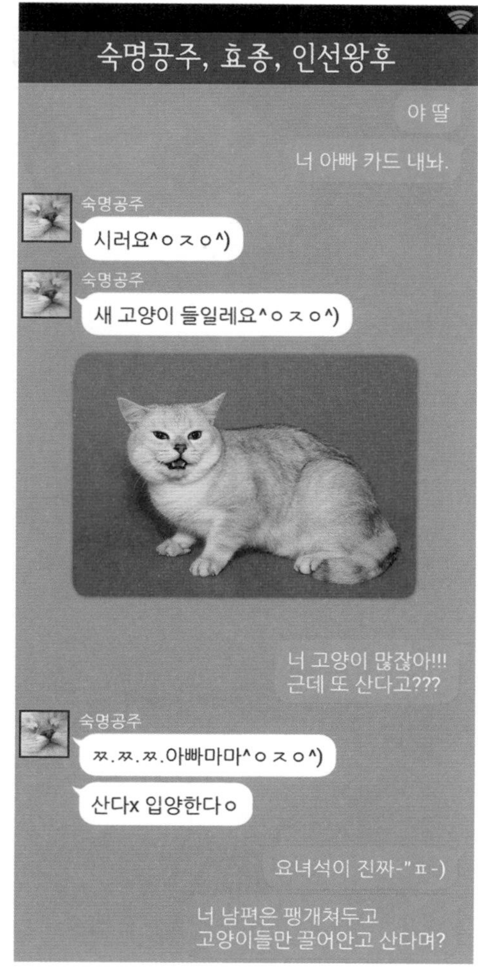

어명으로 다 갖다 버린다?
유배
아무나 데려가?
인선왕후
여보~진정해요~^^
숙명이 아직 열셋이잖아요~^^
고양이가 남편보다
좋을나이죠~^^
흥!
인선왕후
딸램~엄마아빠가
고양이 가지곤 뭐라고 안 할게~^^
대신 고양이랑 한 시간 놀면~
남편이랑도 한 시간 놀기~
꼭~

엄마마마랑 약속~?^^
숙명공주
끠웅^-ㅈ-^)
전송

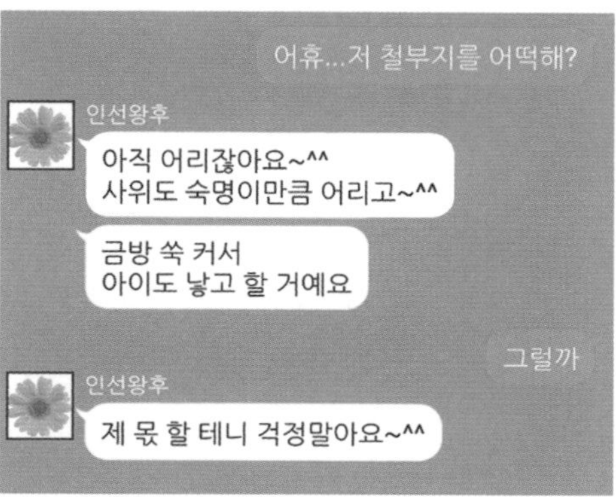

어휴...저 철부지를 어떡해?
인선왕후
아직 어리잖아요~^^
사위도 숙명이만큼 어리고~^^
금방 쑥 커서
아이도 낳고 할 거예요
그럴까
인선왕후
제 몫 할 테니 걱정말아요~^^

셋이요 8년 후

그러나
아내의 예상은 빗나갔다.

숙명이 스물한 살이 되도록
아이 소식이 없는 거다.

인선왕후
딸램 이거 짱이쁘지~^^
니 동생 숙휘가 만든
아기옷이당~^^
숙명공주
올ㅋ
인선왕후
너보다 두살이나 어린데
벌써 아기엄마라니~^^
부럽지 않니~?^^
됐어 여보 관둬
앤 그냥 생각이 없는거야
숙명공주
엄빠
실은 저도......
헐!???
인선왕후
어머어머??

**"한 번 집사는
영원한 집사라구요ㅋ!"**

by. 숙명공주 

중전마마
욕설이 찰지네.
청나라
볼모생활 하면서
늘었겠지.
끝.
젠벡샤쓰

정사 正史

실록에 기록된 것

- 숙명공주, 13세에 11세 신랑 심익현에게 시집가다.
- 효종, 어린 숙명공주에게 "시집을 갔는데도 왜 고양이만 안고 사느냐?"고 혼내는 편지 보내다.
- 숙명공주보다 두 살 어린 동생 숙휘공주, 19세에 임신하다.
- 인선왕후, 숙명공주에게 "니 동생은 아기 베개에 자수 놓고 있는데 넌 아직 소식 없니?" 하고 닦달하는 편지 보내다.

기록에 없는 것

픽션

- 숙명공주가 고양이 때문에 아이를 늦게 가졌다는 기록은 없다. 하지만 공주의 조카인 숙종도 고양이를 좋아했다는 기록으로 보아(『승정원일기』), 숙명공주의 고양이 사랑은 오래 대물림된 듯하다.

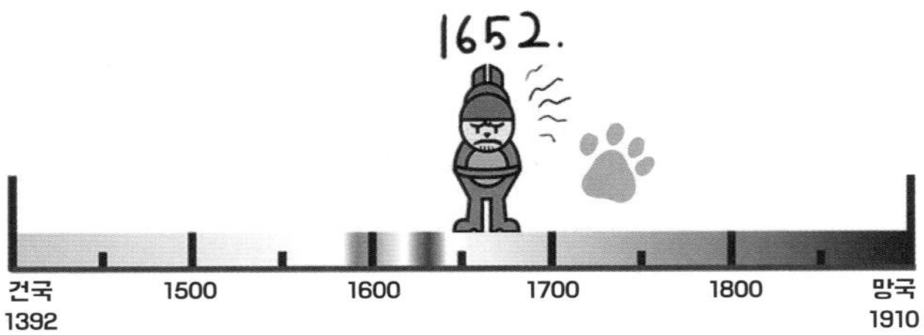

- 서른 번째 이야기 -

고양이 집사들

애완동물을 키워본 적이 있는가? 고양이는 개와 더불어 가장 인간과 오래 살아온 애완동물이다. 개와 고양이는 각각 다른 매력이 있고, 어떤 사람들은 개와는 다른 고양이의 매력에 푹 빠져 헤어나오지 못하니 이런 이들을 냥덕이라고 부른다.

조선왕조에서 가장 먼저 고양이를 관심 있게 키운 사람이라면 역시 숙종을 들 수 있다. 야사에 따르면 숙종은 우연히 궁궐에서 고양이를 주웠고 그 고양이에게 금덕金德이란 이름을 붙여주고 키웠다. 금덕이 죽자 숙종은 몹시 슬퍼하며 장례식을 치러주고, 그것도 모자라 애도하는 시까지 지었다. 이 고양이를 위해 지은 숙종의 시는 역대 임금들이 쓴 글 모음집인 『열성어제』에 당당하게 실려 있다. 이쯤 되면 빼도 박도 못할 냥덕 인증이라 해도 과언이 아니다.

여기에는 뒷 이야기가 있는데, 고양이 금덕은 후손을 남기고 죽었다. 금덕의 새끼 고양이 이름은 금손金孫이었다. 두 마리 다 금金자가 붙은 것을 보면 둘 모두 성격 좋다는 노랑둥이가 아니었을까? 아무튼 숙종은 이 금손도 몹시 사랑하고 아꼈는데 조정에서도 늘 곁에 두고 직접 밥을 챙겨줄 정도였다고 한다.

그러다 숙종이 승하하자, 그 사실을 알았을까? 고양이 금손은 갑작스레 밥을 먹지 않다가 며칠 지나서 죽어버렸다. 사람들은 금손을 거두어 숙종의 능인 명릉 근처에 묻어줬다고 한다. 금손은 살아서도 죽어서도 임금 곁에서 먹고 자게 되었으니 고양이 팔자로 이만하면 조선 최고가 아니었을까. 이 이야기는 짐승인 고양이도 임금에게 충성을 다하며 목숨을 바친다는 일화로 칭송을 받았으며 『성호사설』을 비롯한 몇몇 문집에 기록되어 있다. 솔직히 고양이가 임금에게 충성을 바쳤다기보단 임금이 고양이들의 충실한 집사가 된 것 같긴 하지만 말이다.

숙종뿐 아니라 옛날부터 전 세계에는 수많은 냥덕들이 있었다. 임진왜란 때인 1600년(선조 33), 조선 정부에는 작은 소동이 벌어졌다. 우리나라에 찾아왔던 명나라 제독인 이승훈이 자기가 키우던 고양이를 잃어버렸다고 찾아달라며 법석을 피운 것이다. 그것도 임금인 선조에게 직접 요청했으니 좋게 이야기하면 그만큼 이승훈이 아끼고 사랑하는 고양이였던 것이고, 있는 그대로 이야기하자면 조선을 우습게 본 것이리라.

결국 조선의 관리들은 아무리 찾아도 고양이를 발견하지 못해 이승훈에게 사과하러 찾아갔다. 명나라 군대는 대장이 고양이를 못 잊고 있으니 나중에 사과하라며 뻣뻣하게 굴어댔다. 애초에 간수를 잘하지 그랬냐, 왜 당신들이 잃어버리고 우리한테 그러냐고 따질 수 없는 것이 약소국의 억울한 처지였다. 덕분에 조선의 관리들은 근처의 동네를 이 잡듯이 뒤지고 수소문했지만 결국 사라진 고양이는 찾을 수 없었고, 덕분에 접반사인 황우한은 선조에게 일 제대로 못한다고 쪼이기까지 했다고 한다.

좀 더 시대를 거슬러 올라가면 더 대단한 냥덕이 있다. 바로 일본 헤이안 시대의 우다 천황宇多天皇이다. 그는 자신의 일기장인 『관평어기寬平御記』에서 자신이 키우는 고양이 이야기를 적고 있다. 먼 옛날의 한문으로 쓰여진 일기 내용을 요약하자면 "우리 고양이가 최고!"라고나 할까. 아버지 고코 천황에게서 검은 고양이 한 마리를 받았는데 보통 고양이랑 몹시 다른 스페셜한 고양이라는 둥, 눈이 불길처럼 반짝반짝인다는 둥, 걸을 때는 마치 구름 위를 걷는 용과 같다는 둥 눈 뜨고 못 볼 정도로 대대적인 고양이 찬양이 쓰여 있다. 우다 천황은 손수 우유죽을 고양이에게 매일 가져다주는 등 정성을 다했다. 그것도 하루 이틀이 아닌 무려 5년 동안! 자신의 팔불출 끼가 멋쩍었던지, 그는 "아버지에게 받은 고양이라서 어쩔 수 없이 돌보는 거다"라고 변명했지만 그 말을 믿은 사람은 없었을 듯하다. 이처럼 다양한 시대에, 국경을 넘어 곳곳에 고양이에게 푹 빠진 사람들이 속출했으니 이것이 바로 시대를 넘는 고양이의 매력이 아니겠는가. 조선왕조실톡

31 형수님을 미워한 효종

효종 차단각ㅗ

소현세자빈 (강빈, 민회빈 강씨) 내가 뭘!!!!

하나요 RIP

17대 임금 효종.

북벌을 밀어붙인 왕으로
유명하지만,

실은 전쟁보다 먼저
국력 키우기를 선택할 정도로
신중했다.

Hyojong_avenger님
1659년 3월 11일 모바일에서 씀

#백성여러분! 아픈 마음 압니다.
가족, 친구, 이웃을 해친 #오랑캐들에게
당장이라도 복수하고 싶으시겠지요.

하지만 그럼 백퍼 개죽음입니다.

제게 10년만 주십시오.
날쌘 #조총수 10만명을 육성해서
반드시 원수 갚아드리겠습니다! #북벌

공유 16.52k 옳소! 6.3k 인용 3.4k

하지만 그가 덮어놓고
극혐했던 사람이 있었으니.

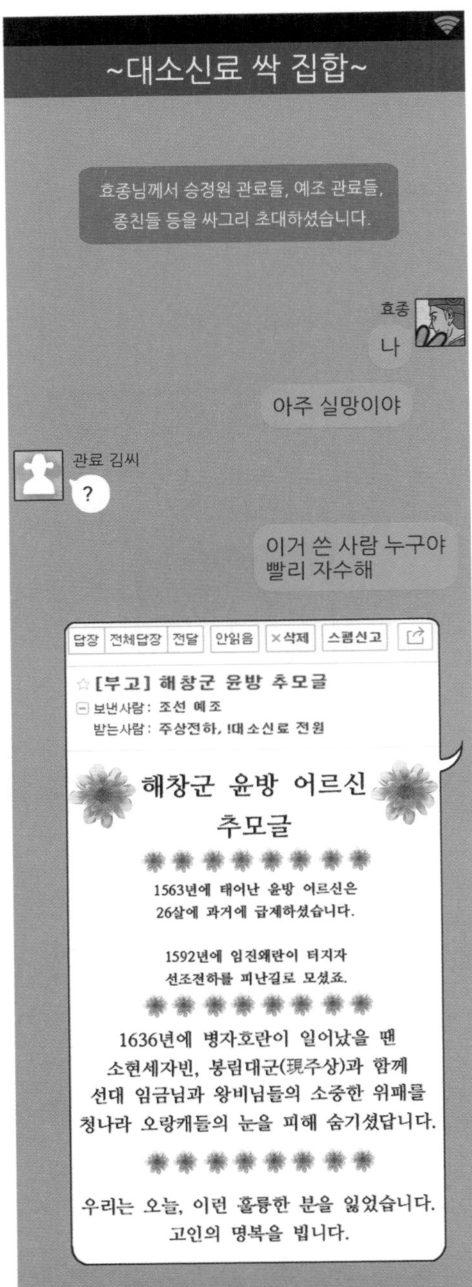

~대소신료 싹 집합~
효종님께서 승정원 관료들, 예조 관료들, 종친들 등을 싸그리 초대하셨습니다.
효종
나
아주 실망이야
관료 김씨
?
이거 쓴 사람 누구야 빨리 자수해
답장 전체답장 전달 안읽음 ×삭제 스팸신고
[부고] 해창군 윤방 추모글
보낸사람: 조선 예조
받는사람: 주상전하, !대소신료 전원
해창군 윤방 어르신 추모글
1563년에 태어난 윤방 어르신은 26살에 과거에 급제하셨습니다.
1592년에 임진왜란이 터지자 선조전하를 피난길로 모셨죠.
1636년에 병자호란이 일어났을 땐 소현세자빈, 봉림대군(現주상)과 함께 선대 임금님과 왕비님들의 소중한 위패를 청나라 오랑캐들의 눈을 피해 숨기셨답니다.
우리는 오늘, 이런 훌륭한 분을 잃었습니다. 고인의 명복을 빕니다.
5

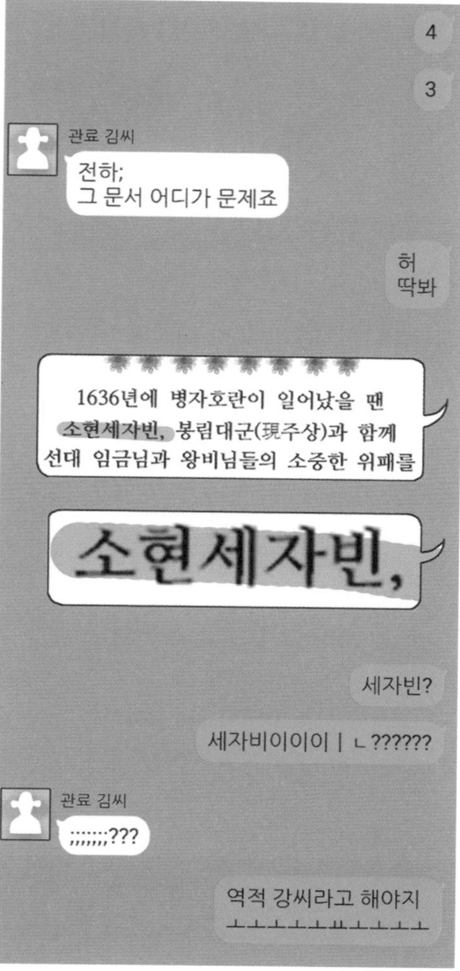

4
3
관료 김씨
전하;
그 문서 어디가 문제죠
허
딱봐
1636년에 병자호란이 일어났을 땐
소현세자빈, 봉림대군(現주상)과 함께
선대 임금님과 왕비님들의 소중한 위패를
소현세자빈,
세자빈?
세자비이이이ㅣㄴ??????
관료 김씨
;;;;;;;???
역적 강씨라고 해야지
ㅗㅗㅗㅗㅗㅛㅗㅗㅗㅗ

효종의 형,
소현세자의 아내
세자빈 강씨(강빈).

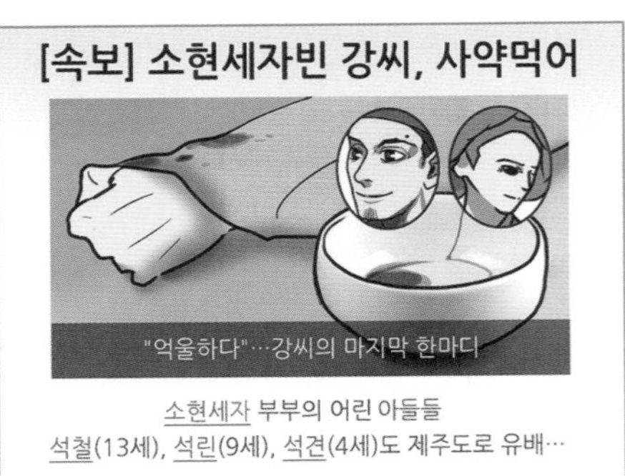

[속보] 소현세자빈 강씨, 사약먹어
"억울하다"…강씨의 마지막 한마디
소현세자 부부의 어린 아들들
석철(13세), 석린(9세), 석견(4세)도 제주도로 유배…
네티즌 "인조, 친할아버지 맞나" "아이들에게 너무 잔인해"

남편과 함께 청나라에서
온갖 고생을 했건만,

시아버지 인조의 미움을 사
역모죄로 죽고 말았다.

심지어 어린 아들 둘마저
유배지에서 병들어 죽었는데.

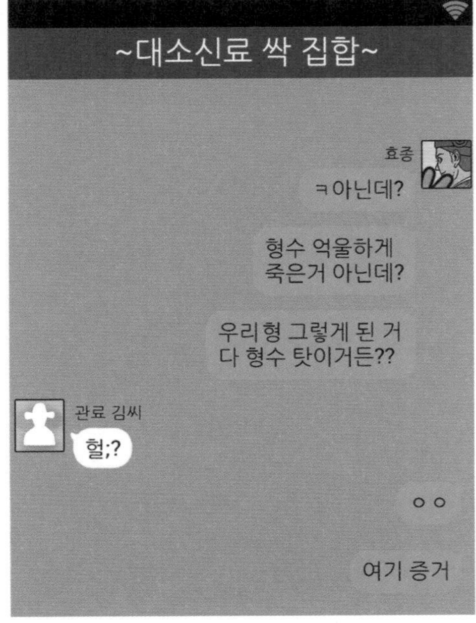

~대소신료 싹 집합~
효종
ㅋ아닌데?
형수 억울하게
죽은거 아닌데?
우리형 그렇게 된 거
다 형수 탓이거든??
관료 김씨
헐;?
ㅇㅇ
여기 증거

소현세자 소유물
관료 김씨
나무토막이요??
ㅇㅇ나랑 소현이형
청나라에서 자취할때 쓰던거야
막 굴러다니길래
목베개로도 쓰고
가구도 받치고 그랬거든?
근데 이거봐봐
관료 김씨
억;;;;;;;?????
ㅇㅇ소름이지
이러고 며칠 뒤에 형 죽었어
근데 그때 형수가 나한테
뭐랬는지 알아???

그랬다.

형 소현이 죽은 이후에
조선에 돌아왔기 때문인지,
(아님 다른 이유가 있었는지)

효종(봉림대군)은
아버지 인조보다는
형수를 의심했던 것이다.

하지만 대세는
'세자빈 동정론'

신하들은 효종편이 아니었는데.

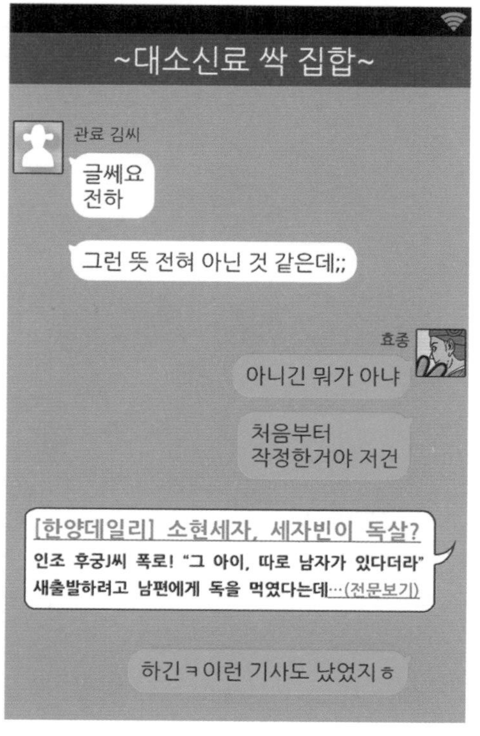

관료 김씨

에이

불쏘시개급 찌라시를;

팩트라던데??

그래 뭐
천만번 양보해서
독은 안썼다고 쳐 근데

형네 청나라에 있는 9년동안
애 여섯이나 낳았잖아

관료 김씨

? 네

무슨 주머니쥐야???

수명이 안 줄고 배겨??????

관료 김씨

꺅

불쌍한 소현이형ㅜ

밤마다 얼마나
괴롭힘을 당했을까

몸도 약했는데

관료 김씨

지켜주지 못해서
미안해 형ㅜㅜㅜㅜ

효종, 유배지에서
혼자 살아남은 조카 석견(소현세자의 막내)을
가엾게 여겨 돌보다.

그러나 정말로 형수를 의심했는지,
아니면 조카가 자신의 정통성을
위협할까 걱정했는지,

끝까지
강빈과 자식들의 역모를
사실로 밀어붙이다.

정사 正史

실록에 기록된 것

- 효종, 청나라를 향한 복수심 불태우다. 그러나 당장 전면전을 주장하기보다 국력을 키우고, 성벽을 쌓고, 군사를 양성하며 장기적으로 북벌 추진하다.
- 효종, 송시열과의 독대에서 "10년만 내게 주어진다면 10만의 날랜 조총병을 양성하여 일을 도모할 것이다"라고 하다. -『현종개수실록』
- 효종, 해창군 윤방의 졸기 글에 강빈이 "빈궁(세자빈)"이라고 쓰인 것을 보고 진노해 관계자들을 잡아들이다.
- 신하들, 놀라서 "깊은 뜻은 없었을 것"이라 말리다. 그러나 효종, 소현세자 부부와 함께 심양에 붙잡혀 있던 시절 목침에서 싹이 돋았던 이야기를 하다. 소현세자가 죽자 형수가 "필히 경사가 있을 줄 알았건만 무슨 변란인가" 했다며 이는 반역할 마음의 싹이라(?) 주장하다.
- 심지어 효종, 인조가 "며느리가 잠자리를 삼가지 않아서 소현이 죽었다"며 원망했다고 말하다. 다른 사내의 아이를 낳았다고도 들었다 하다. 신하들, 몸을 움츠리고 감히 한 마디도 못 하다.

픽션

기록에 없는 것

- 소현세자가 저승에서 훙시를 던졌다는 기록은 없다.

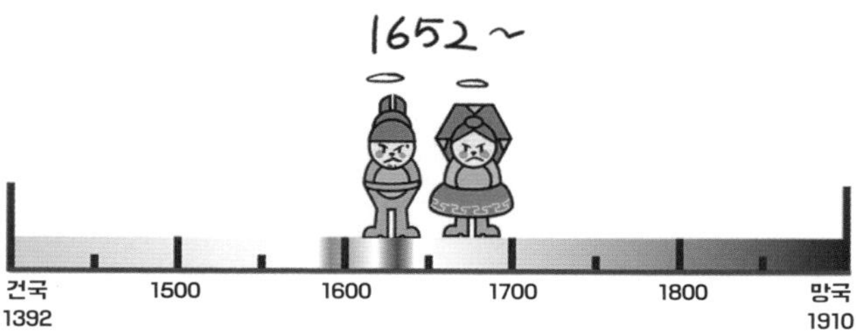

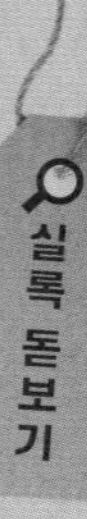

- 서른한 번째 이야기 -

가족을 사랑했다, 한 사람만 빼고

효종의 효는 효도 효孝자다. 이런 칭호가 왕의 모든 것을 보여주는 것은 아니지만(인조의 인에는 어질 인仁을 쓴다) 적어도 효종은 이 묘호가 썩 어울리는 사람이었다. 아버지가 사경을 헤맬 때 자신의 피를 내어 먹이기도 했고, 효종이 결혼한 딸들에게 보낸 편지를 보면 다정다감하기가 이를 데 없다. 효종의 상냥함은 자신의 가족에게만 국한된 것도 아니었다. 아버지 인조가 제주도로 귀양 보냈던 조카 석견을 풀어주었고 제주도보다 살기 좋은 강화도로 옮겨 같은 왕족 친척들과 함께 지내게 했다. 그 뒤론 아예 귀양에서 풀어주고 경안군이라는 군호까지 내려주었다.

소현세자 암살의 뒷배로 소문난 귀인 조씨가 그의 딸 효명옹주와 함께 왕실 사람들을 저주했다는 사실이 밝혀진 일이 있었다. 효종은 조씨를 처형하는 대신 자살할 수 있게 했고(스스로 죽음을 선택할 수 있는 것은 엄청난 예우였다), 효명옹주의 남편만 처형했으며, 나중에는 귀양 보냈던 효명옹주와 숭선군, 낙선군을 모두 풀어주고 왕족의 지위도 회복시켜줬다. 이렇게 부처님처럼 너그럽고 하늘이 내린 효자였던 효종이었지만 그에게도 끝까지 미워했던 사람이 있었다. 형수인 민회빈 강씨였다.

강씨가 처형당한 일은 당시에도 억울한 일이라고 여기는 것이 여론이며 민심이었고, 죽은 뒤에나마 명예를 회복시켜주자는 말이 불쑥불쑥 나오고 있었다. 하지만 효종은 이것만은 전력을 다해 거부했다. 누군가가 강빈이라고 부르자 강빈이 아니라 역강(역적 강씨)이라고 화를 내는가 하면, 강씨의 억울함 때문에 가뭄이 일어났다고 말한 신하를 매질해 죽이기까지 했다.

왜 효종은 강씨에게만 유독 가혹했을까? 가장 먼저 생각할 수 있는 것은 정치적인 이유이다. 만약 강씨의 억울함이 드러나게 된다면 소현세자의 아들들에게 세자 자리가 돌아가지 않은 것이 문제가 되고, 그렇다면 효종의 즉위 정당성이 약해진다. 그러나 효종이 정말로 정치적인 문제를 신경 썼다면 소현세자의 막내아들 경안군을 풀어주거나 군으로 봉하지도 않았을 것이다. 그냥 죽게 만들었겠지. 효종은 그냥 강씨에게만 못되게 굴었다. 훗날 강씨가 죽게 된 죄목을 재조사해야 한다는 요구가 생겨났지만 효종은 관계자의 조사를 금지했다. 증인을 다시 심문하면 강씨의 결백이 드러나는 것은 시간문제였기에 효종은 아예 그 문을 닫아버린 것이다. 강씨는 역적이니까! 또는 역적이어야만 하니까.

심지어 송시열이 "강빈 일을 어떻게 생각하나?"라고 묻자 "그 여자가 얼마나 못됐는데! 역적질했다 해도 이상하지 않아!"라고 화를 냈다. 송시열이 두 번, 세 번 다시 물어도 효종은 완고하게 "강빈은 역적이다!"라고 우겼다. 강씨가 왜 역적이냐고 끈질기게 묻는 송시열에게 효종이 얘기해준 것은 인조와 강씨의 대화였다. 소현세자가 죽자 인조는 며느리에게 "네가 색色을 밝혀 죽었다"라고 탓했고, 강씨는 아니라며 항의를 했다. 남편이 죽은 것도 슬픈데 책임까지 거론된 강씨의 억울함은 당연하지만 두 사람의 대화는 시대적으로 보나, 왕과 신하라는 관계에서 보나 파격적인 내용이었다고 한다. 그것이 효종에게는 엄청난 쇼크로 다가왔던 모양이다. 형은 어느 날 갑자기 죽었고, 아버지는 형수 때문에 형이 죽었다고 탓하고, 형수는 그런 아버지에게 반발한다. 여기에 아버지가 형을 죽였다는 소문까지 파다하게 돈다. 그렇다고 아버지를 의심하고 미워하기는 힘들었을 효종. 누군가를 탓해야 한다면 직접 피가 섞이지 않은 형수를 미워하는 것이 가장 마음 편한 선택지 아니었을까. 효종은 진정한 원인을 찾기보다는 모든 책임과 잘못을 그녀에게 뒤집어씌운 것이다.

그러나 이런 효종의 효심(?)에도 불구하고, 송시열은 여론을 등에 업고 숙종 때인 1718년(숙종 44) 강씨의 억울함을 풀어주고 민회빈에 봉하게 했다. 억울하고 슬프게 죽은 이에게 내려주는 시호 '민회'는 그녀를 악당으로 만들려던 효종의 모든 노력이 헛수고였다는 것을 뜻하기도 했다. 조선왕조실톡

조선왕조실톡 32

김육의 대동대동 LOVE

주민세, 재산세……
국민들은 온갖 세금을 낸다.

조선 백성들도 그랬다.

???;;;

※상처가 없어야
살아있는 노루 1마리
동공지진

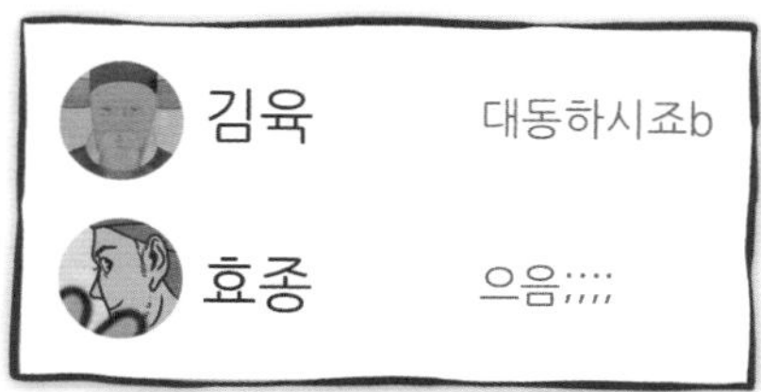
김육
대동하시죠b
효종
으음;;;;

하나요 방납의 폐단

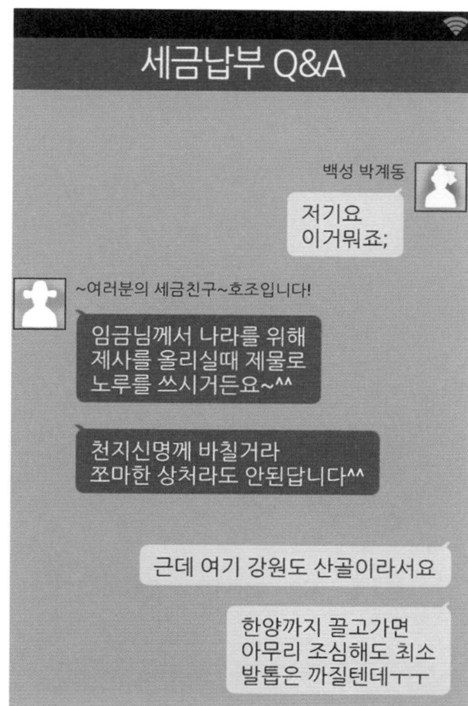
세금납부 Q&A
백성 박계동
저기요
이거뭐죠;
~여러분의 세금친구~호조입니다!
임금님께서 나라를 위해
제사를 올리실때 제물로
노루를 쓰시거든요~^^
천지신명께 바칠거라
쪼마한 상처라도 안된답니다^^
근데 여기 강원도 산골이라서요
한양까지 끌고가면
아무리 조심해도 최소
발톱은 까질텐데ㅜㅜ

이렇다 보니,
백성들은 늘 세금 때문에
죽을 맛이었다.

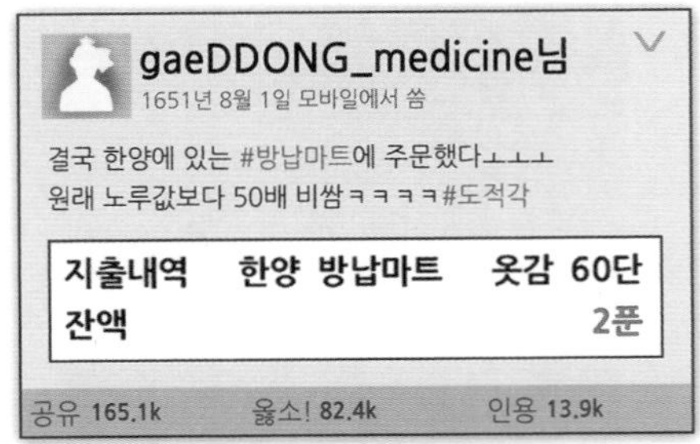

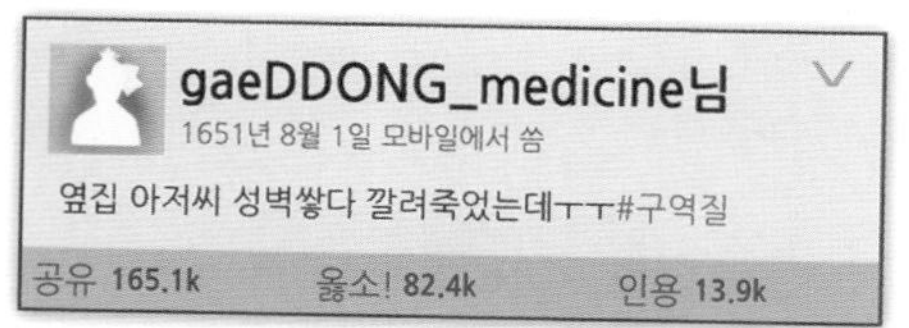

하지만 이런 울음소리에
귀기울이는 이가 있었으니.

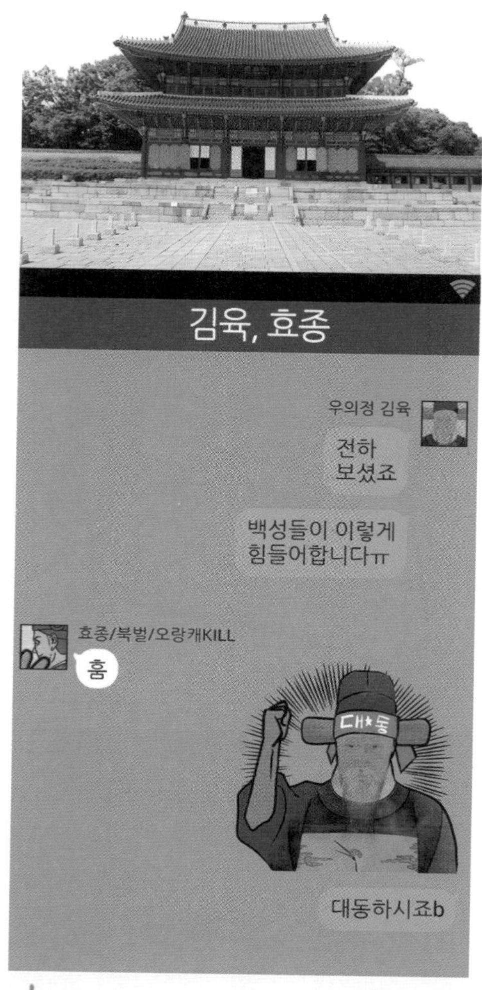

김육

[문관, 1580~1658]

그는 이십 년 가까이
'대동법'을 주장하고 있었다.

세금을 쌀로만 받자는 것이다.

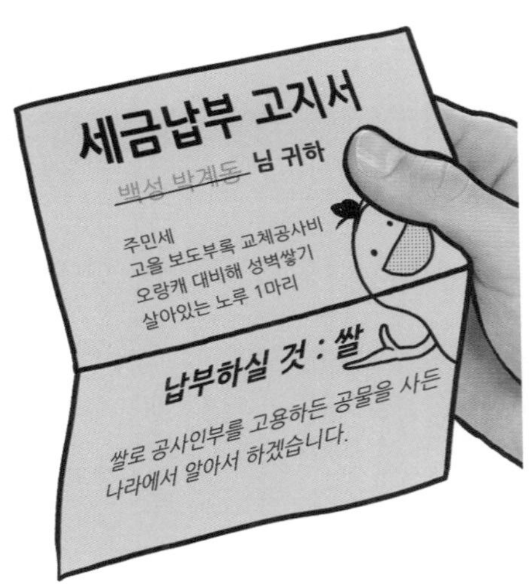

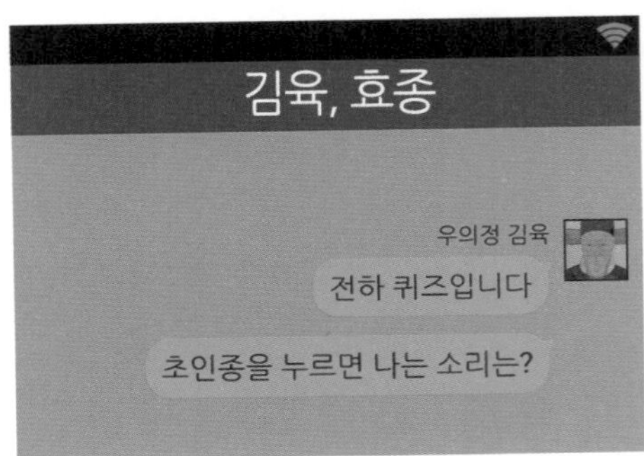

효종/북벌/오랑캐KILL
?
딩동
그럼 백성들을
아끼고 사랑하는 성군이
초인종을 누르면???
효종/북벌/오랑캐KILL
글쎄ㅇㅅㅇ;
대동
효종/북벌/오랑캐KILL
-_-
대★동
대동하시죠b

밤에도 낮에도 그는,

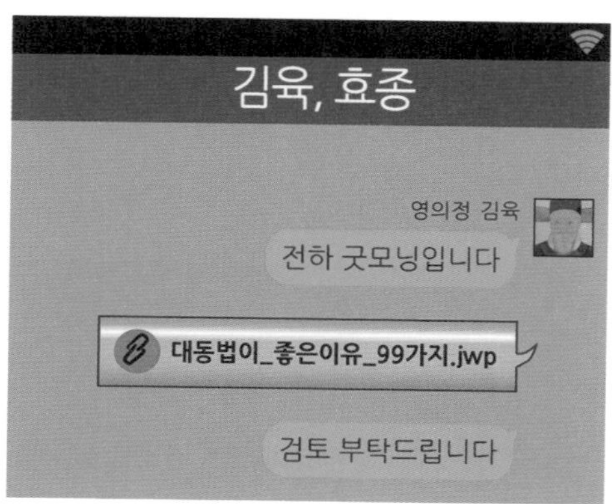
김육, 효종
영의정 김육
전하 굿모닝입니다
대동법이_좋은이유_99가지.jwp
검토 부탁드립니다

효종/북벌/오랑캐KILL

모ㄴ닝은뭄승
새벽이얏ㅈㅣ굼3

헛 이럴수가

제가 전하의 단잠을 깨웠나요

뎨동합니다ㅠㅠㅠ

효종/북벌/오랑캐KILL

-_-

이참에 대동하시죠b!

전송

하지만 효종은 주저했다.

백성들은 반겼지만
방납꾼 및 땅주인들의 반대도
심했던 것이다.

顔 안면장부

[긴급] 나라 망치는 법 대동법!
선량하게 자영업하던 방납꾼들 엿먹이는 정책!

김육은 조선 망하게 할 매국노입니다!

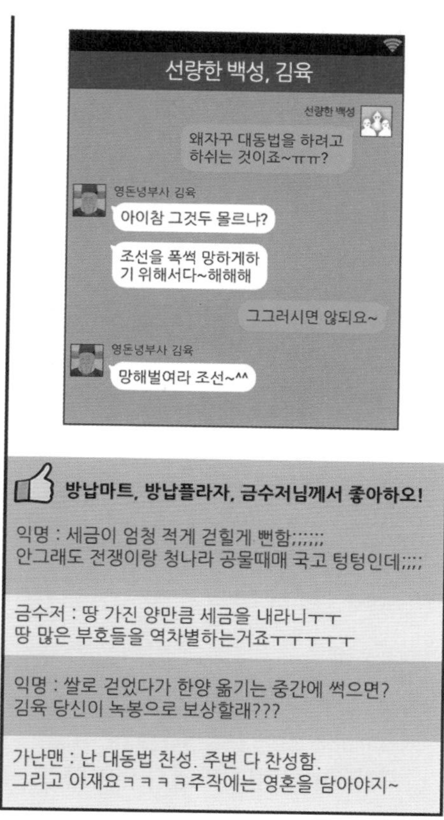

선량한 백성, 김육
선량한 백성
왜자꾸 대동법을 하려고
하쉬는 것이죠~ㅠㅠ?
영돈녕부사 김육
아이참 그것두 몰르냐?
조선을 폭썩 망하게하
기 위해서다~해해해
그그러시면 않되요~
영돈녕부사 김육
망해벌여라 조선~^^
방납마트, 방납플라자, 금수저님께서 좋아하오!
익명 : 세금이 엄청 적게 걷힐게 뻔함;;;;;;
안그래도 전쟁이랑 청나라 공물때매 국고 텅텅인데;;;;
금수저 : 땅 가진 양만큼 세금을 내라니ㅜㅜ
땅 많은 부호들을 역차별하는거죠ㅜㅜㅜㅜㅜ
익명 : 쌀로 걷었다가 한양 옮기는 중간에 썩으면?
김육 당신이 녹봉으로 보상할래???
가난맨 : 난 대동법 찬성. 주변 다 찬성함.
그리고 아재요ㅋㅋㅋㅋ주작에는 영혼을 담아야지~

결국 김육,
뻥 폭발하고 말았으니.

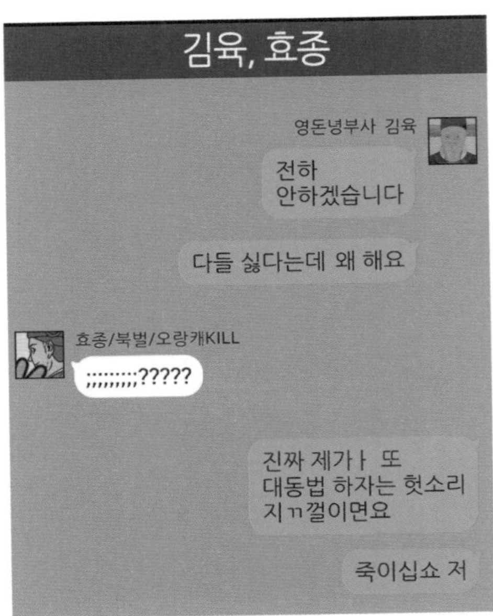

안하겠습니다
다들 싫다는데 왜 해요

진짜 제가ㅏ 또
대동법 하자는 헛소리
지ㄲ껄이면요
죽이십쇼 저

본인 말대로,
한동안 김육은
대동의 ㄷ자도 꺼내지 않았다.

그러나 얼마 후.

[속보]전국에 재앙…"종말인가"
황해도, 황충떼가 곡식 싹 파먹어…"굶어죽겠다"
조선팔도에 자연재해가 잇달아
백성들이 고통에 신음하고 있다.
네티즌 덧글(1657개)
ㄴ함경남17님 : 굶어죽겠슴메ㅜㅜㅜㅜㅜ
ㄴ함경남17님 : 이남은 어떻습?
ㄴ충청파뤼님 : 충청도 차암 좋아유~^^
ㄴ충청파뤼님 : 지진때메 집이 폭삭 무너져서
개방감있는 공간으로 재탄생했슈~^^

ㄴ평안하니님 : 피얀도는 우박이 벼락처럼 쏟아졌디ㅠㅠㅠㅠㅠ

ㄴ전남아가씨님 : 왐마ㅋㅋㅋㅋㅋ여는 폭우요ㅋㅋㅋㅋㅋㅋ
ㄴ전남아가씨님 : 여 덧글러들이랑 저승에서 정모하것네ㅋㅋㅋㅋㅋ

ㄴ한양촌닭님 : ㅜㅜㅜ거지돼서 세금 못내요....김육대감 보고파요...

김육, 효종

김육님이 효종님을 초대하셨습니다

영돈녕부사 김육

전하

....
....
....
....
..............죽여주십쇼

효종/북벌/오랑캐KILL

많이 위험한거 알지

수령 50명중 50이 반대했어

설문조사 :
대동법, 찬성하십니까?
반대 99.9%

다 고위직인거 알지?
눈밖에 나면 힘든거 알잖음??

알죠근데

백성들은 50명보다
훨씬 많잖습니까

그럼 해야죠

제가 목숨 겁니다

하시죠ㅇㅇ

결국 백성들과 관리들,
힘을 모아
최대 곡창지역인
호남에서도 대동법 실시하다.

백성들이 기뻐해,
동네 개조차도
관리를 보고 짖지 않다.

정사 正史

실록에 기록된 것

- 김육, 인조대부터 대동법 주장하다. 그러나 인조, 검증되지 않았다며 당분간 그대로 공물받자 하다.
- 효종대, 세금으로 노루를 받다. 그러나 옮기기가 힘들어 한양 방납꾼들에게 사서 내다.
- 방납꾼들, 자신들이 세금을 꽉 쥐고 있다며 스스로를 "한양주인"이라 부르다.
- 김육, 대동법 계속 주장하다. 호서에서 비로소 실시하다.
- 그러나 운송문제 등 크고 작은 문제가 제기되다. 거기서 그치지 않고 김육을 인신공격하는 무리가 진뜩 등장하다.
- 효종, 김육이 "백성들이 굶어 하늘이 노했다. 그래서 자연재해가 심해졌다"며 대동법 요구하자, 울화가 치밀어 경연 중지하다. 김육, 다시 대동 주장하면 자신을 죽여달라 하다.
- 그러나 자연재해가 연이어 백성들이 대동법을 시행해달라고 상소까지 올리다. 김육, 애원하다. 대동법, 호남에서 실시하다. 숙종대에 전국실시하다.

픽션

기록에 없는 것

- 김육이 대동개그를 했다는 기록은 없다.

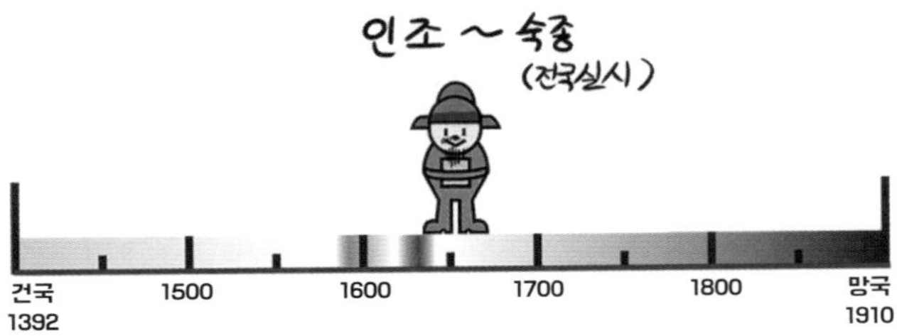

33 효종의 죽음

우연히,
셀카를 찍다가
그것을 발견했다.

[17대 왕 효종]
자칭타칭 북벌킹

뭐지 이게?

효종 별거아님ㅋ

3_3 ♥우래기♥ ㅜㅜㅜ
(효종의 세자.훗날의 현종)

하긴 뭔들 어때.
저깟 여드름이 대순가?

[17대 왕 효종(41세)]

나 미치겠어 지금…….

내 하나뿐인 아들,
우리 세자(19세)다.

아 오해 마라;
얘만 이뻐하는 거 아니다.
깨물어 안 아픈 손가락 없지.

hyojong_avenger : 다섯 공주와 세자 한 마리~^^
#숙안공주 #숙명공주 #숙휘공주 #세자 #숙정공주 #숙경공주

근데 얘 잔병치레가
워낙 많아놔서……ㅜ

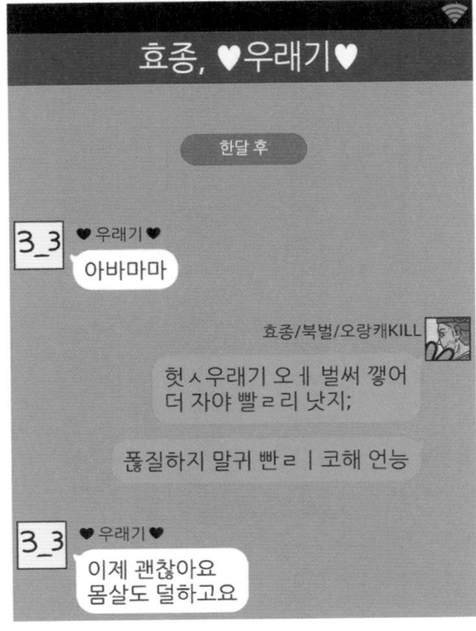

효종, ♥우래기♥
한달 후
♥우래기♥
아바마마
효종/북벌/오랑캐KILL
헛ㅅ우래기 오ㅔ 벌써 깼어
더 자야 빨ㄹ리 낫지;
똫질하지 말귀 빤ㄹㅣ코해 언능
♥우래기♥
이제 괜찮아요
몸살도 덜하고요

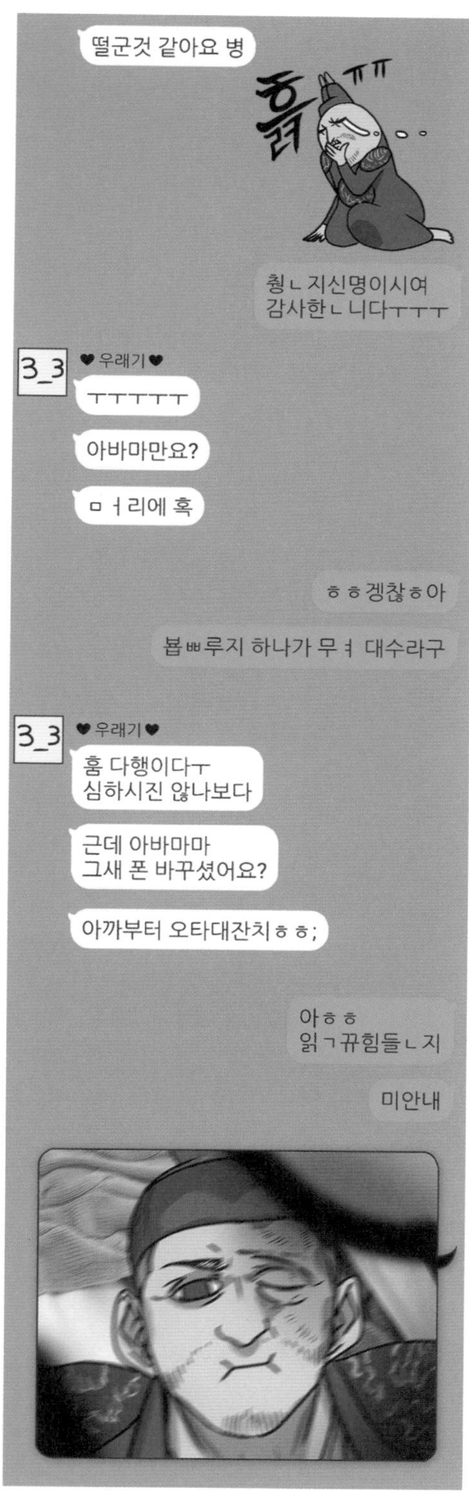
떨군것 같아요 병
흙
ㅠㅠ
췽ㄴ지신명이시여
감사한ㄴ니다ㅜㅜㅜ
3_3
♥우래기♥
ㅜㅜㅜㅜㅜ
아바마만요?
ㅁㅓ리에 혹
ㅎㅎ겡찮ㅎ아
봅ㅃ루지 하나가 무ㅕ 대수라구
3_3
♥우래기♥
훔 다행이다ㅜ
심하시진 않나보다
근데 아바마마
그새 폰 바꾸셨어요?
아까부터 오타대잔치ㅎㅎ;
아ㅎㅎ
읽ㄱ뀨힘들ㄴ지
미안내

앟ㅂ빠 지금 한쪼ㅜㄱ눈으로
문자스고 있ㅇ서ㅎㅎㅎ

3_3 ❤우래기❤

깨아ㅑㅏㅏㅏㅏ아앙ㅇㅏ

전송

셋이요 별거아냐

나도 놀랐다.

자식놈 챙기느라
내 몸은 버려뒀더니
어느 틈에 이렇게나 크게……;

효종/북벌/오랑캐KILL

걱정마 걱정마

ㅈㅣㄱ금 침으로 ㅈ쨀거야

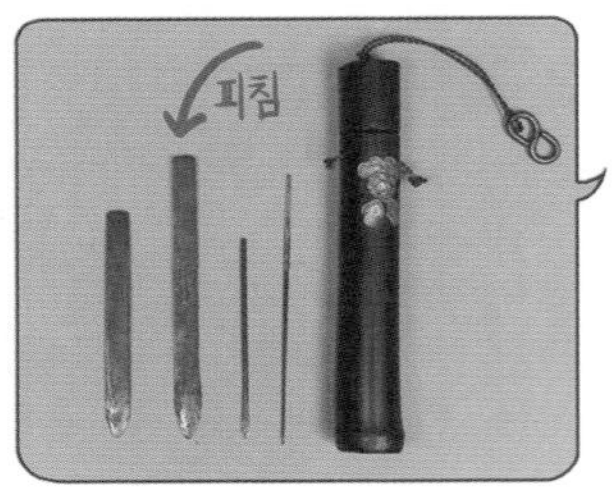

이걸로ㅋ콕

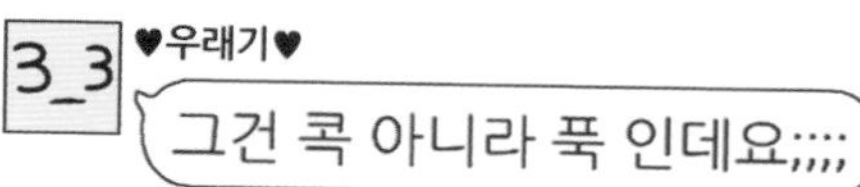

그래도 뭐, 내겐
뛰어난 어의
신가귀(申可貴)가 있다.

그 양반이
째기만 하면
금방 낫는댔으니깐ㅎㅎ

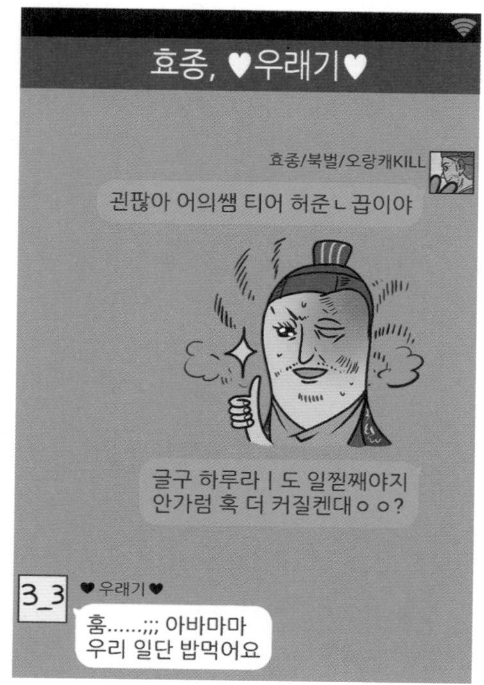

이따 다시 얘기해요 네??

ㅎㅎ돼어
울아들 쉬고익ㅆㅓ

아빠 침마ㅉ고 문자하께?

진시(아침 7~9시)

효종/북벌/오랑캐KILL

따란

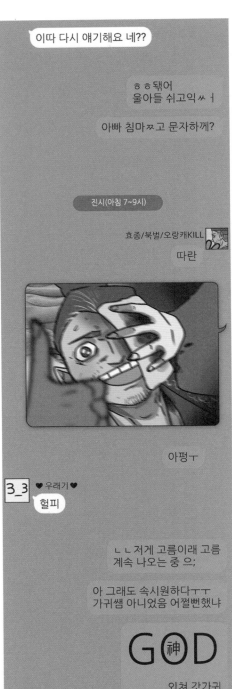

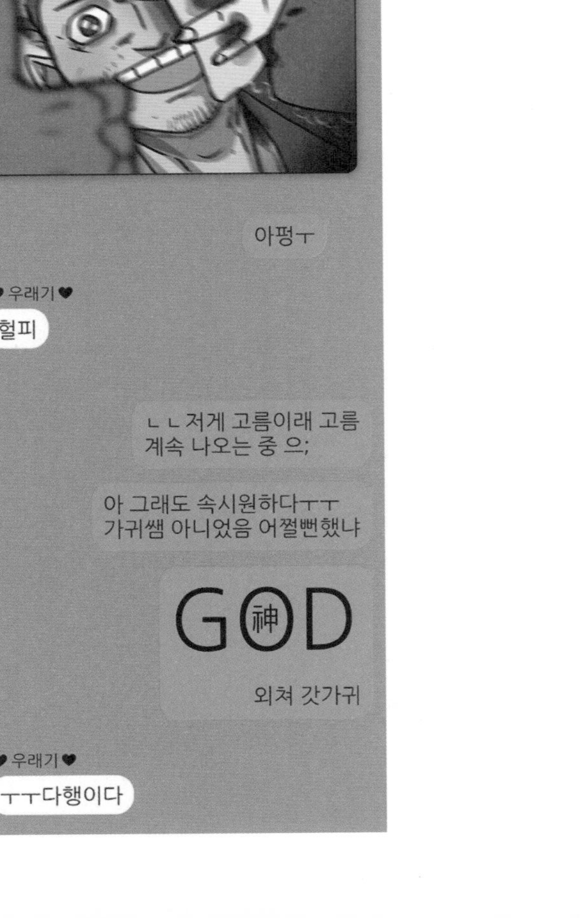

아펑ㅜ
3_3
♥우래기♥
헐피
ㄴㄴ저게 고름이래 고름
계속 나오는 중 으;
아 그래도 속시원하다ㅜㅜ
가귀쌤 아니었음 어쩔뻔했냐
GOD 神
외쳐 갓가귀
3_3
♥우래기♥
ㅜㅜ다행이다

ㅋㅋ아빠 혼났다
퐁질하지 말라네

마댁과솔만 바르구 문자하께~

사시(오전 9시~11시)

3_3 ❤우래기❤

아바마마 뭐하심

마댁과솔에 후시단도 바르시나요

ㅋㅋㅋㅋㅋㅋㅋㅋ

잠시 뒤

3_3 ❤우래기❤

통화를 시도합니다…

받지 않습니다. 0:00

?

오시(오전 11시~오후 1시)

3_3 ❤우래기❤

주무시나ㅎㅎ

효종/북벌/오랑캐KILL

ㅏ

세자저하

전송

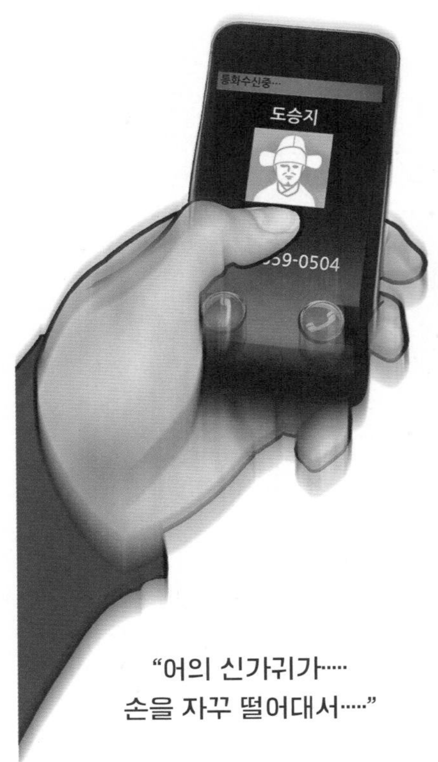

"어의 신가귀가……
손을 자꾸 떨어대서……"

"괜찮다면서 기어이 침을 놓더니"

"용안의 상처에서 피가
멈추질 않는 바람에……"

"훙하셨습니다……."

효종, 의료사고로 죽다.
아들인 세자가 즉위하니 이가
18대 왕 현종이다.

정사 正史

실록에 기록된 것

- 효종, 소문난 자식사랑꾼. "신하들이 하도 제 자식들을 위해 재산들을 챙겨대기에, 나도 도둑놈 심보가 들어 공주들의 살림을 챙겨주었다"며 고백하다.
- 세자(훗날의 현종), 눈병, 부스럼 등을 심하게 앓다. 1659년 4월, 학질 증세로 몸져눕다.
- 효종, 세자의 상태를 물으며 전전긍긍하다. 4월 27일, 머리에 작은 종기가 생겼으나 대수롭지 않게 여기며 약만 조금 먹다.
- 세자, 몸 상태 나아지다. 그러나 효종의 종기, 걷잡을 수 없이 커지다. 신임하던 어의 신가귀에게 침을 맞다.
- 신가귀, 종기를 째 고름을 뽑자고 하다. 세자, 수라를 드신 뒤 다시 모두와 의논하자 말리다. 그러나 효종, 고집부려 침을 맞다.
- 효종, 5월 4일에 과다출혈로 사망하다. 어깨가 넓고 몸집이 커, 준비해 놓은 관이 작아 널빤지를 덧대어 억지로 늘린 관에 들어가 묻히다.

※침통 사진출처 : 국립민속박물관 소장품 검색

픽션

기록에 없는 것

- 마댁과솔, 후시단은 없었다.

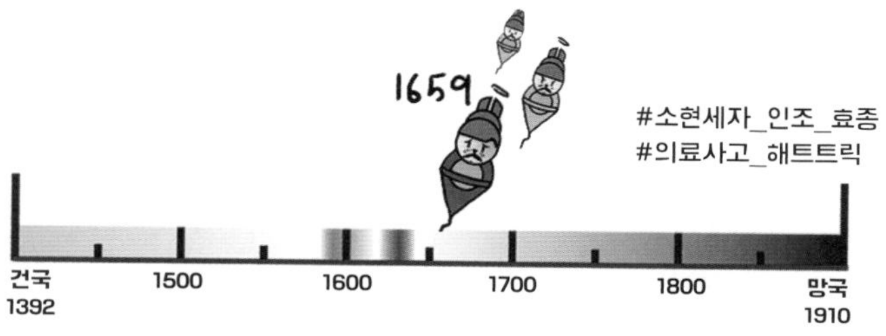

- 서른두 번째 이야기 -

왕들의 병

인간은 누구나 죽는다. 진시황을 비롯한 중국 황제들은 불로불사의 비약을 찾아 다니며 이것저것 섭취했지만 제대로 효험을 본 사람은 없었다. 제아무리 살아서 막강한 권력을 가지고 세상을 호령하고 살았던 권력자라고 해도 질병과 죽음 앞에서는 속수무책이다.

조선의 임금들을 가장 괴롭힌 사인死因은 무엇이었을까? 가장 먼저 떠오르는 것은 아무래도 독살이나 암살이다. 왕위를 노리는 사악한 이들이 왕의 목숨을 갖은 방법으로 노리고, 이걸 막기 위한 왕과 충신들의 험난한 여정……! 그러나 언제나 현실은 이상보다 시궁창인 법. 조선시대 임금들의 가장 큰 적은 암살자의 칼날도 독약도 아닌 바로 종기였다. 피부에 뾰루지 같은 것이 생기고, 그러다 농익은 것을 꾹 누르면 고름이 찍 나오는, 그러고 나면 대체로 나을 수도 있는 번거로운 피부성 질환 말이다.

하지만 이 종기가 옛날에는 사람의 목숨을 빼앗아가는 무시무시한 질병이었다. 종기는 한자로는 창瘡, 저疽, 옹癰 등으로 불렀는데 그중 등에 난 것을 배저背疽, 곧 등창이라고 했으니 요즘도 가끔 쓰는 '등창 났다'라는 말의 유래가 바로 이 병이다. 종기의 치료법은 뾰루지를 째서 고름을 짜내는 것이지만, 문제는 잘 낫지 않고 끊임없이 재발한다는 것이었다. 하나를 째고 나면 또 하나가 생기고, 그렇게 끊임없이 솟아오르는 종기는 임금들을 끝없이 괴롭힌 것은 물론 체력을 약하게 만들어 끝내 죽음에 이르게 했다.

조선왕조의 임금은 모두 27명. 『실록』은 그중 12명이 종기를 앓았다고 기록하고 있다. 종기를 앓았던 왕 중 가장 유명한 사람은 역시 세조가 아닐까. 조카 단종에게서 왕위를 빼앗아 임금이 된 세조는 단종의 어머니인 현덕왕후가 자신의 얼굴에 침을 뱉는 꿈을 꾼 이후로 종기를 앓았다고 전한다. 물론 이 이야기는 야사이지만, 세조가 종기를 앓아 온천에 들락날락했던 것은 사실이다. 세조의 종기가 천

벌이라고 생각했던 사람들이 현덕왕후의 이야기를 만들어낸 것인지도 모른다.

세조의 아버지인 세종도 종기로 고생했었고, 세조의 형이었던 문종은 종기 때문에 죽었다. 문종은 세자 시절에도 등에 난 종기가 크고 오래 낫질 않아 세종의 걱정이 컸다. 실제로도 그 종기 덕분에 끊임없이 앓았던 문종은 왕이 된 지 고작 2년 만에 사망했다. 광해군 역시 종기를 앓았고, 정조는 심한 종기로 고름이 몇 되나 흘러나올 만큼 고생을 했으며 결국 종기가 생긴 지 한 달도 안 돼 세상을 떠났다.

하지만 종기로 죽은 임금 이야기 중 가장 드라마틱한 것은 역시 소현세자의 동생인 효종 이야기일 것이다. 1659년(효종 10) 4월 말, 효종의 머리에 큰 종기가 생겼다. 고작 일주일 만에 커다랗게 부풀어 오른 종기를 놓고 어의들끼리 격론이 벌어졌다. 저걸 찢어서 고름을 내는 것이 나을 것인가, 아니면 그냥 두는 것이 나을 것인가? 결국 찢는 방향으로 결정됐고, 종기를 찢자 엄청난 양의 고름이 쏟아져 나왔다. 효종은 "째길 잘했지!"라고 말했지만 결국 출혈이 그치지 않아 죽었고, 종기를 째자고 주장하고 손수 침을 놓았던 어의는 모든 책임을 지고 처형당하고 말았다.

이렇게 무서운 병이었던 종기는, 모두 알다시피 여전히 존재하고 있다. 그러나 위험은 많이 줄었다. 자연 치유되는 단순한 트러블이 아니라 외과 시술이 필요한 커다란 종기가 생기더라도 위생적으로 살균된 의료 도구와 항생제 덕분에 세균에 감염될 일이 거의 없어졌기 때문이다. 만약 타임머신이 있어 항생제 연고 하나를 과거로 보낼 수 있다면 얼마나 많은 역사가 바뀌게 될까? 조선왕조실록

4 뿔뿔이 흩어진 조선 패밀리

초판 1쇄 발행 2016년 7월 27일 **초판 23쇄 발행** 2024년 11월 11일

지은이 무적핑크
펴낸이 최순영

출판1 본부장 한수미
컬처 팀장 박혜미
기획 YLAB
해설 이한
디자인 designgroup all

펴낸곳 ㈜위즈덤하우스 **출판등록** 2000년 5월 23일 제13-1071호
주소 서울특별시 마포구 양화로 19 합정오피스빌딩 17층
전화 02) 2179-5600 **홈페이지** www.wisdomhouse.co.kr

ISBN 979-11-86940-12-9 04910
979-11-954340-6-0 (세트)